日本违宪审查制度
——兼对中国的启示

裘 索 著

商务印书馆
2008年·北京

图书在版编目(CIP)数据

日本违宪审查制度:兼对中国的启示/裘索著.—北京:商务印书馆,2008
ISBN 978-7-100-05919-0

Ⅰ.日… Ⅱ.裘… Ⅲ.宪法－司法监督－研究－日本　Ⅳ.D931.31

中国版本图书馆 CIP 数据核字(2008)第 104784 号

所有权利保留。
未经许可,不得以任何方式使用。

RÌBĚN WÉIXIÀN SHĚNCHÁ ZHÌDÙ
日本违宪审查制度
——兼对中国的启示
裘索 著

商　务　印　书　馆　出　版
(北京王府井大街36号　邮政编码100710)
商　务　印　书　馆　发　行
北　京　龙　兴　印　刷　厂　印　刷
ISBN 978-7-100-05919-0

2008年12月第1版　　开本 880×1230 1/32
2008年12月北京第1次印刷　印张 9 $^5/_8$

定价: 20.00元

序

裘索女士所著《日本违宪审查制度——兼对中国的启示》一书，是她以博士论文为基础，在过去两三年中利用业余时间对之加以修改完善的结果。裘索作为一个律师，能出版这么一本有相当学术水平的专著，可喜可贺。

到华东政法大学在职攻读博士学位之前，裘索就可以算资深律师了。这一点从她的受教育背景和职业经历中可以看出来。裘索上世纪80年代中期毕业于复旦大学法律系，获法学学士学位，后到日本留学，获早稻田大学硕士学位，先后在中国和日本都取得律师资格，并一直在东京布莱克摩尔律师事务所和上海锦天城律师事务所执业。除律师职业之外，裘索对学术研究也表现出很大的兴趣，她发表的一些关于日本法律制度和中国法律问题的文章对法律界、法学界人士了解有关领域的知识有相当的助益。

裘索原本报考的是华东政法大学的法制史的博士，当年何勤华校长面试和录取了她，后由于专业平衡的考虑，何校长商请我作为她的指导教师。考虑到我所主持的一个关于中国宪法实施保障的国家社科基金课题，正好缺少人研究值得我们参考借鉴的日本违宪审查那一块。正是这两个方面的巧合，成就了我们的师生缘分。裘索在其在职学习和做博士论文的五年期间，尽管律师业务十分繁忙，但还是圆满地完成了课业。在家人、朋友和同学的鼓励、支持下，她的博士学位论文也终于在2006年获得通过。这个过程对于她来说应该算是不易的。

非常值得肯定的是,本书作者是针对中国宪法有些条款没能很好实施的现实问题、基于它山之石可以攻玉的认知,为了解决好中国宪法实施保障问题而研究日本的违宪审查制度的体制与方法这个课题的。从著作本身可以看出,作者在讲述和评价日本的司法审查制度的同时,心里始终在寻求足以回答以下问题的答案:为什么我国违宪审查制度功能不能有效运作?除具体制度安排有某些缺陷外,我国违宪审查制度功能不彰是否还有更深层次的发展障碍?怎样才能让我国的违宪审查制度行之有效?在我国现行宪法架构下,日本违宪审查制度中哪些东西能够为我们所用,哪些东西不可能为我们所用?等等。

作者在力图使中国读者了解日本现行违宪审查制度方面下了很大的功夫。本书首先概括性地介绍了日本宪法的发展历程和日本违宪审查制度的政治基础,并以保障公民基本权利为重心对现代日本违宪审查制度的产生,基本内容和主要功能做了概括性的论述。在此基础上,作者对日本违宪审查的受案范围、审查对象、基本理论、判断方法、裁判程序、判决效力等方面做了详尽的评析。另外,作者用了比较多笔墨讨论日本违宪审查制度仍然存在的缺憾,司法能动程度的适当定位,以及日本正在进行或酝酿着的改革。为了帮助读者更好地理解日本的宪政制度,作者在附录中附上了审判年表、判例介绍等一些很直观的材料。

本书的最后的约 1/3 左右篇幅,是作者重点和落脚点。在这一部分,作者阐述了自己对于中国宪法和中国违宪审查制度的理解,并提出了在我国现行宪法框架下借鉴日本的某些经验去完善或改革我国的违宪审查制度,使之有效维护我国宪法秩序的一些想法。在这方面,作者指出:人民代表大会制度是我国违宪审查制的基础,民主集中制是我国违宪审查制度建设必须遵循的主要原则之一;按宪法,我国实行的是国家权力机关审查制,司法机关没有违宪审查权;日本违宪审查制中不少具体做法都可以供我国参考借鉴,但这种参考借鉴只能在维护和完善我国宪法架构的前提下进行。作者本着以我为主、为我所用的精神看待日本违宪审查制度,这一点非常值得肯定。

我还想说明,我个人是主张导师尽可能尊重学生对自己研究课题中相关问题的理解和处理的。所以,我对学生论文中的观点和提法,只要大体能够言之成理,都不加以否定,至于遣词造句,学生更是有保持自身偏好的充分自由。所以,裘索的博士论文虽然是我指导完成的,但论点、见解和风格都是她自己的。老实说,我对日本司法制度和违宪审查制度的了解是非常有限的,比不上裘索。我指导她的论文的过程,也是一个我自己加深对日本违宪审查制度的理解的过程。

我希望裘索这本书在我国的宪政进程中能够产生它应有的社会影响。

童之伟

2008 年 3 月 30 日于
上海新华路寓所

目 录

前言 ·· 1
第一章　日本违宪审查制度的确立 ······························ 6
　第一节　日本违宪审查制度的产生 ···························· 6
　　一、明治宪法与违宪审查制度 ································ 6
　　二、战后日本违宪审查制度的导入 ························· 10
　第二节　日本违宪审查制度的依据和功能 ··················· 27
　　一、理论依据 ·· 27
　　二、制度依据 ·· 29
　　三、日本违宪审查制度的功能 ······························· 32
　小结 ·· 34
第二章　日本违宪审查的性质 ···································· 36
　第一节　附随型违宪审查制的确立 ···························· 36
　　一、最高法院对违宪审查制度属性的判例解释 ··········· 36
　　二、违宪判决的效力 ··· 40
　第二节　附随审查下"司法权"的判例解释 ·················· 43
　　一、司法权的内涵 ·· 44
　　二、司法权的范围 ·· 46
　　三、司法权的对象 ·· 49
　小结 ·· 59

i

第三章 日本违宪审查的对象 ……… 60
第一节 违宪审查的一般对象 ……… 60
一、《日本国宪法》的规定 ……… 60
二、判例确立的其他审查对象 ……… 61
第二节 判例排除的审查对象 ……… 66
一、统治行为和政治问题 ……… 66
二、判例排除的其他审查对象 ……… 73
小结 ……… 75

第四章 日本违宪审查理论和违宪判断方法 ……… 76
第一节 日本违宪审查理论 ……… 76
一、宪法判断回避的原则 ……… 76
二、具体审查方法 ……… 82
第二节 日本法院违宪判断方法 ……… 96
一、国家抽象行为违宪判断方法 ……… 97
二、国家具体行为违宪判断方法 ……… 101
第三节 日本违宪审查的基准 ……… 103
一、二重基准的法理 ……… 103
二、最小合理性审查基准 ……… 105
三、中间合理性审查基准 ……… 106
四、严格的审查基准 ……… 107
小结 ……… 109

第五章 日本违宪审查的具体程序 ……… 110
第一节 提起违宪审查请求的要件 ……… 111
一、事件性 ……… 112
二、当事人资格 ……… 114
三、诉的利益 ……… 117

第二节　具体审查程序	120
一、当事人提起宪法争议	120
二、上诉	121
三、诉讼终结	125
小结	125

第六章　日本违宪审查运作存在的问题及改革思路 … 127

第一节　日本违宪审查运作存在的主要问题及原因	127
一、日本违宪审查运作的主要问题	127
二、极端司法消极主义的原因	133
第二节　对极端司法消极主义的改革的思路	143
一、设立独立的宪法法院	143
二、在现行体制内改革	144
小结	149

第七章　我国现行违宪审查制度及相关问题 … 150

第一节　我国违宪审查制度含义及依据	152
一、我国违宪审查制度的含义	152
二、理论依据	155
三、制度依据	158
第二节　我国违宪审查制度面临的问题	173
一、解决法律之下规范性文件的合宪性、合法性问题	173
二、现有制度具体程序的瑕疵	174
第三节　我国违宪审查制度运作存在的问题及原因	178
一、我国违宪审查制度运作存在的问题	178
二、我国违宪审查制度尚未有效运作的原因	179
第四节　完善我国违宪审查制度的基本思路	181
一、完善我国违宪审查制度的多种争议	181

二、在现有的体制内完善我国违宪审查制度 …………… 187
　小结 ……………………………………………………………… 193
第八章　日本违宪审查对我国的启示 ……………………………… 195
　第一节　制度运作的启示 …………………………………… 197
　　一、审查程序的公开、公正是结果正当化的重要基础 ……… 197
　　二、有效审查需要精通宪法理念的人员 …………………… 199
　第二节　违宪审查原则对我国的启示 ……………………… 200
　　一、统治行为论对我国违宪审查制度的启示 ……………… 201
　　二、合宪限定解释论对我国违宪审查制度的启示 ………… 202
　第三节　具体宪法判断方法对我国的启示 ………………… 204
　　一、以《宪法》条文精神作为实质审查标准 ……………… 204
　　二、违宪行为和违法行为的区分 …………………………… 207
　　三、区分抽象违宪和具体违宪 ……………………………… 210
　第四节　日本违宪审查学术研究对我国的启示 …………… 212
　　一、日本违宪审查学术研究 ………………………………… 212
　　二、日本学者的研究对我国的启示 ………………………… 214
　小结 ……………………………………………………………… 215

附录一　日本宪法审判年表 ………………………………………… 217
附录二　日本有关违宪审查的部分判例介绍 …………………… 230
　日本最高法院宪法判例十二则 ………………………………… 230
　地方法院宪法判例九则 ………………………………………… 259
附录三　日本法院审判体系简表 …………………………………… 285
参考文献 ……………………………………………………………… 286
后记 …………………………………………………………………… 294

前　言

最初关注中国的违宪审查制度,起因是 2003 年的刘志刚事件。第一次看到实践中公民依据《立法法》的规定向全国人大常委会提请违宪审查[1],作为一名律师,自然而然地对于结果以及相关的事项极为关注。此后又出现了"杭州百人上书全国人大对拆迁条例提起违宪审查"[2]、"我国男女退休年龄规定被提请违宪审查"[3]等等事件,使我对中国的违宪审查制度产生了浓厚的兴趣,进而做了相关的学习和研究。

为了保障公民基本权利,维护国家法制统一,保障宪法实施,我国 1982 年《宪法》确立了我国社会主义特色的违宪审查制度,即

---

[1] 崔丽:《三位中国公民依法上书全国人大常委会建议对〈收容遣送办法〉进行违宪审查》,载于《中国青年报》,2003 年 5 月 16 日。提起建议的三位法学博士认为,《收容遣送办法》作为国务院制定的行政法规,其中有关限制人身自由的内容与我国现行《宪法》以及有关法律相抵触,属于《立法法》中规定的"超越权限的"和"下位法违反上位法的"行政法规,应该予以改变或撤销。

[2] 盛学友:《杭州百人上书全国人大对拆迁条例提起违宪审查》,载于《法律服务时报》,2003 年 8 月 1 日。2003 年 7 月 14 日,浙江省杭州机械工业学校退休教师刘进成发起、金奎喜律师等 116 人联名请求全国人大常委会对国务院和杭州市的"拆迁条例"进行违宪审查的建议的挂号信寄往首都。7 月 20 日,刘进成收到邮局回执:全国人大常委会于 7 月 17 日收到建议书。

[3] 北京大学法学院妇女法律研究与服务中心:《北大法学院妇女法律研究与服务中心就男女退休不同龄规定向全国人大常委会提起违宪审查建议书》,http://www.woman-legalaid.org.cn/read.php? kind=zxkx&file=20060308161734 北大法学院妇女法律研究与服务中心就国发(1978)104 号文件关于女职工退休年龄的规定,向全国人大常委会提起违宪审查建议。

由全国人大及其常委会监督宪法实施,行使违宪审查权,但具体的运作程序却迟迟没有建立起来。2000年3月15日第九届全国人大第三次会议通过《立法法》,进一步完善了我国的违宪审查程序,主要体现在:第一,规定了提起对行政法规、地方性法规、自治条例和单行条例进行违宪审查的主体,特别是规定了公民可以向全国人大常委提起违宪审查的建议,这对保障公民基本权利有重要意义;第二,规定了全国人大常委会对行政法规、地方性法规、自治条例和单行条例进行违宪审查的基本程序。

在《立法法》的基础上,2000年10月16日九届全国人大常委会第三十四次委员长会议通过《行政法规、地方性法规、自治条例和单行条例、经济特区法规备案审查工作程序》,并于2003年8月15日十届全国人大常委会第六次委员长会议和2005年12月16日十届全国人大常委会第十次委员长会议两次做出修订,2005年12月16日十届全国人大常委会第十次委员长会议还同时通过了《司法解释备案审查工作程序》,这些文件都进一步完善了全国人大常委会的违宪审查程序。

但是,前文中的案例都涉及公民基本权利保障和国家法制统一的问题,但这些公民的建议并没有使得全国人大常委会正式启动违宪审查程序,也没有对争议的规范性文件做出是否合宪的审查结论。可以说,迄今为止,全国人大还没有进行过一次事后的违宪审查工作[①],全国人大常委会也没有依据《立法法》的规定进行过一次违宪审查工作,因此,总体而言,我国违宪审查制度的运作

---

① 笔者认为全国人大曾有过两起事前审查的先例,即在《香港特别行政区基本法》和《澳门特别行政区基本法》生效之前,曾经做出《关于〈中华人民共和国香港特别行政区基本法〉的决定》和《关于〈中华人民共和国澳门特别行政区基本法〉的决定》,这两个《决定》属于事前审查的范畴,对此后文详细论述。

是缓行的,保障公民基本权利和维护国家法制统一的功能并没有得到有效的发挥。

为什么我国违宪审查制度功能没有有效运作?是否仅仅是具体制度的某些缺陷?我国违宪审查制度功能发挥有赖于哪些因素?如何逐步消除制约我国违宪审查制度功能发挥的不利因素?为了进一步完善我国违宪审查制度,保障公民基本权利和维护国家法制统一,进一步研究上述问题是有必要的。而且,如果以中国的问题意识为视角,从比较法的角度研究我国违宪审查制度的问题,对于解决问题有重大参考意义。笔者选取了日本违宪审查制度作为研究我国违宪审查问题的参考对象,以期研究结果对解决我国问题有所借鉴。

现代日本宪法诞生于1946年,由于出身的特殊性(在美国的占领下制定的宪法),一直受到各种各样的褒贬不一的评价。在日本的法学界,对于日本宪法的定性也一直是争论不休。对于违宪审查制度,学术界与实务界更是存在着极大的分歧。但是不可否认,在第二次世界大战后的废墟上,短时间内发展到今天这样一个世界经济大国,现代日本宪法作为国家的根本大法,其所发挥的安定国家的作用无法使世人忽视。宪法秩序的安定,保证了国家的安定。而在维护宪法秩序的稳定方面,违宪审查制度无疑起到重大作用。所以,应当说战后日本在美国占领当局的主导下,导入的普通法院审查型的违宪审查制度,具有很多成功之处。日本的违宪审查制度虽然与我国在违宪审查方面实行的"权力机关审查制"在很多方面有重大差别,但在制度运作的过程中,都会涉及制度功能的有效发挥以及具体审查的标准等技术性问题,日本在这些方面的经验和教训值得我国借鉴。

正是出于这一考虑,从事中国法律业务多年,并且在日本学习、生活以及在日本的律师事务所工作多年,对于两国的法律制度有些熟悉的笔者,决定做一些自己力所能及的工作。本文以日本宪法和违宪审查制度的形成、发展为主线,通过对日本违宪审查制度的功能定位、本土化过程中的经验、违宪审查制度功能发挥的条件等的分析和研究,找出中国违宪审查制度完善和移植中可以借鉴的东西。同时,为了更好地理解日本的宪政制度,在附录中增加了审判年表、案例介绍等一些实用性的东西。

本书的第一章,是对日本宪法的发展历程的一个概括性的介绍,其内容是日本违宪审查制度的基础性的说明,包括东北亚第一部君主立宪的宪法——明治宪法的内容和特点以及被称为和平宪法的日本新宪法的内容和特点。通过这样的介绍,力求使读者对于日本宪法的产生、发展有一个基本的了解,便于理解现代日本违宪审查制度的特点。本章与其说是对法律问题的研究,不如说是对日本法制史的介绍。

第二章,直接切入正题,从正面对现代日本违宪审查制度的产生,基本制度和功能进行概括性的介绍。保障公民基本权利是世界上所有民主国家的违宪审查制度的基本功能,日本当然不能例外。但是,日本又保持着自己的特点,这一特点在本章中可以通过日本违宪审查制度的理论以及制度依据中的介绍可以首先了解一些。对于日本违宪审查制度的特点的进一步剖析,将在后文中进行。

第三章,是伴随着日本违宪审查制度产生到发展到今天,一直存在着争论的问题。在日本新宪法中,只是笼统规定了最高法院具有违宪审查权,对于具体的审查方式并未做出规定。虽然最高法院以案例形式确定了日本的违宪审查制度是附随审查制度,但是在学界的争论却一直没有停止过。通过对违宪审查的内涵、范围、对象的分析,力求使日本附随违宪审查制度浮现一个初步的轮廓。

在看到日本违宪审查制度的轮廓之后，第四、五、六章是对其进行的深入解剖。第四章的日本违宪审查的对象，如同违宪审查制度的门户，它解决的是违宪审查制度的入门问题，即，什么可以进来，什么不可以进来。而第五章的理论和判断方法、第六章的程序，则解决的是对于进了门的对象如何料理的问题。通过这三章的了解，我们已经可以基本掌握日本违宪审查制度是怎样的一个制度。

第七章，应该说是本书的一个核心，即日本违宪审查制度存在着什么问题，在进行着什么样的改革，而这些内容都是对我国的违宪审查制度具有借鉴意义的。日本国内舆论对于司法消极主义的批评，反映了违宪审查制度对于国家安定有着何等重要的意义，值得我们去认真研究。

从第八章开始，进入到了我国的违宪审查制度。包括制度的介绍以及存在的问题。通过几种解决方案的对比和介绍，借鉴日本的经验，提出了自己的解决方案。即，在现有制度的框架下，去完善和改革我国的违宪审查制度，使之具有实用性，真正起到维护我国宪法秩序的作用。

第九章，是本书的另一个重点，即日本违宪审查制度给我们什么样的启发，我们应当如何去应对未来的发展。这一章也是对本书的一个总结，同时对我国违宪审查制度的建设和发展提出了建设性的建议。

上述是对本书写作背景和主要章节内容的一个简要概括，若本书的出版对于中国司法改革的进程有所裨益，若对想了解日本违宪审查制度的读者有所帮助的话，这将是笔者的一大幸事。

第一章 日本违宪审查制度的确立

"日本国民真诚地企望以正义和秩序为基调的国际和平,永远放弃为国家主权而发动战争,放弃武力威胁或使用武力作为解决国际争端的手段。为达此目的,日本不保持陆海空军和其他战争力量,不承认国家交战权"。相信每一个了解日本历史的人都会对这一段文字有很深的印象。因这一段文字表述,日本新《宪法》被世人称之为和平宪法。但是,和平宪法并不是日本的第一部宪法,日本的第一部宪法是确立了君主立宪制的《大日本帝国宪法》,世称明治宪法。

由于日本的这两部宪法的性质迥异,因此,谈及日本的违宪审查制度,不得不从战前的《明治宪法》谈起。

第一节 日本违宪审查制度的产生

一、明治宪法与违宪审查制度

(一)明治宪法的特点

1868年日本的明治维新,恢复了天皇亲政。由于国内民主运动的活跃,开设国会、实行政党政治和议会内阁制、颁布钦定宪法的主张被提上了日程。1881年,确立了以岩仓具视(1825—1883,日本政治家,对日本皇室有很大的影响力,也影响明治维新的发展)、伊藤博文(1841—1909,日本近代政治家,内阁总理大臣,明治维新元老)、井上毅(1839—1895,日本明治时期政治家、教育家。1886年在伊藤博文领导下起草日本宪法)为主的中枢机关,开始了宪法制定的工作。由于这三人均主张以德国帝国宪法为蓝本,所以明治宪法从最初开始便打上了德国的烙印。从新政府建立伊始,为了寻求近代国家的模型,派出许多代表团前往欧美。据资料记载,代表团先后去了美、英、法、比、荷、德、俄、丹麦、瑞典、意大利、奥地利、瑞士等国家,而从1882年3月开始为期18个月的伊藤博文对欧洲的宪法调查,则对于明治宪法有着特别重要的意义。通过这次调查,日本政府的主导部门进一步坚定了效仿德意志帝国宪法的决心。

1886年由伊藤博文、井上毅、金子坚太郎、伊东已代治组成的宪法起草班子正式开始起草宪法。主导者在法律思想上的倾向决定了聘请的顾问是德国人莱斯勒和毛塞,并经过与德国顾问的反复探讨和修改后,于1888年4月向天皇提交了最终草案。经过了1888年6月到1889年1月的枢密院的三次审议,明治宪法于1889年2月被正式公布。

1889年2月11日,当时的明治政府颁布了仿效普鲁士宪法制定的《大日本帝国宪法》(明治宪法),并于1890年11月召开帝国会议,宣告宪法正式生效,开始步入议会政治。这部宪法是日本乃至东亚国家的首部宪法,因为其性质是神权主义君主制的宪法[1],所以主要内容是规定君主立宪制政府结构,以及作为天皇的恩惠而给予臣民的有限的民主权利。注意,这里是用的是"臣民",而不是西方宪法中的"公民",这一用词明确表示了明治宪法的性质。

---

[1] 芦部信喜、高桥和之:《宪法》(第三版),岩波书店2004年版,第18页。

明治宪法的具体内容包括,第一条"大日本帝国由万世一系的天皇统治之"表明明治宪法是基于天皇主权的原理,由天皇总揽立法、司法、行政之统治权。此外,行政各部的官制、陆海军的统帅、宣战的公布、条约的缔结等,都属于天皇的大权。帝国议会采取众议院与贵族院的两院制,众议院由公选议员组成,贵族院由皇族、华族(皇族以下,士族以上的阶层)、敕任议员(相当于御任,即国家派任议员)组成。两院虽然权限相等,但众议院往往受制于贵族院。帝国议会于休会中,可以以天皇之名,发布取代法律的紧急敕令。

从明治宪法的性质以及具体内容可以看出明治宪法具有以下特点:

君权神授而且天皇总揽国家立法、司法、行政大权的基本原理,具有反民主的特点。虽然明治宪法参照了西方国家的宪法,并采用了宪法的体例结构和宪法的各个制度,但是,"天皇神圣不可侵犯"(第3条),"天皇为国家元首,总揽统治权"(第4条)等规定表明了明治宪法实行的是天皇主权原则,政府、议会和法院对天皇而言均处于从属地位。虽然第55条规定:"国务大臣,辅弼天皇,负其责任。并有在法律、敕令和其它与国务相关的诏敕之上附属的义务",但是仅仅是建议的权利,是无法真正监督天皇的。此外,军事统帅权从一般国务中独立出来,由参谋总长、军令部长辅弼天皇,国务大臣无权建议,因此第55条没有任何的实际意义。而由参谋总长、军令部长辅弼天皇不受政府及议会的约束的机构设置,直接导致了日后日本军部独裁的产生。[①] 这样的国家结构,形式上的法治,与宪法产生的目的和价值,即"有限政府"(limited gov-

---

① 芦部信喜、高桥和之:《宪法》(第三版),岩波书店2004年版,第19页。

ernment)的观念是背道而驰的。

有限的人民权利的保护。在明治宪法中规定了臣民的一些权利和自由。例如,宪法当中立决臣民享有居住、迁徙、言论、出版、集会等自由,以及非依法律不受逮捕、拘禁、言论、出版的权利,但是这些权利都是天皇对臣民的恩赐,仅仅限于法律规定的范围之内,且随时可通过敕令等给予限制和剥夺。

随着日本资本主义的发达、政党势力的成长,以及第一次世界大战后民主思想的普及,明治宪法所具有的立宪主义的一面,渐渐的发展、茁壮。这种倾向逐渐强大,终于出现了所谓的"大正民主"(大正是昭和前的年号),到了昭和初年,甚至出现了接近议会内阁制的立宪政治。但是,进入20世纪30年代,在世界经济大恐慌之下,经济、社会急剧不安,民众对混乱的政党政治感到不满,结果民主思潮开始后退。最后法西斯势力抬头,掌握了政治的主导权[1],将日本导入了战争的旋涡之中。而正是这一场战争,促使日本宪法发生了本质上的变化,也使违宪审查制度发生了质的变化。

(二)违宪审查制度

明治宪法参照了德意志帝国宪法以及各邦宪法,并深受其影响。甚至有日本学者断言,这部宪法只有3条(第1条、第31条、第71条)是独创的,其余有46条和普鲁士及德意志其他各邦宪法相同[2],无论司法实务界还是在理论界的多数意见都认为违宪审查的形式应当是抽象违宪审查制,如同对此意见的支持一样,在明治宪法中没有明文规定法院对法令具有违宪审查权。只是在第76条规定了任何法律、规则、命令,不能与宪法相抵触,这样一个

---

[1] 芦部信喜、高桥和之:《宪法》(第三版),岩波书店2004年版,第21页。
[2] 华夏、赵立新、真田芳宪:《日本的法律继受法律文化变迁》,中国政法大学出版社2005年版,第18页。

很笼统的原则。可以肯定的是,明治宪法明确表明了违宪审查的思想,但是,这种审查也只限于在宪法解释和司法实践中承认法院对行政命令行政行为拥有实质审查权,即法令审查权;而对法院审查立法机关制定的法律的权利,则只承认形式审查权而否认实质审查权。从明治宪法本身来看,它的主旨是维护天皇的独裁统治,与近现代宪法的保障公民基本权利的理念相去甚远。

二、战后日本违宪审查制度的导入

与战前的明治宪法不同,《日本国宪法》导入了具体的违宪审查制度。由于明治宪法的钦定宪法的特点,一般意义上的日本违宪审查制度并不包括明治宪法所规定的内容,仅指《日本国宪法》的违宪审查制度。本文对日本违宪审查制度的探讨也仅限于《日本国宪法》。

在《日本国宪法》第81条规定:"最高法院为有权决定一切法律、命令、规则以及处分是否符合宪法的终审法院。"这一条在日本被认为是关于司法审查制度的规定。"司法审查,是指法院在正常范围内审理案件时,如果有关合宪性的争议点与诉讼的审理有密切关系,法院就对统治机关行为的合宪性做出判断的权限。司法审查,是从英文 judicial review 翻译而来,日本的司法审查制度是从美国司法审查制度学来的,所以,司法审查是一个非常贴切的用语。另外,日本司法审查也被称为违宪立法审查,法令审查,违宪审查,这些都是指向宪法第81条所规定的制度,其中除了包含的期待外,是同一意思的用语。"[1]因此,日本的司法审查制度也被称之为"违宪审查"制度。

---

[1] 户松秀典:《宪法诉讼》,有斐阁2000年版,第43页。

日本违宪审查制度是日本新《宪法》的重要组成部分,在具体研究日本现行违宪审查制度之前,为了更全面把握日本现行违宪审查制度,笔者认为有必要先考察以下问题:二战以后,日本为什么要导入违宪审查制度?日本导入违宪审查制度的背景因素是什么?这些背景因素对战后日本违宪审查制度的运作有什么影响?

(一)《日本国宪法》制定的背景

1945年8月14日,日本政府根据天皇的决定,正式宣布接受《波茨坦公告》,并宣告无条件投降。在接受《波茨坦公告》时,日本政府曾提出:"在承诺不包括变更天皇之国家统治大权的要求后才同意接受"[①],而联军给日本政府的答复是:"投降时,将天皇及日本政府之国家统治权置于联军最高司令官的限下;……日本政府的形态应遵照《波茨坦公告》,并根据日本国民自由表达意思决定之。"[②]迫于联军压力,日本政府无可奈何接受《波茨坦公告》,在投降书上签字。日本投降后,英、法无力、中国国民政府忙于内战无暇顾及占领日本,苏联仅占北方四岛,美国远东军则趁虚而入,以盟军名义事实上取得了单独占领日本的地位,麦克阿瑟为盟军总司令。1948年8月28日,美军在日本成立盟军总部,总部之下不仅设立专门负责军事的参谋本部,还另设有民政局、法务局、经济科学局、公共卫生局、民间通讯局、天然资源局、资料统计局、民间情报教育局等机构,以便对日本社会生活事务各个方面实施全面控制。为管制日本,1945年12月在莫斯科举行的美、苏、英外长会议决定在华盛顿设立由苏、英、美、中、法、荷、加、澳、新、印、菲11国(后缅甸和巴基斯坦加入)代表组成的远东委员会,作为制定

---

① 阿部、佐藤、宫田编:《宪法资料集》,有信堂1966年版,第193页。
② 阿部、佐藤、宫田编:《宪法资料集》,有信堂1966年版,第194页。

占领政策的最高决策机构;同时在东京设立由美、苏、中、英四国代表组成的盟国管制日本委员会。然而由于美国事实上单独占领,因此日本远东委员会的决定必须通过美国政府向盟军总司令部发布指令,后者仅是盟军总司令的咨询机关,不能限制美国对日本的单独统治,这就严重影响了远东委员会代表盟国并反映国际民主势力的要求。

为了实施《波茨坦公告》中对日占领政策的条款,就涉及到修改《大日本帝国宪法》或重新制订新宪法的问题。在这个问题上,美苏两国各执己见。1946年5月远东委员会全会一致通过《关于日本新宪法通过的各项标准》,该标准的主要内容有:确立国民主权原则、废止天皇制或者进行民主改革,采用议院内阁制、文官大臣制,在天皇继续存在的情况下,限制天皇的权能,对皇室财产实施国有化等等。但美国事实取得单独占领日本的地位,在新宪法制定的过程中,为维护自己在日本的利益,极力推行自己的主张,远东委员会的意见被忽视。因此,日本战后的新宪法事实上是在美国的主导下制定的,更多的是贯彻美国的意志;这也就使得日本的新宪法更多受美国宪法的影响,在具体制度设置上也深深打上美国宪法的烙印,比如本文中的违宪审查制度。

同时,对是否必须修改《大日本帝国宪法》的问题,日本国内有激烈争论。当时主要有三种意见:"(1)认为根据明治宪法的运用,也可以达到实施《波茨坦公告》的目的,不必修改宪法;(2)仅仅依靠明治宪法的运用,是不充足的,有必要修改宪法;(3)恢复'独立'后再修改。"[①]

但是,无论是远东委员会还是美国占领当局,修改《大日本帝

---

① 宋长军:《日本国宪法研究》,时事出版社1997年7月第1版,第32、33页。

国宪法》的意向是明显的。尽管美国占领当局向日本政府修改宪法的通知发出后,东久迩内阁(1945.08.17—1945.10.09)于第二天就宣布内阁总辞职,但币原内阁刚成立,立刻接到同样的命令。"麦克阿瑟将军指示币原内阁推行五大改革:妇女解放、鼓励组织工会、学校教育民主化、废除秘密审判的司法制度、经济结构的民主化。因此,司法改革成为日本新《宪法草案》的不可缺少的事项,怎样加强司法权的独立性和权威性成为战后日本修改《宪法》的重大课题。"[1]"司法省司法制度改正审议会"也把"应赋予大审院以法令审查权"作为司法改革的一项内容列入议程。[2] 可见新宪法的基本内容(尤其是大力强化司法权的举措)的确是美国方面施压的结果。1945年10月25日,币原首相任命国务大臣松本丞治组成"宪法问题调查委员会",[3]并聘请清水澄(1868—1947)、美浓部达吉(1873—1948)、野村淳治(1876—1950)三位博士为顾问,另又邀请河村又介(1947—1963)、宫泽俊义(1899—1973)、清宫四郎(1898—1989)三位教授为委员,一同参加宪法草拟工作。战后日本新宪法的制定工作正式开始了。

其后,松本丞治(1877—1954)于1945年12月8日发表修改《宪法》的四项原则,即所谓"松本四原则",并依此进行《宪法》修改工作。"松本四原则"[4]内容如下:

---

[1] 田中英夫:《宪法制定过程备忘录》,有斐阁1979年版,第4页。
[2] 户松秀典:《司法审查制》,劲草书房1989年版,第23页。
[3] 此委员会的名称不用"宪法修改委员会"而用"宪法问题委员会",原因是此委员会设置之目的在于调查《明治宪法》是否需要修改,原无变更《明治宪法》之目的,此暗示当时日本政府并不热衷于《明治宪法》的修改。参见有田八郎:《宪法修改是非》,每日新闻社1962年版,第160页。
[4] 沼田贤太郎:《日本国宪法第九条 意义 自卫权》,载于《公法研究》1995年第22号,第81页。

1. 天皇总揽统治权之原则不变；

2. 扩大议会决议事项权限，以削减天皇之大权事项；

3. 对国务大臣之责任及于所有国务，并对议会负责；

4. 强化对人民之权利与自由保障，并建立对人权侵犯的完整救济方法。

从上述"松本四原则"来看，松本组成的"宪法问题调查委员会"力图继续维持战前《明治宪法》中"天皇总揽统治权"的根本原则，根本无意于修改《明治宪法》，在此项原则之下，对国会、内阁做有限改革，同时适当强化公民基本权利保护。

新《宪法》的制定可分为两个阶段。第一阶段为1945年10月25日至1946年2月13日，这一阶段是日本政府独自进行起草的阶段，制定了《松本私案》和以《松本私案》为纲要的《甲案》以及集中委员会意见的《乙案》；其中，《甲案》经修改作为《宪法修改纲要》提交美国占领当局，但因该案离美国占领当局要求太远（如将明治宪法中"大日本帝国乃由万世一系天皇统治"条文原封不动保留下来）而被麦克阿瑟否决。第二阶段是1946年2月13日至11月3日，这一阶段是日本政府被迫接受《麦克阿瑟草案》阶段。

1946年3月6日，日本政府在麦克阿瑟草案的基础上制定了"日本宪法修改草案纲要"，并公开发表。4月17日，日本政府以纲要为基础，制定了"宪法修改草案"，并予以公布。此后，该草案在两院议员审议修改后获得通过。10月29日经天皇裁可，11月3日根据《公式令》的规定在官报上公布，并于1947年5月3日实施，这就是被誉为和平宪法的《日本国宪法》。

（二）《日本国宪法》的特点

1. 废除了天皇主权原则，以国民主权原则取而代之，扩大了国民基本权利和自由的范围。

日本新《宪法》第1条即明确提出"天皇是日本的象征,是日本国民统一的象征,这一地位基于拥有国家主权的国民的全体意志而决定的"以及第7条"天皇根据国会的建议和承认,为国民进行下列行为:①宪法修正案、法律、法令以及条约的公布;②召开国会;③解散众议院;④向公众表明国会议员的总选举的实行;⑤国务大臣以及法律规定的其他官员的任免,全权委任状以及大使和公使的新任状的认证;⑥大赦、特赦、减刑、免除行刑、以及权利恢复等的认证;⑦荣典权;⑧批准书以及法律规定的其他外交文书的认证;⑨接受外国大使和公使;⑩举行欢迎仪式"的规定,天皇已成为国家名誉元首,其国事行为须经国会同意。同时,日本国宪法表明,国家主权属于人民。同时,明确了国民的基本权利不可侵犯,在不违反公共利益的前提下,在立法以及行政上必须最大限度地尊重国民的权利的原则。与明治宪法天皇恩赐给臣民的基本权利相比,国民的基本权利范围扩大了,并得到了确实保障。

2. 实行三权分立与责任内阁制。

1868年明治维新政府在掌握政权后,为了加强中央集权制定了《政体书》,规定国家权利集中于太政官,太政官之下设立法、行政、司法三官,分掌立法权、司法权、行政权。但是由于明治宪法明确规定天皇总揽国家的立法权、司法权和行政权[1],因此,《政体书》规定的政治体制并不是实质意义上的三权分立。日本国宪法则彻底改变了这一状况。

日本新《宪法》第41条规定国会是国家的最高权力机关,是国家唯一的立法机关,第65条以及第76条分别规定了行政权和司

---

[1] 华夏、赵立新、真田芳宪:《日本的法律继受法律文化变迁》,中国政法大学出版社2005年版,第72页。

法权的归属。国会有权解散内阁,有权弹劾法官。内阁对国会负责,处理国家行政事务,以及宪法规定的外交国务,有关条约的缔结以及行政预算须经国会的认可和批准。最高法院掌管司法权,法官在行使职权时,只受宪法和法律的约束,不受任何干涉。通过这样的规定可以看出,日本的政体已不再是形式上的三权分立制度。

3. 规定放弃战争原则,仅保留自卫权。

日本新《宪法》最受世人瞩目的一个特点,就是在本章篇首提到的第9条规定的放弃战争的原则。① 由于宪法中没有明确规定自卫权问题,一般理解为日本仅仅保留了自卫权。② 但是对由于对放弃战争原则中的"战争",存在着不同理解,其焦点即此战争是指侵略战争还是一切战争? 在法学界有三大学说:一是一切战争,即日本不能保持自卫战争的力量;另一是放弃侵略战争,否定交战;再一是仅指侵略战争,主张保留战争力量。在日本的国民及法学界,大多数观点都认为日本仅仅保留了自卫权,而放弃了其他发动战争的一切权利。但是,日本政府的观点却一再改变,从最初吉田内阁(1946.05.22—1947.05.24)放弃战争意味着自卫权都已经放弃的解释③,到后来出台有事法案,在后来逐步的扩大对自卫权的解释。2005年8月1日日本执政党自民党新宪法起草委员会公布的修改草案中第9条被全面修改,第1款"放弃战争"被修改

---

① 日本国宪法第66条第2款军人不得入阁的规定是对这一原则的补充和强调。
② 1950年1月1日,麦克阿瑟在《朝日新闻》的元旦致词——"无论想要找出怎样的理由,这部宪法的规定都不能解释为完全否定了对于来自一方挑起的攻击进行自卫的难以侵犯的权利",是对这一主张的最有利支持。
③ 吉田内阁成立不久的1946年6月26日,首相吉田茂在众议院帝国宪法修改委员会上就宪法第九条所做的发言,参见樋口阳一、大须贺明:《日本国宪法资料集》,三省堂1989年版,第27页。

为"永远不进行战争及行使其他武力或以武力相威胁",第2款"不保持战力"被修改为"为确保国家和平及独立以及国民的安全保持自卫军"。[①] 日本这一动向引起了世界的广泛关注。

日本新《宪法》的违宪审查制度,是本书研究的重点,有关内容将在下一个章节中详细阐述。

(三) 日本政府《宪法草案》中的违宪审查制度

1.《松本草案》中的违宪审查制度

基于麦克阿瑟对币原内阁的指令,日本政府和司法省(现在的法务省)都认为应当给予大审院(现在的最高法院)法令审查权,作为对《明治宪法》中"司法制度"修正的一部分内容。但在上述"松本四原则"里,对这一点完全没有提及。之后,公开发表的政府《宪法问题调查委员会试案》(松本草案)第五章(司法)将《明治宪法》规定原样照搬,所谓修正,只是将《明治宪法》第61条[②]的内容略作变动,把行政事件的审判明确归于普通法院管辖而已。所以,对于"战后改革的推进中,在政府内部司法审查制的导入已被意识到"这一说法,许多人存在着疑问。[③] 还有一个问题是,战争前期关于违宪审查制的相当高水平的学术蓄积[④],在日本方面的修宪工作的成果《宪法问题调查委员会试案》中没有被反映。就如在松本委员会的讨论中作为领导的宫泽俊义委员、美浓部达吉顾问所述,"一直被催促着进行工作,根本看不到委员会对违宪审查制的关心",而且法制局应当准备的资料没有准备,其他准备工作也没

[①] 转摘自 http://world.people.com.cn/GB/1030/3598574.html。
[②] 《大日本帝国宪法》第61条:"因行政官厅之违法处分而使其权利受到伤害之诉讼,当属于另依法律规定之行政法院审理,不在司法法院受理范围之内。"
[③] 户松秀典:《司法审查制》,劲草书房1989年版,第23页。
[④] 江桥崇:《司法权理论的日本特质——战争前期的违宪审查制理论为线索》,载于《公法研究》46号,第86页。

有做到。

同时,松本委员会对法院地位的强化也是有限的。"对宪法修正本身持极端消极态度,至少是宪法问题调查委员会成立时的立场"。所以,"对于法院,至少是特别法院,行政法院应该怎么办,这两点作为中心","对于特别法院,考虑到军法会议,没有设置的必要","对于行政法院,松本先生对它的成果和作用的评价打分非常严厉,认为应该废止",这样的议题在委员会上进行了讨论。这个结果,在《宪法问题调查委员会试案》(松本草案)第61条,以"由于行政官厅的违法行为,被侵权的诉讼,还有其他与行政事件有关的诉讼,根据法律规定,由法院管辖"这一形式具体化。但是这之后,问题出现了。对行政诉讼,根据《法院法》第3条作为"在法律上有特别规定的权限",那么"本来应是司法权以外的权限……关于这方面,松本委员会应当进行一定程度的根本上的讨论",但这一讨论根本没有举行。①

从上述内容来看,由松本等人组成的"宪法问题调查委员会"在对《明治宪法》的修改工作中,对违宪审查制度的导入是持否定态度的。松本等人对于违宪审查制度不关心的根本原因是,当时日本政府主导层对于《明治宪法》的修正,持"极端消极的态度"。当时的日本政府认为即使在《明治宪法》下,《波茨坦公告》也完全可能履行,因此根本没有必要修改《明治宪法》。

不仅日本政府对《明治宪法》修改持极端消极态度,甚至日本宪法学界很多人也持相同态度,特别是抵制违宪审查制度的建立。"日本宪法学界这些权威人士的思维仍然停留在过去那个'法制官僚的时代'(山室信一教授的表述),也力图避免以新宪法的文本来

---

① 法学演习增刊《最高法院》之《最高法院三十年回顾》,第32页。

严格限制议会和内阁的那种事态的出现,自觉或不自觉地要维持一种仅凭代议机构的过半数赞成票就可以决定或改变大政方针和规范体系、以立法权来吸纳宪法解释权的机动性。"①

总之,以松本为代表的"宪法问题调查委员会"和一些学者反对在修订《明治宪法》时导入违宪审查制度,其根本原因在于他们试图维护战前的天皇专制制度,在这个前提下就不可能限制天皇权力,自然也就没有必要引入违宪审查制度。

2.《佐佐木修正案》中的违宪审查制度

在松本等人组成的"宪法问题调查委员会"开展工作的同时,由内大臣御用专员近卫文磨主导,相关机构开始对曾担任京都大学宪法和行政法教授的佐佐木惣一提出的改宪方案进行研究。近卫之所以倚重佐佐木,理由是他战前曾因维护学术的独立和尊严而辞职,被公认为不畏军国主义势力的强权的有气节的进步知识分子;此外他在专业研究方面又一直提倡设立宪法法院,这与美国占领军当局要求日本强化司法权的思路是完全一致的。

《佐佐木修正案》是佐佐木博士作为内大臣府御用挂(当时的官名,相当于总理府顾问)将《帝国宪法修正考查》总结后的成果。而且,与同样是内大臣府御用挂的近卫文磨公爵的宪法修正案——近卫案(以佐佐木案的大纲为内容)不同的是,这个与众不同的修正案,全文近百条,并已成体系,其中特别包含了宪法法院的设立条款。另外,《佐佐木修正案》,虽然被"天皇要求国务大臣松本参考,也就是所谓的天皇御赐"②,但是,松本委员很明显并没有接

・① 季卫东:《违宪审查的不同制度设计在日本》,http://www.law-thinker.com/show.asp?id=2810(法律思想网,本文由该网站首发)。

② 宪法调查会:《日本国宪法的由来》(《宪法调查委员会小委员会报告》),实事通讯社1961年版,第63页。

受,《佐佐木修正案》的结果也就不得而知了。

《佐佐木修正案》第78条由新设的6款组成：

"（1）对帝国宪法的条规有疑议时,由依法成立的宪法法院依据所定法律进行审判。

（2）宪法法院在宫内大臣及议会请求时,对根据皇室典范的规定制定的各种规则,法律,命令,是否违反帝国宪法进行审判。但对正在宪法法院受理之中的案件的判决,有必要就判决本文中援引的各种法律涉及的宪法上的疑义进行决定时,宪法法院依职权进行审判。

（3）宪法法院在前款事项以外,对于政府、议会的行动是否违反帝国宪法的事项时,在议会或者是政府请求下,进行审判。众议院或者特议院由政府代为请求。

（4）对正在最高法院或者最高的行政法院受理之中的案件的判决,法院认为有必要就宪法上的疑义进行判决并提出请求时,或者诉讼当事人提出同样申请时,宪法法院进行宪法审判。

（5）宪法法院对于第二款,第三款以外的事项中适用法律,属于管辖范围的,可以进行宪法审判。

（6）第72条和73条准用于宪法法官以及宪法审判。"[1]

从《佐佐木修正案》78条的上述条款中,我们可以清楚地看到佐佐木关于宪法法院设立和抽象违宪审查制的构想。显而易见,佐佐木设想的违宪审查制度是以《明治宪法》的框架为前提的,同时采取奥地利的宪法法院模式。这一制度设计的最基本的特征是违宪审查权由专门的司法机关行使；在具体程序上,根据特定的主体的申请对法令等是否合乎宪法进行审查。佐佐木设想的日本违

---

[1] 奥平康弘:《宪法审判的可能性》,岩波书店1995年版,第110、102页。

宪审查制度不必以具体的诉讼案件为前提,宪法法院可以针对抽象性问题进行审查;宪法法院做出的违宪判决具有普遍效力,其判决可以拘束未来的一切低阶规范性法令,但不具有溯及既往的效力。然而,佐佐木的构想和德国(旧西德)、奥地利的关于宪法法院的规定还是有所差别的,对此本文不作详细探讨。

但松本为首的"宪法问题调查委员会"对导入违宪审查制度并不感兴趣,始终对设立宪法法院持否定态度,也对引进美国式司法审查制以及其他法院改革举措缺乏兴趣。假设一下,即使《佐佐木修正案》被松本等人组成的"宪法问题调查委员会"讨论过,《佐佐木修正案》中提倡的将抽象审查权赋予独立的宪法法院这一根本修正,也会被"对违宪审查不关心"的委员会不公开删除。以后,对此事进行回顾时,《松本草案》受到联军严厉批判,而成为《麦克阿瑟草案》起草的原因之一,这也使得适合日本国情的公法学大陆法系抽象审查制的导入被扼杀在萌芽状态。

因此,从一定程度上说,松本等人对战后日本违宪审查制度的导入"漠不关心"的态度,使得日本错过了引入符合大陆法系国家传统的宪法法院抽象型违宪审查制度的机会,从而被迫接受美国式的普通法院附随违宪审查制。(具体原因,下文将予以详细说明)

(四)《麦克阿瑟草案》中的违宪审查制度和日本政府的态度

1.《麦克阿瑟草案》中的违宪审查制度

1946年2月1日,宪法调查委员会向联合国军最高司令官提出了非正式的《宪法修正要旨》和《政府起草的对于宪法修正的一般说明》两个文件。据传"详细草案的正式提交没有进行"。[①] 但

---

① 宪法调查会:《日本国宪法的由来》(宪法调查委员会小委员会报告),实事通讯社1961年版,第63页。

是,总司令部方面,将这两个文件及1946年2月1日《每日新闻》上被报道的委员会暂时一致的《宪法问题调查委员会试案》(松本草案)一起讨论,并得出了以下结论:提交的"修正案只不过是明治宪法字句的稳妥修改,……比最保守的民间草案,也是非常落后的。……关于司法府的明治宪法的规定,只有将行政事件的诉讼管辖权从行政法院移交给普通法院这一条以外,原样照搬。……关于司法府独立的规定,没有做丝毫的努力","也根本没有把《宪法》作为国家最高法律的规定"。麦克阿瑟元帅考虑到最高司令官具有依据基本准则,改变日本内阁方针的责任,"命令民政局长霍伊托尼准将制作了拒绝松本草案的详细答辩书……递交给日本政府。"①

关于导入违宪审查制,联军司令部是这样看待的:"旧制度下的日本法院,追随执行府(日本内阁机关名),在法律上从属于执行府,这是一个非常严重的事态。但是,更加严重的是,国民无法起诉政府","在新《宪法》下,独立的司法府(现最高法院)应被保障……这个独立的司法府,应当被授予全部的司法权,特别的合宪审查权在内。……对于一切的法律,成文规定还有政府行为是否合宪,司法府具有决定权。通过这个规定,有法律上的利害关系的全部市民,有对政府的一切行为的效力进行争讼的权利,这一点非常重要。"②

以上是《麦克阿瑟草案》被起草,递交政府的简要经过。从以上经过我们可以看出当时日本政府对《明治宪法》修正的坚硬拒绝

---

① 联合国最高司令部民政局:《日本的宪法》(国家学会杂志第65卷第1号、第2号收),第31页。
② 高柳贤三、大友一郎、田中英夫:《日本国宪法制定的过程Ⅱ》,有斐阁1972年版,第144页。

态度;在美国占领当局彻底否定了日本政府的《宪法修正草案》后,日本政府被迫接受《麦克阿瑟草案》,包括美国式的普通法院附随违宪审查制度。"日本政府虽然事后为改变占领当局的意图做过不少努力,但终究不得不在2月22日正式决定按照《麦克阿瑟草案》重新拟定改宪方案。"①至此,日本战后对《明治宪法》的修订工作进入第二个阶段,即美国主导阶段,在此阶段中出现了凭借普通法院作为宪法精神的屏障,引进普通法院违宪审查制来制约立法权的提案。

不过,美国主导第二阶段的宪法修订工作,并没有完全照搬美国的做法,起先仅仅构思了一种特殊的"有限司法审查制"。《麦克阿瑟草案》第73条原文是这样的:

"最高法院为终审法院。当法律、命令、规则或者政府处分是否符合宪法的问题需要决定时,在基于或涉及《宪法》第三章的所有场合都以最高法院的判决为终审判决;在其他的所有场合,国会得对最高法院的判决进行再审。再审的最高法院的判决只有在获得国会议员三分之二多数赞成时才得以撤销。国会应该制定关于最高法院判决再审的程序规则。"②

我们可以看出,在《麦克阿瑟草案》中违宪审查制的一些特点:
(1) 国会和最高法院分享最终违宪审查权

最高法院的违宪审查权是有限的,即只有在涉及《宪法》第三章(公民基本权利义务)时,最高法院才享有对违宪问题的终审权,公民基本权利保护的重任由最高法院来承担。除此情形之外,国会保留最终的违宪审查权,体现国会主权原则。但这种

---

① 田中英夫:《宪法制定过程备忘录》,有斐阁1979年版,第22页。
② 奥平康弘:《宪法审判的可能性》,岩波书店1995年版,第107页。

方案和美国由联邦最高法院独掌最终违宪审查权的做法有很大差别。

(2)《麦克阿瑟草案》,起初并没有强令日本全面引进美式司法审查制的意图

实际上,总司令部民政局的成员对司法审查制的看法也是有分歧的。"担任司法部分起草作业的委员哈西(Alfred R. Hussey, Jr.)、罗威尔(Milo E. Rowell)以及斯彤(Margaret Stone)主张通过司法机关对违宪性法令的审查来强化司法权,而运营委员会的委员卡迪斯(Charles L. Cades)等人对罗斯福新政期间美国联邦最高法院的保守派借助司法审查干扰改革的史实记忆犹新,惟恐出现司法寡头制的偏颇。《麦克阿瑟草案》第73条糅合对违宪审查制的两种意见也反映了起草者内部不同意见的对立和妥协"[1]。

但战后日本新《宪法草案》中的违宪审查制没有采纳《麦克阿瑟草案》中的设计,在后来日美双方围绕改宪的磋商过程中,国会和最高法院共享违宪审查权的条款被删除了,新《宪法》完全采纳了美国式的司法审查制度。

2. 日本政府的态度

如果说,墨守《明治宪法》体制,拒绝修宪是二战后初期日本政府主导层的一致愿望的话,那么日本政府当然会成为阻止以保障新"宪法秩序"为目的的违宪审查制成立、运行的主要势力。而当面对《麦克阿瑟草案》时,日本政府最终结果是屈服于总司令部和舆论的压力,被迫接受。这样的政府主导层本身就抱着对新《宪法》抵制的态度,不可能会对新《宪法》忠诚,也不可能积极去推行

---

[1] 田中英夫:《宪法制定过程备忘录》,有斐阁1979年版,第159页。

新《宪法》下违宪审查制度。日本违宪审查制在诞生之初,便遭遇到对新《宪法》"忠诚"和"反叛"的相互激烈斗争,多难的道路是它命运不幸的原因,它以后的运行道路也必然是一条充满荆棘的道路。因此,讨论政治部门对《麦克阿瑟草案》的态度,对了解违宪审查制的制定和运行具有非常重要的意义。

但是有一点要说明,就是日本政府在对《麦克阿瑟草案》的违宪审查制的应对方式。日本政府在对《麦克阿瑟草案》中的违宪审查制无奈接受的同时,用还没有达到法律水平的特殊日本方式来应对,从应对的具体行动、受到的挫折和获得成功的事例里逐步得出了结论。

所谓受到的"挫折",就是将违宪审查权赋予最高法院和下级法院,还是集中在最高法院的问题。对这个问题,政府最初出现了动摇。在宪法议会(第90回帝国议会)上,政府的答辩基本是将违宪审查权集中到最高法院[①]。所以准备与新《宪法》同时施行的司法省《法院法》草案中有关最高法院的审判权的规定见"第三条第三款:下级法院依法可以请求最高法院对自己所管辖事件中做出的法律,命令,规则,还有行为是否合宪的决定"。违宪审查权最高法院集中型构想,与战后初期的司法省的"应赋予大审院法令审查权"的提案相一致,也可以看出日本对麦克阿瑟草案的抵抗。前述规定中的集中型司法审查制度,受到总司令部民政局立法和司法课长奥布拉的强力反对,结果被删除。日本的政治主导层的意图,首先在这里受到挫折。

由此可见,对违宪审查制的导入不关心的"宪法问题调查委员会"和政府主导层为了对抗《麦克阿瑟草案》,构想让最高法院独占

[①] 清水伸:《逐条日本国宪法审议录(3)》,有斐阁1962年版,第560页。

违宪审查权。让激烈反对《麦克阿瑟草案》的日本政府主导层，突然对《新宪法》的价值体系保障产生热情，是一件非常困难的事情。依据新《宪法》，有最高法院法官任命权的内阁，加上固有机能，对政府的主导层来讲，是一件非常有吸引力的事情，这样围绕最高法院法官问题的角逐开始了，"经过种种曲折和勾心斗角，1947年8月4日肩负着许多人的重托，最高法院诞生了"[①]。正因为如此，对总司令部民政局奥布拉课长的严厉拒绝，有必要进行全方位的再认识。

将违宪审查权集中在最高法院，意味着《法院法》及相关的各种立法都要周到地去准备，以保证最高法院对宪法问题的判断享有终审权。在这里，讲述一个主导层的意图成功实现的事例。在《刑事诉讼法》中规定上告程序、越级上告程序、特别抗告程序，发动这些程序的理由都是"下级法院判决、决定或命令违反宪法或者宪法解释有误"，当案件具备上述理由时，在最高法院的准许下，案件向最高法院移送，由最高法院对案件中的宪法问题做出最终裁决；《民事诉讼法》中也有特别上告程序和特别抗告程序，理由也是"下级法院判决、决定或命令违反宪法或者宪法解释有误"；另外，行政诉讼中特别上告程序和特别抗告程序适用《民事诉讼法》的规定。上述程序使得最高法院在制度上成为裁决宪法问题的终审法院，从而保证日本"宪法问题判断的统一"。这些具体的程序将在下文中做详细介绍。

从上文来看，二战以后日本政府对《明治宪法》的修改本身持抵制态度；即使在美军占领当局的压力下，日本政府被迫制定修改

[①] 山本佑司：《最高裁物语——日本司法50年》，孙占坤、祁玫译，北京大学出版社2005年第1版，第50页。

宪法草案时,也对违宪审查制度持抵制态度,原因是当时的日本政府不愿意触及天皇"总揽统治权"的原则。日本政府在被迫接受"麦克阿瑟草案"后,又设法将法院的违宪审查权集中到最高法院,企图通过控制最高法院法官的人选来控制法院违宪审查权的行使。最高法院的法官人事安排和司法行政制度对战后日本法院在违宪审查问题上奉行"司法消极主义",甚至导致制度的僵化,产生深远影响。

第二节 日本违宪审查制度的依据和功能

虽然战后的新《宪法》第 81 条确立了违宪审查的制度,但这仅仅是一个原则的规定,具体制度仍然要通过法律或者判例来确立,更重要的制度的具体建立、运作都需要一些理论作为支撑。

一、理论依据

1945 年 8 月,日本战败投降后,以美国为首的"盟军"为了彻底铲除日本军国主义,根据《波茨坦公告》的精神,对日本的法律和司法制度进行了全面改革。要求日本制定新《宪法》,并导入违宪审查制度就是其中的重中之重。在"松本草案"中,未规定违宪审查制度,招致麦克阿瑟命令盟军有关部门制定了宪法交给了日本政府。因此,在美国主导下的日本新《宪法》在理论上的依据主要是西方的民主思想,当然并不限于美国。在宪法理念、国会主权原则、象征天皇制,责任内阁制等方面,都受到了英国宪法的影响。[①]

[①] 华夏、赵立新、真田芳宪:《日本的法律继受法律文化变迁》,中国政法大学出版社 2005 年版,第 167 页。

日本违宪审查制度的理论依据主要有以下三个方面。

（一）三权分立原理

日本的统治机关从构造上看，参照了欧洲国家的议会中心，即立法机关中心的模式。在这种模式下，由司法机关行使违宪审查权是不能够被容忍的。但是，日本新《宪法》在美国的主导下制定，"采取了西方三权分立的原理，总体上采用议会内阁制，以内阁对国会负连带责任为大前提，但同时也承认法院的违宪审查权，说起来还是采用了同美国较为接近的观念"[1]，这正是日本宪法的特色。

根据美国式的三权平等并存的思想，普通法院有权在个案中解释争议的法令，如果法院认为某法令违宪，有权在个案中拒绝适用，从而确保三权之间的抑制和平衡。

（二）宪法最高法律效力

"宪法是国家的最高法律，显然违反宪法的法律命令及其他国家行为都是违宪、无效的。只有建立违宪审查制度，才能从事实上确保国家行为的合宪性。"[2]因此，要对国家行为的合宪性进行审查，保障宪法的最高法律效力，首先从制度上应当建立违宪审查制度。

（三）尊重人权原理

如前所述，尊重人权原理是《日本国宪法》三大原理之一，为实现此目的，《宪法》必然要有相关制度以实现人权保障。"虽然基本人权的确立是近代宪法的目的，也是构成宪法之最高法规范性的价值基础，但是当这种基本人权遭到立法、行政两权侵害的情形

---

[1] 芦部信喜：《宪法》（第三版），高桥和之增订，林来梵等译，北京大学出版社，2006年2月第1版，第252页。

[2] 芦部信喜：《宪法学1宪法总论》，有斐阁1992年版，第56页。

下,就要求有法院或类似的机关作为对其进行救济的'宪法守护人'的违宪审查制度。"①为此,日本受美国影响,导入普通法院违宪审查制度,普通法院在行使违宪审查权的同时实现保障人权的目的。

二、制度依据

(一)《宪法》依据

日本现行宪法第81条规定:"最高法院为有权决定一切法律、命令、规则以及处分是否符合宪法的终审法院。"根据本条,最高法院是行使违宪审查权的终审法院。本条条文中虽未提及下级法院是否拥有违宪审查权,但是,既然最高法院是行使违宪审查权的终审法院,那么下级法院作为下级审法院理所当然也应该拥有违宪审查权;这一推理由最高法院在日后判例中加以肯定,从而明确了下级法院的违宪审查权。

(二)法律依据

日本现行《刑事诉讼法》在上告和特别抗告程序中明确规定了上级法院的违宪审查权。根据日本现行《刑事诉讼法》第405条(上告理由)第1项,下级法院判决"违反宪法、对宪法的解释有错误",当事人可以向最高法院提起上告;根据该法第433条(特别抗告),对于下级法院的决定或命令"违反宪法、对宪法的解释有错误",当事人可以向最高法院提起特别抗告。

日本现行《民事诉讼法》在上告、特别上告、再抗告和特别抗告程序中明确规定了上级法院的违宪审查权。第311条(上告法院)

---

① 芦部信喜:《宪法》(第三版),高桥和之增订,林来梵等译,北京大学出版社,2006年2月第1版,第330页。

第 1 款规定,"对以高等法院作为第二审或第一审做出的终审判决,可以向最高法院提起上告;对以地方法院作为第二审做出的判决,可以向高等法院提起上告";该法第 312 条(上告理由)第 1 款规定:"上告只限于有宪法解释错误或者有其他违反宪法的事项为理由时,可以提起";该法第 327 条(特别上告)第 1 款规定:"对于以高等法院作为上告审做出的终局判决,限于以该判决有宪法解释错误或有其他违反宪法事项为理由时,可以向最高法院再提起上告";该法第 330 条(再抗告)规定:"对抗告法院的裁定,以该裁定有宪法解释错误或者违反法律明显地影响裁定之理由为限,可以进行再抗告";该法第 336 条(特别抗告)第 1 款规定:"对于不得提出声明不服的地方法院和简易法院做出的裁定或命令,以该审判有宪法解释错误或者其他违反宪法的事项为理由时,可以向最高法院提出特别抗告。"

行政诉讼中的上诉制度准用《民事诉讼法》规定。

(三)判例依据

日本现行宪法和法律并没有明文规定下级法院在具体案件中的违宪审查权,但最高法院通过判例解释宪法第 81 条,明确了下级法院的违宪审查权。

"宪法第 76 条第 3 项规定:'所有法官依良心独立行使职权,只受本宪法及法律的拘束。'因此,即使下级法院的法官在审判具体案件时,也可以做出是否合宪的判断,这是本法院判例所确定的原则(昭和二十二年第三四二号同二三年十二月八日大法庭判决)。同时,上诉人应在法定期间内向上级法院提交上诉理由书,明示上诉理由(旧《刑法》四百二十三条、四百二十五条),因此,上诉人应在提出于本法院在上诉理由书内,引用提出于高等法院之上诉理由书记载内容为上诉理由,并不合法。"①"宪法为国家最高法律,违反宪法的法律、命令等不具有效力。法官受宪法和法律的拘束,负有尊重拥护宪法的义务,这是宪法明示的。因此法官在适用具体法律和命令对具体案件进行审判时,判断该法律和命令是否合宪,这是宪法赋予法官的职务和职权。宪法第81条阐明最高法院为具有违宪审查权之终审法院,并没有否定下级法院的违宪审查权的意思。"②在这两个判决中,最高法院以"宪法具有最高法律效力,法官负有尊重义务"为由,认定下级法院法官在裁判具体案件时具有法令审查权。

同时,下级法院通常尊重上级法院做出的有关违宪审查的判决,在日本司法实践中,常为学界及司法实践界引用的此类判决如下:

"最高法院对特定案件做出的判决,除该案件外一般地拘束下级法院的见解,毫无根据,但现行审判制度下,最高法院是最高审级的法院,又因为基于此制度可以确保法的安定性,对此问题,既然最高法院对此问题做出合宪的解释,除有特别情形外,下级法院应当充分尊重其判断。"③

虽然此判决均为地方法院做出,但在日本已成为司法实践所遵循的惯例。上级法院的判例,特别是最高法院的判例,对下级审判具有重大影响力,但这并不是法律约束力,这一点与撤销判决对该下级审的约束力不同。要求审判尊重判例,有两点理由:其一,是从平等处理案件的观点看,对同类案件应当遵从先例;其二,是可以推定判例是正确地解释了宪法和法律(这一推定通常称之为

---

① 昭和24年3月29日最小判,刑集三卷三号,第389页。
② 昭和25年2月1日最大判,刑集四卷二号,第73页。
③ 昭和37年6月27日东地刑,下级刑集四卷五·六合并号,第542页。

合宪性推定,也称为符合法律的推定。有些判例的推定能力很强,例如最高法院的判例、相同内容的判例要点反复出现并被广泛接受的判例、学说一致支持的判例等等;有些判例的推定能力较弱,例如孤立的判例,等等。总之,既然是推定,就有可能被推翻。)这一点是相对于所有法院的判决而言的,而最高法院判例的推定力最为明显。

综上,根据《日本国宪法》第 81 条、相关诉讼法律和判例,日本各级法院均享有违宪审查权,其中最高法院是违宪审查权的终审法院。

三、日本违宪审查制度的功能

日本违宪审查制度的功能就是战后新《宪法》的制定者希望导入这种制度解决什么样的问题或者期望它发挥什么样的作用。首先,解决什么样的问题,是一个非常简单的理由,因为宪法是国家的基本法,最高法律规范,因此,为防止其遭到破坏,有必要保持其稳定性。为此宪法保障的思想应运而生。根据此思想,在宪法规定中设立了宪法保障制度。而保障宪法的稳定性的终极目的,就是保障国家的稳定以及公民权利。因此,应当说违宪审查制度是日本国宪法重要的制度,它的功能和整个《日本国宪法》的理论基础息息相关。具体而言,日本违宪审查制度有两个功能,一是保障公民基本权利,二是解决国家机关之间的权限争议,维护国家法制统一。

第一,保障公民基本权利

尊重和保障基本人权是近代资产阶级革命确立的基本原则,在早期美国各州的《宪法》和法国《人权宣言》中得到确认,逐步被各国《宪法》确认,以后人权的内涵不断发展。在二战结束后,美国主导下制订的《日本国宪法》自然也接受了资产阶级人权的理念,尊重人权原理也就成了《日本国宪法》三大原理之一[①]"本宪法对日本国民所保障的基本人权,是人类为争取自由经过多年努力的结果,这种权利已于过去几经考验,被确信为现在及将来国民之不可侵犯之永久权利"[②],在此原则下的日本违宪审查制度自然要以尊重和保障基本人权为其主要功能。宪法第 97 条在第三章中以保障的基本人权为核心进行了论述,说明了基本人权的历史性意义,并宣告此权利是"作为不可侵犯的永久性权利信托给现在以及将来的国民"的,排斥了对基本人权的侵害;其次,第 98 条第 1 项就宪法的最高法规性质具体做出如下宣言:"这部宪法是国家的最高法规,违反这部法规的全部或部分法律,命令,诏敕以及有关国务的其他行为都无效";再次,宪法第 99 条对公务员课以尊重并拥护宪法义务,要求公务员遵守宪法。通过这样三个层次的规定来防止行政权对公民基本权利的侵害,更好地保护公民的基本权利。

另外,作为英美法系代表,美国的传统是以普通法院作为保障人权的基石,美国主导下制订的《日本国宪法》以普通法院作为违宪审查机关,自然受到了美国普通法院是"宪法守护人"理念的影响,这在前述美国占领当局对待新《宪法》的违宪审查制度的态度中可以体现出来。"虽然基本人权的确立是近代宪法的目的,也是构成宪法之最高法规范性的价值基础,但是当这种基本人权遭到立法、行政两权侵害的情形下,就要求有法院或类似的机关作为对其进行救济的'宪法守护人'的违宪审查制度。"[③]而这种救济是通

[①] 《日本国宪法》的三个基本原理是国民主权、尊重基本人权以及和平主义。这三大原理在《日本国宪法》序言中和正文中都得到了体现。
[②] 《日本国宪法》,第 97 条。
[③] 芦部信喜:《宪法》(第三版),高桥和之增订,林来梵等译,北京大学出版社 2006 年 2 月第 1 版,第 330 页。

过宪法诉讼来得以实现的。

第二,解决国家机关之间权限争议,维护国家法制统一

依据《日本国宪法》第92条—第95条规定了"地方自治制度"[1],赋予地方自治权,在《宪法》上保障了地方自治权,但不排除国家依据《宪法》的介入,例如,国会立法权的介入和国家的行政干预。基于此,国家和地方公共团体的关系上,存在《宪法》赋予地方公共团体的权能的同时,国家在多大程度上可以介入的问题,这就会产生了国家和地方自治团体之间权限的争议。

根据《国家行政组织法》第3条,对于国家与地方公共团体的权限争议,由国家与公共团体关系争议处理委员会先行处理,地方公共团体对于处理结果不服,可以向法院提起诉讼,通过司法手段最终解决。法院通过诉讼,审查国家的介入是否在《宪法》的范围内,是否合乎宪法。这样的纠纷处理构造,使得无论地方自治,还是国家干预,都在《宪法》的范围内,统一于《宪法》之下。不过,受《美国联邦宪法》影响,日本更强调普通法院的人权保障机能。

小　　结

本章共分为两节,分别从违宪审查制度的确立和日本违宪审查制度的依据和功能这两个方面对日本违宪审查制度的确立进行

---

[1] 在日本,地方自治通常由"居民自治"和"团体自治"两部分组成,其中"居民自治"是指居民自己考虑地域之事,用自己的手实施自治,称之为"政治性自治",它起源于英美等国家,参见阿部齐、大久保皓生、寄本胜美著:《地方自治法的现代用语》(新版),学阳书房出版1990年版,第45页;"团体自治"是由独立于国家的地域团体实施自治之意,即地方公共团体基于自主性、自立性的自我判断和责任,根据地域实际情况推行的行政,称之为"法律性自治",它起源于德国等大陆法系国家,参见阿部齐、大久保皓生、寄本胜美著:《地方自治法的现代用语》(新版),学阳书房出版1990年版,第65页。

阐述。

　　第一节，日本违宪审查制度的产生。从历史的角度，阐述了日本的两部现代宪法（即《明治宪法》和《日本国宪法》）与违宪审查制度产生的关系。我们可以从本节中了解到违宪审查制度如何由一个笼统的原则变为一个承认法院对行政法令拥有实质审查权的制度。从总体上讲，日本实质意义上的违宪审查制度开始于二战后，其产生原因是迫于美国的压力，日本不得不接受了"麦克阿瑟草案"，从而也就导入了美国式的违宪审查制度。

　　第二节，日本违宪审查制度产生的依据和功能。日本违宪审查制度的产生的理论依据主要有三个方面：三权分立原理、宪法最高法律效力和尊重人权原理，这些原理主要来自于西方的民主思想；其制度本身的依据主要来源于《宪法》依据、法律依据和判例依据。宪法依据指日本现行宪法第81条，该条规定中指明最高法院是行使违宪审查权的终审法院；法律依据是指日本刑事、行政和民事诉讼法中的相关规定，这些规定表明日本地方法院也拥有违宪审查权；判例依据是指日本各级法院做出的有关违宪审查的判决。

　　综上，根据《日本国宪法》第81条、相关诉讼法律和判例，日本各级法院均享有违宪审查权。另外，还介绍了违宪审查制度的功能，一是保障公民基本权利，二是解决国家机关之间的权限争议。之所以把违宪审查制度的功能加入到本节中，因为它包含了《宪法》制定者的期望，与其产生息息相关。

第二章 日本违宪审查的性质

《日本国宪法》第81条确立了普通法院违宪审查制度,但是并没有明确规定违宪审查制度的性质。为此学说有不同的争议,一种观点认为日本违宪审查制度"属于附带审查制,就是在具体的诉讼案件被提起时,审查法令的违宪性"[1]当不存在具体的争讼时,法院无权主动进行违宪审查;另一种观点认为,日本新宪法下的违宪审查是"抽象违宪审查制,就是即使不提起具体的诉讼案件,也一般地、抽象地审查法令的违宪性"[2]。那么实务中法院采取了哪种解释?这涉及到违宪审查请求的入口问题,即法院在何种情况下受理违宪审查请求,是在具体的案件中?还是一般情况下,没有具体案件的也可以受理?

第一节 附随型违宪审查制的确立

一、最高法院对违宪审查制度属性的判例解释

日本最高法院在警察预备队违宪案件中,通过判例的方式确定了日本违宪审查制度的性质,即日本违宪审查制度是美国式的附随性审查制度。

---

[1] 清宫四郎:《宪法1》(第三版),有斐阁1979年版,第370页。
[2] 佐佐木惣一:《修订日本国宪法论》,有斐阁1949年版,第358页。

1950年朝鲜战争爆发后,日本政府为配合美国在朝鲜战争中的需要,根据《警察预备队法》成立了警察预备队(日本自卫队的前身)。对此,当时身为日本社会党委员长的铃木茂三郎向最高法院提起宪法诉讼,认为警察预备队成立的相关法律以及预备队的成立等国家行为违反了明确"放弃战争和军备"的日本国宪法第九条(日本国民真诚地企望以正义和秩序为基调的国际和平,永远放弃为国家主权而发动战争,放弃武力威胁或使用武力作为解决国际争端的手段。为达此目的,日本不保持陆海空军和其他战争力量,不承认国家交战权。),请求最高法院确认政府的一系列行为无效。原告主张,宪法第81条不仅规定最高法院具有普通法院的性质,还赋予最高法院对法律、命令的合宪性进行抽象审查的权力;作为宪法法院的最高法院拥有宪法审判的一审管辖权。

日本最高法院大法庭驳回了原告的诉讼请求。日本最高法院认为:"原告主张最高法院一方面具有司法法院的性质,另一方面具有权限,离开具体争讼事件进行判断,以一审且终审,就抽象的法律、命令、规则或处分是否符合宪法,加以判断。关于这一点,兼具司法权以外,不属于立法权及行政权范畴之特殊权限。……

我国现行制度中法院具有的权力是司法权,而司法权的发动有待于具体争讼事件的提起。我国法院,在具体争讼事件未经提起之前,不得预想将来,关于存在于宪法及其他法律、命令等具有违宪审查权,此项权限应当在司法权范围内行使。关于这一点,最高法院与下级法院之间,并无异致(宪法第76条第1款)。原告以宪法第81条为根据提出主张,但该条是规定最高法院对宪法事件具有终审性质,不能推出最高法院具有固有抽象审查权限。抽象性质的违宪审查权具有排他性,即第一审且终审之审判权……如果最高法院具有原告所主张的,对法律、命令等的抽象审查权,则

37

任何人都可以向最高法院提起违宪诉讼,这不符合三权分立,保持其制衡,互不侵犯的民主政治原理。

因此,在我国现行制度下,只有在特定人的具体法律关系,存在特定纷争的场合,才能向法院请求判断法律、命令等是否合宪。离开上述具体事件,法院具有审查法律、命令等合宪性的见解,毫无宪法根据。……因此,本诉讼不合法,关于此种诉讼,不仅是最高法院,而且各个下级法院均不具有裁判权。故本诉讼不得移送下级法院。"[1]

在以后的判例中,最高法院在日本违宪审查权的性质上一直采纳附随审查说,即认为法院违宪审查权的行使必须以案件争讼为前提,在解决个案具体纠纷时,法院才附带解决案件中的宪法争议;除此之外,不得就抽象法令做出判断。在一个有关涉及选举权保护的住民诉讼判例中,针对上诉人要求确认法院享有与司法权相分离的独立的抽象违宪审查权的主张,日本最高法院认为,"在宪法第81条的解释上,存在如同上诉人主张的学说,但本院判决未采纳此种学说解释,也说明了没有必要变更判决先例的必要。……上诉人主张依照《宪法》第93条规定的地方公共团体首长的选举权,因《地方自治法》第281条第2款的规定而受侵害,因此上诉人并非抽象主张法律之违宪,故原判认定上诉人上诉理由不成立不当。本院认为,这种主张是对住民直接选举权的误解。

如同原判决引用第一审判决所述,上诉人等主张的特别区长之选举权,是宪法上区民的一般权利,上诉人主张选举权受侵害,这是有关区民的一般权利的主张。上诉人与被上诉人等之间的关系,即使与一般区民分离而容忍上诉人等的请求,也毫无意义。因

---

[1] 昭和27年10月8日最大判,民集六卷九号,第783页。

此，本案中，上诉人等虽然主张其个人权利受侵害，但仍不外乎主张《地方自治法》第281条第2款违宪，因此，本诉应认为是抽象主张法律违宪之诉。

上诉人主张原判决引用第一审判决判定因《地方自治法》第281条第2款的规定致使上诉人不能行使对区长的直接选举权，即使关系到上诉人等的基本人权，也不能就此种对区民的一般结果向法院提起诉讼，这违反了宪法第13条、76条和98条。但是法院不抽象地就法律是否违宪的问题做出判断，这是本院屡次判决的结果，原判决未就《地方自治法》第281条第2款是否合宪做出判断，这和本院先前判决观点一致。……"①

在另一个涉及税法登记规定效力的判例中，日本最高法院认为，"本案中，税法登记规定并非直接影响上诉人之具体权利义务，……与具体权利义务纠纷相分离而以法令本身之效力为审判对象，不属于法院的审判权限。又最高法院并非具有抽象审查决定、法令是否合宪的特殊权力机关——宪法法院（最高昭和二十七年十月八日最高法院大法庭判，民集六卷九号第783页。昭和二十八年四月十五日大法庭判，民集七卷四号第305页）。因此，以抽象违宪审查为理由的上诉不合法。"②

在上述两案判决中，最高法院继续坚持违宪审查为附属性审查的观点。不过，与警察预备队违宪案件相比，后两个案件还直接涉及当事人基本人权的保护问题，而且从涉及的权利主体众多角

---

① 昭和39年4月21日最高法院第三小法庭判，《讼务月报》十卷五号，第756页。

② 昭和42年8月2日最高法院第一小法庭判，《税务诉讼资料》四十八号，第368页。

度而言使诉讼带有一定程度上的客观诉讼性质。但是，日本最高法院并未从诉之利益、当事人资格等诉讼程序的角度进行论证，而是在判决理由中直接对维持违宪审查为附随性审查的宪法判断与保护当事人基本人权间进行了衡量，并做出了维护前者的审判。由此可见，最起码在上述两个判决中，日本最高法院是将维护违宪审查的附随性置于保护市民基本人权（特别是政治性基本人权）之上的，流露出其相对保守的一面。

总之，日本最高法院通过解释《宪法》第76条第1款中"司法权"的概念，从而界定了日本宪法中的司法权与宪法第81条违宪审查权的关系。日本最高法院认为，根据宪法规定，日本最高法院享有司法权和违宪审查权，但是，日本最高法院否认其享有独立的抽象违宪审查权，法院行使违宪审查权必须在司法权范围内，即依附于解决具体讼争方能行使，不得在司法权范围以外抽象地行使违宪审查权。一言以蔽之，司法权是违宪审查权的前提，也是日本违宪审查制度的核心。

基于附随审查的解释，司法权的概念成为界定司法权与违宪审查权的关系的关键。可以这么认为，由于违宪审查的附随性使得违宪审查的范围与司法权概念的范围紧密相连，从某种程度上讲，法院对司法权概念的界限就是对违宪审查权范围的界限，亦即对违宪审查入口的把握，只有属于司法权管辖的事项，法院才审查与此相关的法令是否合宪，否则不予审查。

二、违宪判决的效力

作为附随违宪审查制度，法院的宪法判决是附随于刑事、民事、行政判决当中的，因此，宪法判决不会在判决结果中出现，而是在判决理由当中被陈述。那么，法院在对某一案件的判决理由中宣告某法令违宪无效时,该判决的效力仅及于本案还是波及到该法令本身?对于这个问题的争论,牵涉到日本违宪审查的性质。因为根据新《宪法》第81条的规定,日本最高法院的违宪审查时具有抽象审查的特征,即如果被认定违宪,不仅对于本案当事人而言该法规无效,应该对社会全体而言都是无效的。但是,日本的违宪审查制度已经由最高法院认定为附随审查性质,而且授予了地方法院以违宪审查权。在这种模式下,地方法院对于同样的事实做出相反判决的可能性是非常大的,但是地方法院的判决不是最终的宪法判断,因此,法院宪法判决的效力问题就是指最高法院的宪法判例的效力问题。对于此点,法学界有着不同的观点。

1. 相关学说

针对法院违宪判决效力如何认定的问题,日本法学界主要存在着"一般效力说"和"个别效力说"两种学说。

(1) 一般效力说

持此说者认为,被最高法院宣告违宪的法令、法规,应该超越该具体案件的范围,在普遍上失去效力,即具有对世效力。一般效力说的依据主要有两个,一个观点是日本最高法院在宪法解释中具有宪法法院的性质,被最高法院宣布为违宪的法令,当然不再具有效力。另一个观点是强调附随性审查制的特征,即最高法院的判决主要依据是"《日本国宪法》第98条第1款,被法院宣告违宪的法令当然无效"。

(2) 个别效力说

如果按照个别效力说,被宣告违宪的法令只限于本案当事人,对于其他关系而言仍然可以适用,其结果是违宪审查的效果不会彻底,就会欠缺法的稳定性和预见性;若根据个别效力说,则即使最高法院认为违宪的法令,也必须被忠实地执行"[①]。

此说是指,被最高法院宣布违宪的法令仅仅在个案中被排除适用,不涉及该法令在其他案件中的适用。此说的主要论据是紧紧抓住了附随违宪审查的本质特征,即"违宪审查权以解决具体的争议为前提,所以审查的效果自然也被视为仅限于个案;如果承认审查效力的一般效力说,立法作用就会变得消极,就会侵犯国会的立法权。"[②]这与三权分立的基本原则是不相符的。

2. 实务中的应对措施

学理上对日本最高法院违宪判决的效力有不同争议,实务中内阁和国会如何对应最高法院关于法令的违宪判决?基于三权分立的原理,国会和内阁对最高法院的判决应当给与充分的尊重;根据实践中已有的做法,国会和政府通常采取如下措施来应对最高法院的违宪判决:例如,最高法院作出《药事法》距离限制违宪判决、《森林法》共有林分割条款违宪判决后不久,国会便废止了相关条款,但杀害尊亲属加重处罚规定的违宪判决宣告后,直至《刑法》修改,国会都未启动相关条款的修改或废止程序,不过在此期间,据法务省的通告,实务中适用普通杀人罪的规定。

因此,从实务中,日本国会和内阁对最高法院违宪判决的对应措施来看,被最高法院宣告为违宪的法令只是在个案中不被执行,判决并不能改变法令本身的有效无效问题,这也是三权分立原理中权力相互制约、相互制衡原则的要求。

3. 违宪判决的将来效力问题

从上述实务中国会和政府的应对措施来看,最高法院的违宪

[①] 兼子一:《审判法》(法律学全集34),有斐阁1959年版,第79页。
[②] 小林直树:《宪法讲义》(下),东京大学出版社1980年版,第718页。

判决做出后,至少在个案中立即发生效力,原则上不容许判决的效力在将来发生,但在1972年的议员定数不均衡的违宪判决中[①],最高法院为了回避选举无效带来的"宪法本身所不期望发生的结果",采用了"情势判决"的手法,做出了众议院议员定数规定无效,但选举结果有效的判决。关于本案的具体案由和判决理由,笔者将在本文第四章中予以详细论述。

这种判决在实质上发挥了"将来效力"的功能,即判决的效力自选举结束之后的将来发生,给国会以延缓的时间,此后不能再基于被法院宣告为违宪的定数进行选举,从而间接要求国会事后采取措施纠正。这种"将来效力"的判决留下了诸多值得探讨的问题:(1)"将来的时间"应多长为妥?(2)除议员定数诉讼外,其他诉讼是否可以适用该判决手法?(3)何种条件下可适用此种判决手法?等等。

第二节 附随审查下"司法权"的判例解释

从前文对违宪审查的性质分析而言,由于日本司法实务界持附随审查的观点,违宪审查的发动需要具体讼争的提起即需要司法权的发动,而违宪审查所遵循的程序亦为司法权运作的程序。因此,司法权的发动与行使为违宪审查权发动与运作的前提。"理论上只要是司法权之内容,包括在违宪审查权限范围内,一旦行使司法权之要件齐备,则法院对于任何政府行为均能进行合宪性之审查"[②]。可见,法院违宪审查权的对象受制于司法权的内容。因

---

① 昭和51年4月14日最大判,民集三十卷三号,第223页。
② 松井茂记:《日本国宪法》(第二版),有斐阁2000年版,第101页。

此明确日本法院违宪审查权的内容首先应当明确"司法权"的概念、范围和对象。

一、司法权的内涵

《日本国宪法》第 76 条规定:"一切司法权属于最高法院以及由法律规定设置的下级法院。"这是司法权的宪法依据。但何谓司法权?《日本国宪法》并未明确规定,司法权的概念是通过《法院法》和法院的判例解释来具体确定的。日本现行《法院法》第 3 条(法院的权限)第 1 款规定:"法院除《日本国宪法》有特别规定的情形外,审判一切法律上的争讼。除此之外,并拥有其它法律规定之权限。"根据本条,"司法权是审判'法律上争讼'的权限"。何谓"法律上的争讼"? 根据相关判例,"法律上的争讼"是指"以适用法律能够终局性地解决当事人之间关于具体的权利义务的纠纷"[①]。除此之外,"其它法律规定的特别权限"包括哪些权限? 日本传统上将固有的"法律上的争讼"称之为"主观诉讼",将基于"法律特别规定之权限"产生的诉讼称之为"客观诉讼",如《行政诉讼法》上规定的民众诉讼、住民诉讼和机关诉讼,根据法律规定,这些客观诉讼也归法院司法权审判。然而有学说认为从宪法的规定上看,《法院法》的此种规定有违宪之嫌疑。换言之,司法权之权限是否可以由国会以法律创设? 不无疑问。若可由国会创设,国会是否可以无限制地创设? 也有问题。宪法上规定的司法权,理论上应当有界限,而此种界限应由宪法来设定而并非交给国会设定。因此学说主张所谓"其它法律规定的特别权限"应解释为"其它法律特别

---

① 兼子一、竹下守夫:《民事诉讼法》,白绿铉译,法律出版社 1995 年第 1 版,第 14 页。

规定并适合法院审判的权限",亦即司法权应解释为法院审理具体权利义务之法律上争讼的权限。①

相对于宪法和《法院法》的以上规定,日本学界对司法权概念的研究,通常采用芦部信喜教授的观点,即认为具体而言,司法权是"对当事人之间有关具体事件的纷争,以当事人提起争讼为前提,由法院依一定程序解决该纠纷,并保障法的正确适用的国家作用。"②简而言之,司法权是法院对具体的争讼,以适用、解释法律的方式加以审判的国家作用。这种观点为日本学界通说。该学说认为,"事件性和争讼性"是日本宪法中"司法权"的本质属性。因此,探讨涉及违宪审查权的"宪法诉讼"的程序,首先应当明确"事件性和争讼性",即司法权的本质属性。

在实务中,法院在判例中认可了以上观点。最高法院在"警察预备队违宪诉讼"判决中认为,"我国现行制度中法院具有的权力是司法权,而司法权的发动有待于具体争讼事件的提起"。同时期,东京地方法院也认为"司法权是指,以当事人之间存在具体权利义务纷争为前提,法院适用法来解决该纷争的国家作用"③。根据这两个判决中对"司法权"的观点,司法权行使的条件是"具体事件"(事件性)中的"法律上的争讼"(争讼性)。至于司法权之"事件性"和"争讼性"之要件,笔者将在第五章中论述。

此后最高法院和下级法院的判例对"司法权"的解释均采取了这种观点。

"本案中,税法登记规定并非直接影响上诉人之具体权利义务,……与具体权利义务纠纷相分离而以法令本身之效力为审判

---

① 松井茂记:《日本国宪法》(第二版),有斐阁 2000 年版,第 241 页。
② 芦部信喜:《宪法》,高桥和之补订,有斐阁 2002 年版,第 307 页。
③ 昭和 29 年 11 月 10 日东地判,刑集五卷十一号,2643 页。

对象,不属于法院的审判权限。……"①

"我国法院,在现行法制之下,究竟对何种事项拥有审判权?以三权分立为原则的日本国宪法第76条赋予法院的司法权,是在当事人之间存在具体的权利义务纷争时,适用法律来解决纷争的国家作用。在新宪法下,无论是公法上还是私法上具体的法律纷争,都应当包括在司法权的范围内。《法院法》第3条规定:'法院除《日本国宪法》有特别规定的情形外,审判一切法律上的争讼。'这一条将宪法上司法权的意义予以具体化、明确化。然而'法律上的争讼'指当事人之间有具体权利和义务的纷争之诉讼,即有关特定当事人之间具体权利和义务的法律上的纷争之诉讼。这样,我国法院除法律特别规定法院有审判权外,仅就特定当事人之间具体权利和义务的法律上的纷争之诉讼有审判权,而非具体权利义务本身,因此,仅就一般国民或住民的抽象的法律关系,法院并无审判权。……"②在此判决中,东京地方法院认为《法院法》第3条对法院权限的规定是对《日本国》宪法第76条司法权的具体解释,即司法权是审判"法律上的争讼"的权力,并依照法律规定,进一步明确司法权是针对具体权利义务纠纷而言,此种说法为学界通说,也是实务界的做法。

二、司法权的范围

根据日本现行审判体制,新《宪法》废除了包括行政法院在内的特别法院,因此,作为普通法院的日本各级法院,得享有包含民事、刑事、行政案件之审判权。但在解释论上,对司法权范围的界

---

① 昭和42年8月2日最高法院第一小法庭判,《税务诉讼资料》四十八号,第368页。
② 昭和29年11月10日东地判,行裁例集五卷十一号,第2643页。

定,有所不同。

从历史的角度看,由于受大陆法系传统司法体制和司法理念的影响,在明治宪法下,日本普通法院司法权范围仅包括民事和刑事案件,而行政案件则由特别设立的行政法院管辖,不属于司法权的范畴。战后日本新宪法废除了特别法院,新宪法第76条第1款和第2款规定:"一切司法权属于最高法院及由法律规定设置的下级法院。不得设置特别法院。行政机关不得施行作为终审的判决。"而在新宪法下司法权是否包括对行政案件的管辖权,有所争议。日本司法实践界对此有广义和狭义两种学说。

司法权狭义说认为,"司法权原以民事及刑事之审判为其本质,行政案件之诉讼属于行政权,而不属于固有之司法权。从而,依法院之本质,行政案件之诉讼属于行政权,而不属于固有之司法权。因此,依宪法规定,法院审判权限只及于民事及刑事案件,关于其他案件,则仅在法律上有特别规定之场合,法院才具有管辖权限。在新宪法下,司法权也应是相同的。在新宪法里,没有任何根据可以认为司法权除民事、刑事以外,对有关行政及其他一切诉讼具有管辖权限。但在新宪法下,不承认行政法院之设置,其权限合并于普通法院;《法院法》第3条:'法院审判一切法律上之争讼',即此意义。因此,新《宪法》下之法院,除民事、刑事外,也审判行政事件,但此权限的依据是《法院法》第3条,是特别规定,而非新宪法的必然要求。行政审判以行政行为之适法性为争执之标的,性质上原属于行政权之作用,故不应认为当然从属于司法权。……"[①]

司法权广义说认为,"在新宪法下,司法权包括对一切法律上

---

① 昭和24年12月5日东高民四判,高裁民集第二卷三号,第325页。

争讼的审判权,具有确定其权利义务关系的限度。旧宪法受大陆法系思想之影响,司法权仅及于民事和刑事案件的审判。但新宪法深受英美法系影响,故司法权的概念应遵循英美法系来理解,依此种观点,司法权未必限于民事和刑事案件的审判,而应认为包括行政案件的审判在内。因此新宪法下司法权的概念应认为包括行政案件审判权。"[1]

东京高等法院在一则判决中进一步从新宪法与旧宪法的渊源、二者秉承的宪法精神等角度对广义说做出更为清晰的阐述。东京高等法院认为,"新宪法有异于承袭大陆法系的旧宪法,尤其是普鲁士宪法,新宪法接受英美法系精神,尤其是承袭美国宪法,确立主权在民的原则,阐明国会为政治力量之根源和最高国家机关;同时关于司法权,站在对基本人权予以司法保障之宪政、法治国家的立场,除在宪法上承认确保司法权独立、法官职务独立及身份保障的规定外,更阐明最高法院为决定一切法律、命令、规则或处分是否符合宪法的终审法院,承认最高法院的规则制定权,禁止设立特别法院,禁止行政机关实施作为终审的判决,确立所有终局审判统一于法院的组织。因此,新宪法下司法权的性质应当包括行政事件的审判权。"[2]

简而言之,在本案中,东京高等法院参照了美国宪法中司法权概念的解释,将行政案件的审判权也纳入到新宪法上司法权的范畴中。因此新《宪法》下第76条司法权的范围包括法院对刑事、民事、行政案件的审判权。广义说为现在日本的有力学说。

---

[1] 昭和24年12月5日东高民四判,高裁民集第二卷三号,第325页。
[2] 昭和24年11月5日东高民四判,高裁民集第二卷三号,第325页。

三、司法权的对象

1. 司法权的一般对象

依照日本现行《法院法》第3条第1款规定:"法院除《日本国宪法》有特别规定的情形外,审判一切法律上的争讼。"据此款,原则上,"一切法律上的争讼"均是司法权作用的对象。但特别例外是哪些情形?可以分为两类,一是《日本国宪法》规定的特别例外,二是法院判例对《宪法》中的"司法权"进行解释,基于"司法权"属性不宜由法院审判而确立的特别例外。

2.《日本国宪法》规定的例外

基于宪法特别规定,下列事项不属于司法权管辖。

(1) 两院议员资格争议

《日本国宪法》第55条规定:"两议院自行裁决关于其议员资格的案件,但欲撤销议员资格,须经出席议员三分之二以上多数的决议。"依据本条议员资格的争议是专属于国会的权限,由国会自行解决,不属于法院管辖。

(2) 两院弹劾法官的裁决

日本现行《宪法》第64条规定:"国会为审判曾受罢免追诉的法官,得设由两院议员所组成的弹劾法院。关于弹劾事项由法律规定。"但国会做出弹劾决议后,被弹劾的法官能否寻求司法救济?

"宪法第64条第1项规定'国会为审判受罢免追诉的法官,得设由两院议员所组织的弹劾法院',在国会设置弹劾法院,目的是为了公正实施对法官的弹劾审判,应认为由法院另一系统且独立审判为宜。因此,审判被罢免的法官的权力专属于国会设立的弹劾法院,法院也不得审判弹劾法院之所为。

其次,有关法官弹劾事项,依宪法第64条第2项,制定《国会法》及《法官弹劾法》,规定法官追诉委员会和法官弹劾法院的组成和权限。依《法官弹劾法》,'追诉委员会独立行使职权'(第8条),'追诉委员会非经众议院议员之追诉委员及参议院议员之追诉委员七人以上出席,不得开会、决议,其议事依出席追诉委员会过半数而决议,罢免的追诉或暂缓罢免的追诉应经出席会议的追诉委员会三分之二以上的多数同意'(第10条),'任何人对法官有依弹劾罢免之事由时,得对追诉委员会请求追诉罢免'(第15条),'追诉委员会根据情况认为无追诉之必要时,得做出延期罢免的追诉'(第13条)等,是否追诉罢免显然依追诉委员会的裁量,查无对追诉委员会之追诉决议不服,应裁定争执裁量是否得当的规定。如考虑追诉委员会之组成、权限等弹劾法官方面的独立性,即使不服经请求追诉而不做出相应的罢免追诉,也不能以追诉委员会为被告,向法院提起撤销行政处分之诉讼。然本案请求不属于法院审判权,故不合法。"[1]在上述判决中,东京地方法院解释了《日本国宪法》第55条设置的目的,认为法官弹劾属于国会权限,不属于司法权管辖事项。这种见解为实务界通说。

(3)由内阁决定恩赦

日本现行《宪法》第73条第7款规定:"决定大赦、特赦、减刑、免除刑罚执行及恢复权利。"此项权限也为内阁专属权限,不属于法院审判对象。

3. 基于司法权属性的例外

(1)抽象的主张法令效力的诉讼

这在上文所述的"警察预备队违宪"等诉讼中已经确立,这里简单提及一下。最高法院认为"我国现行制度中法院具有的权力

---

[1] 昭和43年6月13日东地民三判,《判例时报》529号,第45页。

是司法权,而司法权的发动有待于具体争讼事件的提起。……"这里的具体诉讼事件就是指当事人之间具体的权利义务纠纷,这就排除了抽象主张法令效力的诉讼,亦即抽象主张法令效力的诉讼不属于"司法权"对象。

(2) 不属于法律明文规定的客观诉讼

日本《行政案件诉讼法》第 2 条规定:"本法所称的行政案件诉讼是指抗告诉讼、当事人诉讼、民众诉讼及机关诉讼"。学理上,日本行政诉讼根据诉讼案件的目的来划分,可以分为两大类:一类是以保护自己权益为目的的诉讼,学理上称之为"主观诉讼",它包括抗告诉讼和当事人诉讼;另一类是以维持客观法律秩序为目的的诉讼,学理上称之为"客观诉讼",它包括民众诉讼和机关诉讼,其中民众诉讼包括选举诉讼和居民诉讼。①

"行政争讼原则上是被作为对私人权利、利益救济的制度来定位的。……但是作为立法政策,为了维持客观的法秩序或者保护公共利益而利用争讼这一程序,并不是《日本国宪法》所禁止的。这种诉讼自《明治宪法》时代起就由个别法所规定,而《日本行政案件诉讼法》法定了民众诉讼、机关诉讼这两种类型(第 5 条、第 6 条)……包括民众诉讼和机关诉讼的概念,在《行政案件诉讼法》上,虽然没有明确地规定,但在学术上,总称之为客观诉讼。"②因此,主观诉讼和客观诉讼的一个区别就在于行政处分是否与自己有直接利害关系。

学术和司法实务一般认为,"民众诉讼和机关诉讼不属于法律

---

① 有关民众诉讼和机关诉讼的详细内容,本文不予详细说明,参见盐野宏:《行政法》,杨建顺译,法律出版社 1999 年 4 月第 1 版,第 429—438 页。

② 盐野宏:《行政法》,杨建顺译,法律出版社 1999 年 4 月第 1 版,第 429、430 页。

上的争讼,因此,只有在法律上存在特别规定的情况下才予以承认,所以,制定法上没有特别规定时,原告资格的存在与否,便成为着眼于该原告的主观性要件的法律上的争讼性的存在与否的问题。"①因此,行政诉讼中的客观诉讼必须有法律明文规定,法院才予以受理;否则法院即按照主观诉讼的要件来审查起诉人是否具有原告资格和诉讼利益,来决定是否受理。

"原告主张,被告目黑区议会违反宪法而基于无效之地方自治法281条之第2项,在被原告等对该区区长的直接选举权,这是具体权利关系纠纷,属于法院审判的对象。……

抽象地讲,在特定时日,由区议会实行的特定区长的选举,是否无效,这本身可以认为是一项具体的法律的纠纷;在特定时日,特定区长的选举,原告等的直接选举权是否受侵害,似乎属于有关原告等的具体权利的法律纠纷。但原告等主张对区长的直接选举权是区民赋予的一般权利,原告等在本诉主张因原告为该区区民而具有的一般权利,直接选举权,由于目黑区议会及北区议会的后任区长的选举而受侵害,应当是有关国民或区民的一般权利的法律纠纷,并不能认为直接关系于被告等本身具体权利义务之法律纠纷。如《地方自治法》加以前述修改的法律为无效,则由于特定机会,基于旧规定,实施区长之直接选举,原告得以实现其选举区长的参政权,但依据此种关系,也难以认定由于本案区议会的区长选举而侵害原告等的具体权利。参政权之一的选举权原属于抽象的,在实现之前须经很多过程。跳跃过这一过程而认为抽象的选举权本身受侵害,应认为欠缺争讼的具体性。因此,在本案中,原告等首先请求确认《地方自治法》第281条违反宪法而无效,这与

---

① 盐野宏:《行政法》,杨建顺译,法律出版社1999年4月第1版,第440页。

原告具体权利无关而请求确定抽象的法律效力,不属于司法权管辖的范围。……

以一般国民或特别区区民之资格,请求确认依《地方自治法》第281条第2款第1项规定的区长选举行为为无效之诉,具有民众诉讼的性质,除法律有特别规定外,不得提起此种诉讼。"①

(3) 技术上或学术性争讼

最高法院曾在判决中认为技术或学术性问题不属于"法律上的争讼"。

"司法权固有之内容而法院审判之对象,限于《法院法》第3条规定的'法律上的争讼',所谓'法律上的争讼'应是'适用法令解决当事人权利义务争执'(昭和二十九年二月十一日第一小法庭判决,民集八卷二号,第419页),因此,不包括适用法令解决的单纯的政治或经济问题,或技术上或学术上的争执,此类事项不属于法院审判的事项。国家考试及格、不及格的判定,是以学问或技术上的知识、能力、意见等优劣,是否得当为内容的判断,因此是实施考试机关应予最后判断的事项,不属于审查其判断是否得当、具体适用法律解决争执的事项。"②但是,"即使是有关学术性的判定,也存在程序问题、考虑其他情况的问题,因此,在该限度内,也具有诉讼的对象性。"③

(4) 自律权事项

在相关判例中,法院对国家机关、民间团体内部的自律事项争议,不做出宪法判断,以避免侵犯团体"自律权"。法院对这些被社会认为享有"自律权"的机关、团体通常奉行司法权不干涉的规则。

---

① 昭和35年6月10日东地判,行裁例集一一卷六号,第1806页。
② 昭和41年2月8日最三小判,民集二十卷二号,第196页。
③ 盐野宏:《行政法》,杨建顺译,法律出版社1999年4月第1版,第440页。

① 议会内的纷争

最高法院判例指出,对于地方议会议员的除名处分,可以进行司法审查,但不能对议员的惩罚进行司法审查。1960年的最高判决中,根据"虽说是法律上的纷争,但其范围广泛,根据其中的事件的特质属于司法审判权对象外的范围"①的基本意见,认定对于村议会的村议会议员的禁止出席的惩罚,是属于违宪审查范围以外的事项。

与此同时,指出"如同议员的除名处分一样,关于议员的资格丧失的重大事项中,并不是单纯的内部纪律问题"②这是与属于司法审查范围的议员除名处分的前例相区别的同时,拒绝对团体内部的纷争行使审判权。

又如,对立法程序问题不审查。

"上诉人主张昭和二十九年法律一六二号警察法为无效,同时基于无效法律的支出也无效。上诉人主张该警察法无效的理由是通过该法的参议院的决议为无效,因此该法不发生法律效力;此外该法违反宪法第九十二条所规定的地方自治之本旨而无效。但本院认为该法几经两院决议,依合法程序公布,法院应尊重两院的自主性,不应审理有关制定该法议事程序之事实,而判断其有效与否。因此,上诉人的上诉理由不能认为该法无效。"③

② 宗教团体内部的纷争

所谓创价学会板佛家菩萨图事件诉讼的当事人之间并不存在宪法上的问题,而是法院预想到司法权介入到宗教团体内部纷争,会引起信教自由的侵害之类的舆论攻击。1981年的最高法院判

---

① 昭和35年10月19日最大判,民集十四卷十二号,第2633页。
② 昭和26年4月28日最三小判,民集五卷五号,第336页。
③ 昭和37年7月最大判,民集一六卷三号,第445页。

决中"本诉讼以有关具体的权利义务和法律关系的纷争形式进行,虽然其结果被停留在决定关于信仰对象的价值或是宗教上的教义的判断请求是否妥当的前提问题上,但是,它是左右本诉讼的归属的不可缺少的因素。另外,在记录中表现出的本诉讼的经历过程也表明,如果本诉讼的争议点和当事人的主张立证也与上述判定有关的要素成为核心内容,这样的话,结果本诉讼在实质上无法通过适用法令最终解决问题,被认定为是诉讼法第3条所指的不属于法律上的争讼范围",拒绝了在实体上的判定。

上述案例,对于先例的宗教法人中的特定者——住持地位存在与否争议事件,其争议焦点为围绕同一个人的具体权利或者法律关系的争议的请求的妥当与否的认定,该焦点作为认定的前提问题时,只要判断的内容不涉及宗教教义的解释,法院拥有对住持地位存在与否的审判权的立场,不会产生矛盾。

如此这番,当对争议进行判断的内容涉及到宗教教义时,即确立了涉及宗教活动上的自由以及自治时,其争议不作为司法审查对象的法理。

③ 政党内部纷争

政党内部纷争的诉讼与宗教团体的情况类似。

最高法院在1988年对于共产党除名干部的房屋交付请求事件的判决中"考虑到政党结社的自主性,属于政党内部的自律权的行为,在法律没有特别规定时对该行为应当予以尊重。政党根据组织内部自律运营的需要,给予党员除名以及其它处分,其处分妥当与否,原则上应当让其自行解决,在此基础上,法院对于政党对党员的处分的审判权,该处分涉及到一般市民的法律秩序以及对该处分的审理不违反公序良俗时,应当参照政党的自律规范,上述情况不存在时,应当依据伦理,对于手续的妥当性进行审查,并且只对此点进行判断。这一原则,在以前考察过的下级法院判决中曾经看到过。即在1978年名古屋地方法院的决定中,日本共产党提起的关于除名、撤职等处分的诉讼。法院表明了以下内容:政党是结社自由受到保证的团体,政党对党员的处分是"该处分的性质没有侵害该党员的市民权利,属于政党的自律权范围。对该处分的妥当性审查不属于司法审查的范围"。

如上所述,可以说案例确立的是,重视政党的自律性,政党的内部纷争不作为司法审查对象的原则,司法权涉及到的,只限于与一般市民法律秩序有直接关系的事件。

④ 学校的纷争

大学对于授课科目的单位认定行为,在没有证据证明是与一般市民法律秩序有直接关系的情况下不作为司法审查的对象,1977年最高法院对于"富山大学事件"的判决即属于上述系列。同一事件相关联的专门课结业认定行为,被作为了司法审查对象。

但是,最高法院依据学校对学生的处罚是否属于学校当局裁量权范围的观点,做出了实体判断,并没有以司法审查对象外而驳回诉讼。例如市立高等工业专门学校,耶和华教的信徒学生,拒绝选修体育必修课目——剑道,被学校给予留级、退学的处分。对于该处分的取消诉讼,法院认为该诉讼不可作为司法审查的对象,驳回了双方的主张。

⑤ 工会内部的纷争

根据宪法28条的规定,团结权以及工会会员的工会活动受到保障。司法权的介入,有必要在二者之间做出调整。最高法院承认工会在合理的范围内对工会会员有管理权,但是对于什么是合理范围,参照个别事例进行判断。从下级法院的案例可以看出,工会对于工会会员的除名处分以及停止工会会员权利的处分都属于司法审查的对象。不会影响会员行使权力的单纯的警告处分,不作为司法审查的对象。

⑥ 其他

在社会上存在着其他例如律师协会,医生会,牙科医生会等各种组织团体。如上所述,即使案例体现出的尊重组织团体的自律性的倾向,但不是判断该类纷争是否属于司法审查对象的共同的法则。

⑦ 尊重自律权的例外

法院对团体内的自律权的尊重也不是绝对的,在内部处分属于重大事项,明显对被处分人不利时,法院即应介入。

"本案为请求被申请人东洋レトヨソ股份有限公司爱知工场自治会对申请人所作开除处分效力停止的所谓申请假处分命令案件。凡自治团体的内部纪律问题,应尊重其自律权,对于自治团体的自治措施,应认为法院司法权所不及的领域。但类似本案开除处分的重大事项,不应将之认为单纯的内部纪律问题,而应认为属于司法审查的对象(昭和三十五年十月十九日最高法院大法庭判决参照)。因此本案中对于申请人的开除处分,不应将之委诸于自治会的自律权,应认为属于司法审查的对象。"①

"凡共同体之社会团体,为维持其组织之秩序,不论有无明文规则、规约均有自治权,这在团体法理上,是当然的。此种自律权的变动,制裁处分是否合适,是否属于司法权审查的范围,见解不一,但法院原则上不具有对制裁处分,包含开除处分在内的审查权。但如果制裁处分对被处分人造成明显不利,达到保全国民权利的司法立场不能漠视的程度时,应认为其制裁处分属于司法审

---

① 昭和37年3月27日名古屋地判,劳动民例集一三卷二号,第239页。

查权的范围。本案中的开除处分,正如上诉人主张有假处分必要的理由之一,上诉人因受该开除处分,依宿舍规则第十一条但书第二款之规定,被退出宿舍,此后,上诉人现居住在公寓。由于二班制劳动,上诉人早出晚归,极其劳累;居住宿舍时房租是免费的而现今每月要承担公寓房租五千元。因此可以认定以上事实对于上诉人而言属于客观上的显著不利,本案开除处分应属于司法审查的对象。"①

"本请求以宿舍居住人之自治团体,被告自治会为其团体秩序的维持所作的制裁效力为争点,但即使形成于自治团体内部之特殊法律秩序之纠纷,如与一般法律秩序有关,则应认为属于法院司法审查的对象。本案既然被认为是基于侵权行为的损害赔偿请求的问题,被告自治会对原告做出制裁的效力,法院也应基于侵权行为成否之见地,做出审判。……只要是有关属于法院审查对象的问题,关于其规则之存否、有效性,事实之有无,对规则之适合性及有效性等,如有争议,应当属于法院审查的范围。法院在对上述事项做出判断时,除基于违反强行法或公序良俗等一般法律秩序,不能承认其法律效力外(其界限应与团体目的相关,依据社会通常理念来判断),应尊重有关规则之解释等团体意思所做的判断。"②

"部分社会以自治法规,对纠纷做最后的判断或处分,并不违反宪法第三十二条和七十六条。"③

可见,法院的"司法权"介入属于社会团体自律事项的前提是争议事项对被处分人明显不利,基于保障公民基本权利的宗旨,法院予以裁决,具体情况由法院在个案中把握。

---

① 昭和38年5月16日名古屋地判,高裁民集一六卷三号,第195页。
② 昭和38年9月28日名古屋地判,劳动民例集一四卷,第1315页。
③ 昭和35年5月24日大津地判,下级民集一一卷五号,第1145页。

小　　结

　　本章的主题是日本违宪审查的性质,共分为两节。第一节为随附型违宪审查制的确立,主要从违宪审查制度的属性和违宪判决的效力两个角度来介绍。违宪审查属性方面,日本最高法院通过日本的相关判例确认了日本的违宪审查为附随型宪法审查;在违宪判决的效力方面,笔者通过对相关理论的阐述,再结合相关的实务情况,认为日本的宪法判决的效力仅局限于个案当中,并不具有一般的效力。第二节的第一部分对附随审查下的"司法权"的内涵进行了判例解释,笔者通过相关判例,介绍了日本学界的主流观点即日本宪法中的"司法权"的本质属性为"事件性和争讼性",司法权行使的条件是具体事件中的"法律上的争讼"。第二节的第二部分分析了司法权的范围,笔者从历史的角度结合实务界中广义狭义两种学说,介绍了司法权从仅包括管辖民事和刑事两类案件到包括行政案件在内的过程。第二节的第三部分介绍了司法权的对象,司法权的一般对象是指法律上的一切争讼,但是以下两种情形除外。一是《日本国宪法》规定的特别案件,包括(1)两院议员资格争议;(2)两院弹劾法官的裁决;(3)由内阁决定特赦。二是法院判例对《宪法》中的司法权进行解释,基于司法权属性不宜法院审判而确立的特别案件,包括:(1)抽象的主张法令效力的诉讼;(2)不属于法律明文规定的客观诉讼;(3)技术上或学术性争讼;(4)自律权事项。

第三章 日本违宪审查的对象

第一节 违宪审查的一般对象

一、《日本国宪法》的规定

依据《日本国宪法》第 81 条,"法律、命令、规则或处分"的合宪性问题是法院的审查对象。这里的法律、命令、规则或处分具体包括哪些内容?

这里的"法律"既包括国会制定的法律,也包括地方居民议会制定的条例;"命令"是指内阁及其组成部门发布的行政命令;所谓"规则"包括参、众两院的规则以及最高法院的审判规则,此外还有地方性公共团体制定的规则、会计检察院规则、内阁组成部门制定的规则;"处分"是指国家具体的法律行为,不仅包括具体的行政行为,还包括国会对议员的批捕[1]和对议员的处分[2]。

《日本国宪法》第 81 条是对法院违宪审查对象的原则性规定,但各级法院在具体诉讼中,如果涉及到与具体争讼相关的"法律、命令、规则或处分"的合宪性问题时,法院是否必须做出宪法判断?

---

[1] 《日本国宪法》第 50 条:"除法律规定外,两议院议员在国会开会期间不受逮捕。开会期前被逮捕的议员,如其所属议院提出要求,必须在开会期间予以释放。"

[2] 《日本国宪法》第 58 条:"两议院各自选任本院的议长及其他工作人员。两议院各自制定有关会议、其他手续、内部纪律的规章制度,并对破坏院内秩序的议员进行惩罚。但开除议员必须有出席议员三分之二以上的多数决议。"

在司法附随审查之下,司法权和违宪审查权之间的关系是,司法权的发动是违宪审查权的前提,违宪审查权必须在司法权范围内行使。这样,在司法附随审查之下,就出现了"司法权"对违宪审查权范围的制约,即司法权的概念、对象、范围制约着违宪审查权的范围;换句话说,如果某种事项不属于司法权的对象和范围,该事项就一定不属于违宪审查权的范围。因此,原则上《法院法》中"法律上的争讼"的审判范围就是法院违宪审查权的范围,但是,接下来不得不解决什么是"法律上的争讼"的问题。

对于该问题的探讨,必须与对判例形成过程的考察来同时进行,笔者已对司法权的概念、对象和范围在第二章中结合判例做了归纳,在此不赘述。总之,司法权范围和对象之外的事项不是违宪审查权的范围。现在的问题是,司法权范围和对象之内的事项是否一定是违宪审查权的范围?换句话说,与具体争讼相关的"法律、命令、规则或处分"的合宪性问题,是否都是法院违宪审查权的范围,法院是否必须做出宪法判断?根据法院的判例来看,并非如此。这是因为,"法院在解决具体纠纷的过程中,如果对于创造在全体法律制度无法概观的新权利以及对涉及到社会全体的重要政策进行判断的话,会因为超出司法审查的范围而受到批判。亦即,新权利的创造以及对涉及社会全体的政策进行判断,是立法权的职能,而不是司法权的职能。但是,法院在解决具体纠纷的过程当中,会有对于属于宪法范畴的新权利进行确认,展开有关政策判断的论述的情况。……"这就涉及到司法权的积极主义、消极主义的问题,对这个问题笔者将在第六章中予以讨论。

二、判例确立的其他审查对象

除《日本国宪法》第 81 条列举的审查对象外,法院还在判例中确立了其他审查对象,主要是对条约和立法不作为的审查。

1. 条约

《日本国宪法》第81条没有将条约列举为法院违宪审查的对象,对于条约是否属于法院违宪审查的对象,日本学界有肯定说和否定说两种观点。

持肯定说者的主要理由是,"作为宪法守卫者的法院不能回避关于条约的一切判断,至少应该否认侵害民主体制和公民基本权利的条约,承认违宪审查权就应该承认整个宪政体制"[①],"条约应该被视为《宪法》第81条规定的法律"[②],"条约的效力处于《宪法》之下,为了在制度上保证《宪法》的最高地位,应该承认法院对条约的违宪审查权"[③]等等。

否定论者的依据主要有,"《宪法》第81条之'法律'以下的列举及《宪法》第98条第1款以下的列举并没有'条约'一词,不能将条约与法律、规则等一视同仁……《宪法》第98条第2款规定遵守条约等于《宪法》序言规定国际协调主义……"[④],"条约与法律等国内法形式不同,作为根据多数国家之意思表示一致而成立的国际法,应具有高度之政治性"[⑤]等等。

虽然理论上有不同解释,但在"砂川事件"中,最高法院确立了条约属于法院违宪审查的范畴。

1957年,在美军使用的东京都下砂川町的立川飞机场施工时,基地反对派游行示威者因冲入基地,而被以违反旧《日美安保

---

① 小林直树:《宪法讲义》(下),东京大学出版社1980年版,第718页。
② 芦部信喜:《宪法》,岩波书店1993年版,第299页。
③ 蹈田正次:《宪法提要》,有斐阁1964年版,第366页。
④ 宫泽俊义:《全订日本国宪法》(解释1),日本评论社1955年版,第671页。桥本公亘:《宪法》(现代法学全集2),青林书院新社1974年版,第565页。
⑤ 桥本公亘:《宪法》(现代法学全集2),青林书院新社1974年版,第565页。

条约》第 3 条的刑事特别法受到起诉,在一审判决中,东京地方法院认为基于《日美安保条约》,"我国有被卷入与本国无直接关系的战争的危险",认定美国驻军属于《日本国宪法》第 9 条第 2 款规定的"战争力量",故而违反《日本国宪法》。①

虽然最高法院在终审判决中认为,"《日美安全保障条约》涉及我国存立的基础,关系极为重大,具有高度的政治性,其是否违宪的法律判断,原则上不适合由法院做出判断,除明显违反《宪法》而无效的情形外,不属于法院司法审查权的范围"②,从而撤销原判,发回重审,但承认了法院对条约进行违宪审查的可能性,只是对于高度政治性的条约通常采取回避态度。

2. 立法不作为

依据《日本国宪法》第 41 条③,国会是唯一的立法机关,享有立法权,同时也被课以立法之义务,但在无正当理由且经过相当期间之后国会仍怠于立法的场合,法院能否判定国会的此种不作为违宪?

在原充任日本兵的台湾人请求损失赔偿的案件中,二审法院东京高等法院将立法不作为的违宪诉讼认定为《行政案件诉讼法》中规定的无名抗告诉讼的一种,但也列举了三个条件:(1)必须立法的内容须相当明确;(2)事后救济的必要性十分显著;(3)不存在其他救济手段。④

另外,身体有严重障碍者在家投票制度废除后一直未予恢复,

---

① 昭和 34 年 3 月 30 日东地判,下级刑级第一卷第三号,第 776 页。
② 昭和 34 年 12 月 16 日最大判,法院时报二九五号,第 1 页。
③ 《日本国宪法》第 41 条:"国会是国家的最高权力机关,是国家唯一的立法机关。"
④ 昭和 60 年 8 月 26 日东高判,《判例时报》1163 号,第 41 页。

对此以懈怠不作为提起的国家赔偿案件中,最高法院认为,"国会议员在立法方面,原则上限于对全体国民负政治责任,而对个别国民权利不负法律责任;国会议员之立法行为(包含立法不作为),除非立法内容已经违反了《宪法》含义明确的条款,而国会仍制定该法律这种难以设想的例外情形以外,《国家赔偿法》第1条第1款的适用不受违宪评价"①。可见最高法院在对立法不作为的审查方面做了严格限制。

值得一提的是2001年的《麻风病预防法》违宪国家赔偿诉讼。鉴于医学的进步和维护人权的需要,1996年3月27日,日本国会通过《废止麻风病预防法法案》,废除了《麻风病预防法》,由此自明治四十年(1907年)起依据《癞病预防法》建立,并由1953年的《麻风病预防法》所维持的对麻风病患者实施强制隔离的政策寿终正寝。隔离政策的法律虽被废止,但其所造成的后果依然存在。由于长期的强制隔离,患者及其家属遭受着种种歧视和偏见,因此造成的痛苦,即便在《麻风病预防法》被废除之后还依然难以得到消除。患者中的绝大多数虽已痊愈,但由于长年被收容在麻风院,现已步入高龄,即使在《麻风病预防法》被废除以后,他们仍只能滞留在麻风院,难以回归社会。于是,原麻风病患者们根据《国家赔偿法》第1条的规定,分别在熊本地方法院、东京地方法院和冈山地方法院提起以国家为被告的损害赔偿请求诉讼。2001年5月11日,熊本地方法院做出判决,认定国家依据《麻风病预防法》实施的隔离政策严重侵害了患者的人权,助长了歧视和偏见;判决认为厚生大臣和国会议员懈怠废除《麻风病预防法》的不作为行为中具有《国家赔偿法》上的故意和过失。该判决的主要内容如下:

---

① 昭和60年11月21日最大判,民集三十九卷七号,第1512页。

综合各项事实,至迟自昭和三十五年(1960年)以后,对麻风病人隔离的必要性已经丧失了,《麻风病预防法》的隔离规定的违宪性已经明显无误;而且厚生大臣在昭和三十五年(1960年)已充分获得或者容易获得判断实施隔离的必要性的医学知识和信息,并且也容易掌握对麻风病患者或原患者的歧视和偏见状况。在此背景下,厚生大臣仍然依据《麻风病预防法》持续实施隔离政策,放任麻风病患者是应被隔离的危险人物的观念;同时国会议员也怠于修改或废除《麻风病预防法》隔离规定,应当认定具有过失,对此应该承担法律责任。

判决做出后,日本政府虽对判决有诸多不服之处,但小泉首相发表意见,"考虑到麻风病对策史和强加在患者、原患者身上的大量痛苦,因而就此做出极其例外的判决,特此决定放弃上诉……政府深刻认识到患者隔离入院政策对人权造成极大的限制和制约,社会中普遍存在极其严重的偏见和歧视,对此表示深刻反省和道歉"。并表示将尽快开始研究如何建立全国范围内以全体患者和原患者为对象的补偿立法措施以及名誉恢复、福利增进等措施。① 此后,在6月7日和6月8日,日本众议院和参议院分别形成决议,指出:"对于立法机关的责任问题,我们在理解昭和六十年(1985年)最高法院判决的同时,为了尽快且全面解决麻风病问题,严肃接受此次判决,承认允许隔离政策持续存在的责任,为了不使这种不幸再次发生,决定迅速实施对患者和原患者在名誉恢复和救济等方面的立法措施"。6月11日,麻风病补偿金给付法案被提交至国会,同月15日该法案即告通过。在该法案的前言之

----

① ハンセン病問題の早期かつ全面的解決に向けての内閣総理大臣談話。http://www.try-net.or.jp/~h-kohta/Hansen/danwa0525.html。

中明确写上了谢罪的内容。补偿金根据患者和原患者入院时间等因素,自800万日圆到1400万日圆分为四档,以5年为请求期间。预计补偿金发放对象约为5500人,补偿金总额约为700亿日圆。

从这些判例来看,立法不作为属于日本法院违宪审查的对象,但条件十分严格,只有具备东京高等法院在原充任日本兵的台湾人请求损失赔偿的案件中阐述的条件,法院才可能对其合宪性进行审查,但不可否认,立法不作为属于日本法院违宪审查的对象。

第二节 判例排除的审查对象

法院在具体案件中,通过判例具体确立了司法权范围内违宪审查权的范围。

第一,关于诉讼提起的要件的判例中,违宪审查的范围被明确。由于在判例中诉讼要件被严格解释,做出实体判断的机会非常小,所以很明确,司法审查的范围变得狭小。详细情况将在本书第五章中分析。

第二,对宪法争议做出实体判断,形成的违宪审查的范围。例如,通过政治问题的法理(统治行为论)对该诉讼中的宪法争议不审查,出现了法院用宪法判断回避的手法,避免进行宪法判断的场合。或者,法院采取尊重国会政策,不加以判断,即采用立法裁量论时,也可以表明司法审查的范围。具体方法在本书第四章中探讨。

一、统治行为和政治问题

日本法院通常以"统治行为"或"高度政治性行为"为由,对某些国家行为是否合宪不做出判断,认为这些行为不属于司法权审判对象。至于何谓"统治行为"或"政治问题",通常是在判例中针对具体对象而言。

1. 条约中的政治问题

日本最高法院在"砂川事件"的判决中认为,"《日美安全保障条约》,是我国存立的基础,关系极为重大,具有高度的政治性,其是否违宪的法律判断,原则上不适合由法院做出判断,除明显违反宪法而无效的情形外,不属于法院司法审查权的范围。"[1]

至于何谓"明显违反宪法而无效的情形",只能通过法院以后的判例解释,事实上,法院对政治性条约问题,多以此为由,拒绝审查其是否合宪。此后,下级法院对待类似的政治、军事条约的合宪性问题,多接受最高法院观点。

"上诉人认为,原判决认定新安保条约(昭和三十五年六月二十三日条约第六号、日本与美国相互协力及安全保障条约)是否违宪的判断不在司法权审查的范围内的见解不当,但是最高法院在所谓有关'砂川事件'的判决(最高昭和三十四年十二月十六日大法庭判)中认为,关于国家存立之基础,具有重大关系之高度政治性的国家行为,除明显违反宪法而无效的情形外,不属于法院司法审查权的范围。

本院的见解与最高法院的见解相同。然而最高法院的这项见解,是对旧安保条约(昭和二十七年四月二十八日条约第六号、日本与美国安全保障条约)的判定,但本案中涉及问题是代替旧安保条约的新安保条约,同样可以认为新安保条约是具有高度政治性的国家行为,因此新安保条约原则上也可以认为不是法院违宪审

---

[1] 昭和34年12月16日最大判,法院时报二九五号,第1页。

查的对象。"①

"上诉人认为亚细亚太平洋协议会以反共军事同盟为目的,违反宪法精神,具有反人民和犯罪性质,因此被告阻止其召开的行为具有正当性,原判决回避宪法判断违反了宪法第12条精神。

但是,有关太平洋协议会之类国际会议的性质、其所负政治使命的法律判断与以纯司法功能为使命的法院之审查不相容,故不属于司法审查的范围。从而,原判决就太平洋协议之反人民、犯罪性质有无,被告等行为正当性不加以判断是正当的。"②

"韩国兵自竹岛撤退的方策是否合适,是政治问题,并非法院能判断的法律问题。"③

"具有高度性政治问题的条约,不在司法权审查之范围。"④

以上的下级法院判决中,对待某些政治或军事性条约的合宪性问题和最高法院在"砂川事件"的观点一致,采取回避宪法判断的态度。

2. 国会和内阁基本事项中的统治行为

对待国会和内阁基本事项,最高法院以"统治行为"为由,对相关宪法争议拒绝做出宪法判断,典型判例是涉及众议院解散的"苫米地事件"。

事实概要:1952年8月28日,日本第三届内阁吉田内阁解散了众议院。众议员苫米地等三人以内阁解散众议院违宪无效为由,提出要求确认众议员资格和补偿到任期终了的年金的诉讼,理

---

① 昭和42年6月20日东高刑一〇判,昭和40年(う)二六一号,タイムス二一四号,第249页。
② 昭和48年4月2日东高刑八判,高裁刑集二六卷二号,第197页。
③ 昭和25年10月18日东地判,昭和34年(ワ)七九六一号。
④ 昭和40年8月9日东地判,下级刑集七卷八号,第1603页。

由是:第一,根据《日本国宪法》第 69 条①,内阁解散众议院必须以众议院提出对内阁的不信任案为前提,然而内阁解散众议院却仅依据《日本国宪法》第 7 条第 3 项②规定。第二,内阁解散众议院行为缺少符合法律要求的内阁会议。被告内阁则认为,内阁解散众议院的行为,具有很强的政治性,属于"统治行为"的范围,法院不应审查。

虽然东京地方法院做出的第一审判决和东京高等法院均未采纳"统治行为"的理由,但却做出了结果相反的判决,一审判原告胜诉,二审却判被告(内阁)胜诉。原告上告至最高法院。

最高法院认为解散众议院行为属于"统治行为",驳回了原告请求。"在我国的三权分立的制度下,司法权的行使必然会免不了受到某种程度的制约,因此不应所有的国家行为都成为司法审查的范围。虽然无宪法明文规定,但是三权分立原理、国家行为的高度政治性、司法权的性质制约着司法权的范围,这是司法权在宪法上的本质特征。对于直接关系到国家统治根本的具有高度政治性的国家行为,在其成为法律上的争讼对象时,即使在法律上能对其做出有效或无效的判断,相关的国家行为也应该处于法院的审查权之外,对其的判断应委托于对国民负有政治责任的政府、国会等政治部门。……解散众议院,违背了议员的意志并使之丧失了议员资格,也使得众议院的部分工作暂时停止,特别是重新选举,产生新的众议院和新内阁。这些不仅在法律上有重大意义,而且在政治上也有重大意义。因此解散众议院是具有高度政治性与国家

---

① 《日本国宪法》第 69 条:"内阁在众议院通过不信任案或者信任案遭到否决时,倘若于十日内不解散众议院即须总辞职。"

② 《日本国宪法》第 7 条:"天皇根据内阁的建议与承认,为国民行使下列关于国事的行为:……三、解散众议院;……"

统治相关的国家行为,在法律上有效还是无效,应当排除在法院审查权之外;以解散众议院作为诉讼前提的情形,不属于法院审查的范围。"①

此外,东京地方法院也接受最高法院观点,认为:"国会之解散及内阁之辞职,是内阁的专属权限,在三权分立的原则下,法院不应对此进行审查,因此,以总理大臣为被告,请求国会之解散和内阁总辞职的诉讼不合法。"②

3. 统治行为和政治问题的例外

如前所述,最高法院在"砂川事件"的判决中认为,"具有重大关系之高度政治性的国家行为,除明显违反宪法而无效的情形外,不属于法院司法审查权的范围。"可见,最高法院并未将统治行为和政治问题一概排除在违宪审查范围之外,当国家行为属于"明显违反宪法而无效的情形"时,法院就应做出判断。对于这种"明显违反宪法而无效的情形",札幌地方法院在长沼导弹基地诉讼事件(保安林指定解除处分取消控诉事件)中做出了认定。

案情概要:1969 年 7 月 7 日,日本防卫厅为在北海道夕张郡长沼町设置航空自卫队第三空射群(即导弹部队)基地,铺设出入交通道路,请求农林省发布第 1023 号行政处分之公告,解除原有对长沼町保安林区之指定,而将之改为非保安林区。得到批准后,防卫厅顺利砍伐该地区保安林,进行导弹基地及出入道路之施工建设。居住在该地的农民认为,砍伐保安林,破坏当地防风阻雪、保持水土之自然环境,危害居民生活;尤其是导弹基地的设置必然影响当地安宁的生活环境,侵害公民受宪法保护的"和平生存权";

---

① 昭和 35 年 6 月 8 日最大判,民集十四卷七号,第 1206 页。
② 昭和 32 年 10 月 3 日东地民二判,行裁例集八卷十号,第 185 页。

而且自卫队之组建以及无限制扩张,以违反《日本国宪法》第9条所确立的"和平反战主义"精神。为此,当地住民359人以农林大臣樱内义雄为被告,向札幌地方法院提起诉讼,要求取消农林省对长沼町保安林的处分,并停止执行。

札幌地方法院在判决中认为,法院在行使违宪审查权时,不应将"政治问题和统治行为"扩大,自卫队是否合宪问题应属法院违宪审查范围;判决认定自卫队问题构成"明显违反宪法而无效的情形",不属于统治行为,法院不应回避宪法判断。

"被告主张自卫队是否合宪的问题是具有高度政治性的问题,且是涉及国家统治的基本问题,故不应成为司法审查的对象。……但是最高法院的上述关于众议院解散效力的判例,不应适用于本案。此种排除在司法审查对象之外的国家行为,如前所述,毕竟是法治主义的例外,叙述此种例外的理由的判例,并不具备应予普遍化的性质。如果不顾及这一点,将最高法院判例中的一般性论述轻易予以扩大化或者抽象化,即有政治破坏法治的危险。……依照我国宪法第97条、第98条规定,应将国民权利与自由予以最大保护,就此而言,为维护此项宪法秩序,上述的例外情形,也应限制在最小范围之内,这是显而易见的。

被告所指的高度'政治性问题'、'国家统治之基本'等概念都是难以限定其内容的不明确的概念。关于何谓'政治性问题'和'国家统治之基本',极其具有流动性,此种不明确的概念,具有加以极度广泛解释的危险。法令等是否合宪等问题,难免多少具有政治性,又查基本上无与国家统治行为无关的法令。如果此种不明确的法律概念被认为是司法审查范围之外的国家行为,则被扩大解释至危险程度,……被告此种主张与法治主义、司法权优越的原则和我国宪法第81条、第97条、第98条的规定的精神相违背。

被告主张我国是否为自卫目的保持自卫队,或即使保持,将具有何种程度之规模、装备和能力等,应当根据变化的国际情势、科学技术的进步等加以综合判断而决定。自卫队是否合宪的问题,从司法审判的程序制约来看,亦不适合法院司法审查。但自卫队是否合宪的问题,即关于就国家安全保障是否保持军力的问题,在宪法前言和第 9 条有明确规定,应当以规范的解释来客观确定其含义,在性质上不得依政治体制、国际情势等变化而加以不同解释。本法院也不就我国国际情势等事项加以综合判断,仅就政策等加以审查判断,就享有主权的国民,从我国采取的安全保障政策中,选择其一而保持军队之战力,是否合宪加以审查判断。

总之,在我国作为宪法第 81 条之例外,排除在司法审查范围外的国家行为,仅就前述判例①被容忍外,其他一切法律、命令、规则或处分是否合宪的审查,依照宪法第 76 条、第 81 条和《法院法》第 3 条,均在法院司法审查的范围内,故而本案当然属于法院司法审查的范围。"②

此判决被日本法学界称之为"福岛判决",被告农林省不服,向札幌高等法院提出上控诉。札幌高等法院经过三年审理,于 1967 年 9 月 7 日,做出判决,撤销原判。札幌高等法院判决对本案中的自卫队是否违宪的态度与一审判决大相径庭,以该事项属于"统治行为"为由不进行判断。"在以国民主权为基础的三权分立原则下,立法及行政作用与司法作用在本质上大有不同。凡是国家机关、组织以及对国内外之运营等本质上属于国政底限之事项,应认为是'统治行为'事项;'统治行为'事项虽不能超越宪法所规定的

---

① 笔者注:最高法院对"砂川事件"和"苫米地事件"的判决。
② 昭和 48 年 9 月 7 日札幌地判,诉讼月报一九卷九号,第 1 页。

事项,但是除非'极其明显地违反宪法',否则应认为不属于司法审查权之范围。宪法第9条虽对侵略性战争、军队以及保持战争力量明确加以禁止,但对自卫性战争、军队以及保持战争力量没有明确禁止而有待于合理解释。然而《自卫队法》等相关法律的制定属于立法行为,自卫队的建立、运营则属于行政行为,两者均属于'统治行为'的范围,其目的又在于防卫并无侵略的性质,不是'极其明显地违反宪法'的情形。因此这些事项应由立法机关和行政机关自行判断,司法机关不能擅自僭越。"①

长沼导弹基地诉讼案件中,札幌地方法院和札幌高等法院对自卫队问题是否属于"统治行为和政治问题"作出截然不同的判断,反映出"统治行为和政治问题"是个极其不确定的概念,其具体含义完全由法院裁量。实际上,日本法院往往迫于政府压力而以"统治行为和政治问题"为由回避宪法判断,本案中札幌高等法院改判就属于此种情形。

二、判例排除的其他审查对象

除上述被法院认为"统治行为或政治问题"而被排除在违宪审查对象之外的情形外,还有其他一些情形。

1. 不审查《日本国宪法》效力

法院是否有权审查《宪法》效力?

"法院对于宪法的效力,无论在形式上还是在实质上均无审查权限。宪法是规定国家形态的最高法,在法治国家,其立法、行政、司法各法制之基础应依宪法存在。……在现行日本国宪法之下,法官仅受宪法和基于本宪法所指定的《法院法》的拘束,依本宪法

---

① 昭和51年8月5日札幌高判,《判例时报》821号,第21页。

受任命;法院依本宪法及基于本宪法制定的《法院法》而组成。因此,法院仅在规定其行使司法权的宪法下得以存在,将法院存在的根本规范在诉讼上认定为无效,无异于自我否定,故《日本国宪法》第81条不承认法院对宪法的审查权,这是理所当然的事情。

原告请求基于《日本国宪法》设立的法院宣告《日本国宪法》无效,不能得到支持。……"①

因此,《日本国宪法》不属于法院违宪审查的对象。

2. 不审查是否违反旧《宪法》的事项

"在旧宪法下,法律是否违宪的审查权不属于法院。新宪法实施后,关于旧宪法下颁布的法律是否违反旧宪法,依现行宪法第81条的规定,法院没有审查权。因此,有关《保险业法》第10条第三项违反旧《宪法》的主张,本院不予判断。"②

"上诉人主张《战时补偿特别措施法》违反旧《宪法》27条,因此适用该法律之判决也违反旧宪法第27条。但是对于旧宪法下制定实施的法律,法院不具有依据新宪法第81条进行审查的权力,这是本院判例所采纳的(昭和二十六年(才)第799号,同昭和三十四年七月八日大法庭判,民集十三卷七号,第911页)。因此《战时补偿特别措施法》违反旧宪法27条,不属于本院判断的范围。"③

从以上两个判例中的表述,我们可以看出,对于是否符合旧《宪法》的事项,法院不予以审查。

---

① 昭和32年10月3日东地民二判,行裁例集八卷十号,第1854页。
② 昭和34年7月8日最大判,民集十三卷七号,第911页。
③ 昭和41年2月3日最高法院第一小法庭判,讼务月报十三卷一号,第9页。

小　　结

　　本章的主要内容是日本违宪审查制度的对象。司法附随型的违宪审查制度的对象受到司法权的内涵、范围和对象的制约。除了《日本国宪法》第 81 条列举的审查对象外,法院还在判例中确立了其他审查对象,主要是对条约和立法不作为的审查。同时,法院通过判例也确立也一些排除的审查对象,包括:条约中的政治问题、国会和内阁基本事项中的统治行为、《日本国宪法》以及违反旧《宪法》的事项。

第四章 日本违宪审查理论和违宪判断方法

由于违宪审查权慎重行使思想在日本司法界的支配地位,日本法院在运用违宪审查权做出宪法判断时,形成了具有日本特点的具体违宪审查理论。主要有统治行为论、合宪限定解释论、立法裁量论、利益衡量法、公共福祉论等,另外,日本最高法院在宪法判断上的回避原则[1]也引人注目。下面结合判例对上述理论做简要说明。

第一节 日本违宪审查理论

一、宪法判断回避的原则

这里的宪法判断回避原则是指在诉讼中回避进行宪法判断的手法。其出发点在于,在附随违宪审查制度下,涉及违宪审查权的宪法诉讼以事件性为前提,解决争讼为目的。因此,法院不是对诉

---

[1] 宪法判断回避的准则与布朗达依思准则。1935年,合众国最高法院的法官布兰德斯在 Ashwander v. TVA (297 U. S. 288)在阿斯邦达案件判决的补充意见中整理以往判例,提出了由7点组成的宪法判断回避(也称为"宪法问题回避")准则(rule)。这也被称为布朗达依思准则,影响了美国其后的宪法审判。其中有与日本审判例有关的准则,如即使适宜地提出了宪法问题,但如能以别的理由对事件作出处理,就不对宪法问题做出判断;即使对法律的合宪性发生重大疑问,但也要确认回避宪法判断的限定解释可能与否等。

讼中所有的宪法争议进行审查,只有宪法问题的判断是解决该诉讼的必需的时候,才予以审查。如果不做出宪法判断就能解决问题的话,对于不必要的宪法判断可以回避。于是,法院会采用一些回避宪法判断的手法。统治行为论、合宪限定解释论、立法裁量论、利益衡量法、公共福祉论等都是在回避原则之下,根据案件的实际情况可以运用的方法。

这一手法的适用,可以分为纯粹型宪法判断回避和限定解释型。所谓纯粹型,是指对于被怀疑违宪的法令单纯从是否违反法律的角度来解决问题,从而避免宪法判断。从日本最高法院的判例来看,在《柔道整复师法》第7条违宪诉讼事件中的少数法官意见采用了这一手法[1]。限定解释型是指,对有违宪疑义的法令进行限定解释来解决问题,从而避免宪法判断的手法。比较有代表性的判例是"惠庭事件"判决。

本案中,被告人因为切断自卫队演习用的通讯路线,以违反《自卫队法》第121条(防卫用器物损坏罪)被起诉。被告人主张无罪的理由之一是《自卫队法》违反宪法序言、第九条,主张《自卫队法》是违宪的、无效的。

法院在判决中认为,"法院对具体法律争讼审判时,可以就一定的立法或国家行为行使违宪审查权,同时对具体争讼的审判应限于必要的限度。就类似于本案的刑事案件来说,法院仅在有必要对该案件的判决之主文判断的场合,才做出关于立法或者其他国家行为合宪与否的审判。"[2]本案中,法院认为宪法问题的解决并不是解决纠纷所必须的,因此没必要做出宪法判断,从而回避了

---

[1] 昭和36年2月15日最大判,刑集十五卷二号,第347页。
[2] 昭和42年3月29日札幌地判,下级刑集九卷三号,第359页。

宪法判断;法院仅对本案中的自卫队通讯线路是否属于《自卫队法》第121条规定的"其它供防卫用的物品"进行严格解释,"'其它供防卫用的物品',这一表述是抽象的、多义的,因此必须严格解释……'其它供防卫用的物品'应当是指与'武器、弹药、航空器'等列举的物品有相同评价程度和高度类似的物品,然而本案中的通讯线路与列举的物品无类似性,故不应当将其解释为'其它供防卫用的物品'",故而判决被告无罪。

回避宪法判断是日本法院对宪法争议问题的一般态度,这是由于基于法院自身地位和权威性的考虑,不愿涉足政治性问题(尤其是类似自卫队是否合宪这种高度政治问题)。但也有例外情形,如本文第四章提及到的札幌地方法院对"长沼导弹基地诉讼"(保安林指定解除处分取消控诉事件)一案做出的判决。在法院是否应当回避宪法判断的问题上,札幌地方法院认为,法院在具体诉讼事件的审判过程中,原则上应尽可能将有关违反宪法之判断保留为最后判断事项,慎重行使违宪审查权;但是如果国家权力超出宪法范围内行使,从而发生违反宪法基本原理之重大状态的嫌疑,以致侵害包含争讼案件当事人在内的国民权利或有侵害危险时,法院不得采取回避宪法判断的消极立场,在此场合,法院即负有判断国家行为是否合宪的义务。这是对回避宪法判断问题从实体上进行政策把握,即法院在国家行为明显违反宪法时,必须承担起护卫宪法的职责,不应消极回避,明哲保身。

"关于原告请求取消某处分,同时主张违反宪法(包含即使违反法律,也称违反宪法的情形)的理由与单纯违反法律的理由时,如果就单纯违反法律的理由能够终结诉讼,则无需就违反宪法的主张加以判断,这种见解,有相当根据。因宪法第81条规定,法院具有违宪审查权,……但法院行使违宪审查权时,应考虑宪法体制、宪法秩序内司法权之地位与任务及司法作用之特性等制约因素后,才能决定是否行使此权力。在此场合应考虑之事项为:第一,既然宪法以立法权、司法权、行政权三国家机关相互抑制,保持均衡的三权分立制度为民主统治机构的理由,三国家机关应尽可能相互尊重其他权力机关之判断。第二,关于具体诉讼案件,法院有权在其限度内判断、适用法律解决纠纷,即以私权之救济为本旨;第三,由于法院对法律、命令、规则等行使违宪审查权之结果所生政治、社会或经济上影响力,其微妙难以预测;第四,司法权之作用与功能有其程序上的制约,即主张、举证在原则上委于当事人,法院依职权调查取证时也仅是补充性质,且法院审判之执行方法亦受限定。依上述理由考虑,法院应尽可能将有关违反宪法之判断保留为最后判断事项,慎重行使其职权,可谓是充分理由。但是上述原则并非在任何场合,法院就当事人违反宪法之主张应都保留为最后判断。

我国是以宪法为中心的法治国家,故立法、司法和行政三权均应在宪法体制或宪法秩序下行使职权。在此等三权中,只有司法权具有最后判断法令等是否合宪的权力与义务,因此法院在具体诉讼事件的审判过程中认为国家权力超出宪法范围内行使,从而发生违反宪法基本原理之重大状态的嫌疑,以致侵害包含争讼案件当事人在内的国民权利或有侵害危险时,或者法院就宪法问题以外的当事人的主张加以判断而终结诉讼,尚不能根本解决各争讼事件的纷争时,不得采取回避宪法判断的消极立场,在此场合,法院即负有判断国家行为是否合宪的义务。因为,在此种场合,法院如果仍然仅依诉讼之其他法律问题而处理,得到救济的当事人的权利,仍然仅于形式上表面上救济(同一纷争可能变更形态而再度发生),这不是真正解决纷争和本质上的权利救济;而且另一方面,如果,法院默认事实上超出宪法秩序范围的国家权力的行使,等于放任其违法状态随时扩大、加深。这将令法院维护法治主义的违宪审查权之行使,逐渐限于困难,其结果是使得宪法第99条包含法官在内的公务员所负维护宪法的义务,成为空文。

就本案而言,原告主张自卫队的存在是否违反宪法基本原理之一的和平主义原理之疑问,如前述认定,本案保安林指定之解除处分与航空自卫队第三高射之基地设置有不可分之关系,其结果侵害原告等和平主义权和其他权利。故如前所述不得回避宪法判断,这应是法院积极行使违宪审查权的场合。"①

"福岛判决"中,被告农林省不服,向札幌高等法院提出上控诉。同时,执政党自民党和政府立即对本案的主审法官福岛和判决书做出种种非难。官房长官立刻发表声明,认为札幌地方法院的判决"为重大错误之判断……确信上级审法院必定予以撤销和变更"②,执政党自民党干事长桥木凳美三郎露骨地说:"福岛审判长原就是思想偏颇的法官,所以早就预料到会做这样的判决"③如此等等。执政党和政府对司法独立与尊严表示出了欠缺敬意的态度。

札幌高等法院迫于政府压力,经过三年审理,于1967年9月7日,做出判决,撤销原判,认为自卫队问题属于"统治行为",法院不应当判断,从而回避宪法判断。"在以国民主权为基础的三权分立原则下,立法及行政作用与司法作用在本质上大有不同。凡是国家机关、组织以及对国内外之运营等本质上属于国政底限之事项,应认为是'统治行为'事项;'统治行为'事项虽不能超越宪法所

---

① 昭和42年3月29日札幌地判,下级刑集九卷三号,第359页。
② 深瀬忠一:《憲法の和平主義、第九条の解釈と自衛隊》,《判例时报》第712期,第17页。
③ 佐藤功:《判决への感想と総評》,《判例时报》第712期,第4页。

规定的事项,但是除非'极其明显地违反宪法',否则应认为不属于司法审查权之范围。宪法第9条虽对侵略性战争、军队以及保持战争力量明确加以禁止,但对自卫性战争、军队以及保持战争力量没有明确禁止而有待于合理解释。然而《自卫队法》等相关法律的制定属于立法行为,自卫队的建立、运营则属于行政行为,两者均属于'统治行为'的范围,其目的又在于防卫并无侵略的性质,不是'极其明显地违反宪法'的情形。因此这些事项应由立法机关和行政机关自行判断,司法机关不能擅自僭越。"[1]长沼导弹基地事件,前后两个大相径庭的判决,反映出了日本60年代司法的危机,也充分体现出了司法附随审查下,违宪审查功能的发挥对司法独立和司法权威的依赖。

根据"统治行为"这一理论,日本最高法院将许多事件排除在违宪审查范围之外。统治行为或政治问题成为法院回避宪法判断的重要手法。至于何谓统治行为,需要法院在个案中具体判断;根据相关判例,具有军事性的政治条约,自卫队的合宪性问题,国会和内阁的基本事项等等均属于"统治行为",法院往往以不适合法院审查为由,回避宪法判断;但同时保留对"重大明显违反宪法而无效的情形"的审查。例如,本文第三章提及的1960年的"苫米地事件",法院认为在三权分立的制度下司法权的行使必然应当受到限制,不能无限制将所有国家行为都作为司法审查的对象。本事件中的众议院解散行为,是政治性非常高的国家统治行为,不属于法院司法审查权的范围。还有"砂川事件"和上文提到的长沼导弹基地事件等等。有关统治行为理论,本文第三章中已详细论述,此不赘述。

---

[1] 昭和51年8月5日札幌高判,《判例时报》821号,第21页。

二、具体审查方法

1. 合宪限定解释论

合宪限定解释论,是指法院对某个法令进行违宪审查时,有 A 和 B 两种解释,如果采纳 A 解释是合宪的,采纳 B 解释是违宪的,此时,法院可以采纳 A 解释从而回避宪法判断。这种理论的根本点在于推定合宪原则,也就是说,在推定被审查对象法令合宪的前提下,将违宪疑义除去。合宪性推定原则是作用于国会制定的法律的一般原则。即推定法律中存在支持其合理性的社会、经济、文化的一般事实,即立法事实,因此法院原则上将该诉讼适用对象的法律推定为合宪而适用。

在日本国宪法 41 条中可以找到推定合宪原则的依据。即法律是由"国家权力的最高机关,国家的唯一立法机关"国会制定的,所以要求其他国家机关尊重并认真执行。作为国家司法机关的法院当然也不例外。虽然法院有宪法 81 条赋予的司法审查权,但是基于宪法 41 条的要求有时应当让步。

据此,法院在很多判例当中应用这一理论做出判决。例如在 1966 年全递东京中邮事件判决中,认定了法令合宪,又通过限定解释没有追究被告的刑事责任。这一方法在 1969 年都教组事件判决及全司法仙台事件判决中得到了沿用。

(1) 全递东京中邮事件

被告是全递工会负责人。在昭和三十三年(1958 年)春季罢工运动中,被告说服东京中央邮局 38 名职员离开工作岗位,放弃处理邮件业务,并且在工作时间内参加现场大会,因而以违反《邮政法》第 79 条第 1 款(不办理邮件之罪)被提起公诉。

第一审判决认为,被告放弃处理邮件的行为,违反《邮政法》第

79条第1款,属于劳动纠纷中的争议行为,但此种行为属于正当行为,应适用《工会法》第1条第2款,不构成犯罪,同时被告的教唆罪也不成立。但二审法院(最高法院)在昭和三十八年(1963年)三月十五日第二小法庭的判决中认为,公共企业等职工应按照《公劳法》第17条规定,不论其争议行为如何,均不适用《工会法》第1条第2款。据此最高法院撤销原判,发回原审重审。被告不服此判决,向最高法院提起上告。被告认为《公劳法》第17条第1款违反日本宪法第28条(劳动者的团结权利、集体交涉及其他集体行动的权利,应受保障)而无效,故而主张无罪。

最高法院在终审判决中认为,限制职员劳动基本权利的《公劳法》第17条第1款不违反《宪法》第28条;本案被告违反《公劳法》第17条第1款的争议行为可以适用《工会法》第1条第2款,因此被告不应承当刑事责任。理由如下[①]:

① 公务员虽然身份特殊,但也享有宪法第28条规定的劳动基本权利。

"宪法第28条保障的劳动基本权,即员工之团结权及集体交涉权、其他集体行动权。此项劳动基本权利的保障,是以宪法第25条所规定的生存权保障为基本精神,基于对员工应予保障具有人类价值之生存的观点,一方面依照宪法第27条规定,保障工作权及工作条件;另一方面依照宪法第28条规定,当作对经济上处于劣势的员工确保实质自由与平等的手段,以期能保障其团结权、集体交涉权、争议权等。……上述劳动基本权,并非仅就私营企业之劳工予以保障,公共企业机构之职员、国家公务员或地方公务员,既然不外乎宪法第28条所规定之员工,原则上亦应受该条保障。"

---

① 最高昭和41年10月26日大法庭判,刑集二十卷八号,第901页。

② 职工的争议行为只要不超过正当的界限，就是行使宪法保障的权利，应该理解为《工会法》规定的民事免责和刑事免责行为。

"《工会法》第7条'禁止雇主因职员实施工会之正当行为而为解雇及其他不利益处分，'第8条'雇主不得因职员正当之同盟罢工、其他争议行为而受损害为理由，向工会或会员提出损害赔偿请求'。根据这两条，'同盟罢工以及其他争议行为'是为实现《工会法》目的之正当行为，不应成为刑事制裁的对象。《工会法》第1条第2款规定，'不论在任何场合，暴力之行使不得解释为工会之正当行为'，这是正义行为正当与否的界限之一，如果超出此项界限则应当追究刑事责任不能免则。"

③"劳动基本权利不是绝对的，应当受保障全体国民利益的制约，但应如何具体制约才算合宪，必须从下列各项条件慎重考虑。

第一，劳动基本权利的限制，应就尊重职员之劳动基本权的必要性与维持国民全体利益的必要性，加以比较衡量，以保持两者适当均衡为目标进行考虑；但劳动基本权利直接关系职员之生存权，是保障职员生存权的重要手段，就此而言，此项限制应在合理性之必要最小限度内。

第二，职员提供的职务或劳务具有很强的公共性，因此职务或业务之停止将侵害全体国民生活利益；为避免此种侵害发生，在必要不得已的情况下才应考虑限制劳动基本权利。

第三，对违反劳动基本权利之限制的处罚不能超过必要限度，特别是刑事制裁，仅限于必要不得已的场合。

第四，依照劳务或职务之性质，不得已限制职员之劳动基本权时，应采取与限制相当的补偿措施。上述事项，不单单是制定限制劳动基本权利的法律时应当予以考虑，而且在解释适用时也必须予以考虑。"

④ 根据以上标准,本案中争议的《公劳法》第17条第1款合宪。

"《公劳法》第17条第1款规定'从事于所谓五现业以及三公社业务之职员及其工会,对公共企业机构不得实施同盟罢工、怠业以及其他阻碍业务之正当运作的一切行为,职员、工会、会员及干部不得共谋、教唆或者煽动此种禁止之行为'。本条不违反宪法第28条规定,本院前有判例(昭和二十六年六月二十二日大法庭判,刑集九卷八号第1198页;昭和二十八年四月二十八日大法庭判,刑集七卷四号第775页。),现无变更之必要。因为邮政业务与国民生活之全体利益息息相关,其业务的停止有可能给国民生活带来重大障碍,因此《公劳法》对邮政业务职员劳动基本权利的限制的规定是必要的、合理的,不违反宪法第28条。"

⑤ "《公劳法》第17条第1款对违反禁止行为的制裁只有解雇和损害赔偿责任,对此种禁止行为争议,通过设立公共企业劳动委员会进行斡旋、调解、仲裁来解决。《公劳法》第3条不排除《工会法》第1条第2项的适用,当争议行为是为了达到《工会法》第1条第2项规定的目的,只要不是暴力行为,即使违法也不应受刑事处罚。"

最高法院在本案判决中,推定《公劳法》第17条第1款合宪,但同时严格确立限制公民劳动基本权利的条件,诸如比较衡量、必要最小限度等等;对个案中限制公民基本权利法律的解释应严掌握。这些原则对以后的判例影响很大。

(2) 都教组事件

1958年4月,东京都教育委员会根据1956年制定的与地方教育行政和运行相关的法律,要对公立中小学教员实行勤务评定。属于东京都教育委员会的东京都内的公立中小学教员抗议此种勤务评定,并根据东京都教育委员会之斗争委员会委员长的指示,于4月23日进行了一系列休假斗争。同时,东京都执行委员会委员长和执行委员对教育委员会组成人员发布指示,呼吁成员参加斗争。因此,东京都执行委员会委员长和执行委员的行为被认为违反了《地方公务员法》第37条以及第61条第4款,属于"煽动行为",应受刑事追诉。第一审东京地方法院对《地方公务员法》37条和61条作严格解释,认为被告行为是争议行为的"伴随性行为",不是"煽动性行为",因而无罪。控诉审法院东京高等法院否定了一审法院的严格解释,判决被告有罪。被告不服《地方公务员法》第37条和第61条第4款规定违反宪法第18条、第28条、第31条向最高法院提起上告。最高法院撤销东京高等法院判决,宣告被告人无罪[①],理由概括如下:

① 最高法院继续肯定全递东京中邮事件中"公务员也享受宪法第28条规定的劳动基本权利"以及"法律限制劳动基本权利时,应慎重予以决定"的观点(详细内容见前文)。

"《地方公务员法》第37条第1款与第61条第4款,即对于违反禁止争议行为者是否予以处罚,在充分注意不超过必要限度,尤其是对劳工实施之争议行为科以刑事制裁,应当限于必要不得已之场合,关于此点应慎重判断、考虑。"

② 对本案中上告人主张《地方公务员法》的违宪条款,应当采取与宪法精神相协调的合理解释,不得认为依其表面规定判断为违宪。

"对《地方公务员法》第37条第1款,第61条第4款规定,如

---

① 最高昭和44年4月22日大法庭判,刑集二三卷五号,第305页,法院时报五一九号,第1页。

果按照条文表面含义,可以认为地方公务员之一切争议行为,共谋、教唆、煽动实施这些争议行为(以下简称煽动行为等)均应当加以处罚;如果采取此种解释,该条文超出必要不得已限度而禁止争议行为,且忽视必要限度的要求而实施刑事处罚,违反宪法第28条保障劳动基本权利的精神,此等规定有违宪之嫌。

但法院对法律条文进行解释时,应当尽可能依照宪法精神,采取与宪法精神相协调的合理解释;仅拘泥于条文规定表面,迳行判定违宪的做法,不能被本院采纳。《地方公务员法》虽然规定一般禁止公务员之争议行为,且规定对煽动行为等一律加以处罚,但如果洞察此种规定的目的,采取与宪法28条保障劳动基本权利精神相协调的解释,那么不论这些规定的表面形式如何,就应当被禁止的争议行为的种类及形态,特别是应当作为处罚对象的煽动行为的形态和范围来说,应当承认有一个合理界限存在。"

③《地方公务员法》所规定的争议行为之煽动行为,是否一律属于处罚的对象,应当区分不同情况,严格进行解释,慎重考虑。本案中,被告实施的煽动行为不具有刑事违法性。

"一般而言,地方公务员之职务,虽然多少具有公共性,但公共性之强弱不一,不能认为争议行为经常停废公务从而侵害全体国民生活之利益;而且同属争议行为,也有种种状态,……地方公务员之具体行为,是否属于禁止对象之争议行为,应当就禁止对象之争议行为所要保护的法益与尊重劳动基本权利所要实现的法益,加以比较衡量,基于适当调整两者关系的观点,加以判断。因此,有时可以认为地方公务员之行为属于《地方公务员法》第37条第1款规定的禁止行为具有违法性,但依其争议行为之状态,有时违法性较弱,应当判断为实质上不属于该条所规定的争议行为。

从尊重劳动基本权利之宪法精神的角度而言,对违反争议行为的制裁,尤其是适用刑事制裁,应当严格限制;法院在解释法律和适用法律时,应当极力尊重此项原则。……煽动行为有多种形态,在认定其违法性时,也应注意其程度具有强弱的差别。不顾违法性之差别,一律断定煽动行为具有刑事处罚之违法性,并非本院所许。尤其是《地方公务员法》第61条第4款不以实施争议行为本身作为处罚对象,仅对煽动违法之争议行为等科以处罚,依照其宗旨而言,通常不得将伴随于争议行为而实施的行为作为处罚对象。如认为此种煽动行为应轻易予以处罚,则与原则上不处罚争议行为本身的规定相违背。……因此,团体成员行为,即使具有煽动行为性质要素,原则上也不应当予以刑事处罚。

依上述理由,对本案而言,被告人实施的全面休假斗争,……应当认为通常伴随于前述会员实施的争议行为,对被告等应予以惩戒处分或追究民事责任。依照前述尊重劳动基本权利之宪法基本精神,以及'不以争议行为本身为处罚对象'之宗旨,可以认为被告所实施的行为欠缺刑事违法性。"

以上两个判决中,最高法院虽然对争议的法律条文采取"推定合宪"的解释,但针对个案适用时,严格依照宪法保护公民劳动基本权利的精神来解释具体法律条款。这样仍然通过"推定合宪"解释达到保护劳动基本权的目的。

需要注意的是,此推定原则的基础是支持该立法的事实状态,即立法事实的存在,如果法院怀疑立法的合理性即怀疑议会判断是否缺乏事实基础,有时会根据需要进行立法事实的审查,而且审查标准也将更为严格。如果强烈怀疑立法的合理性,法院会完全排除合宪性推定原则的同时,很可能采用严格的审查标准,将该法律认定为违宪。所以在合宪推定原则的适用当中,认清适用场合是非常重要的。

2. 立法裁量论

立法裁量论,是指在对法律的合宪性进行审查时,法院在尊重立法机关的政策判断的基础上,对立法目的和法律手段加以详细诠释,而对于独自做出判断采取谨慎态度的做法。在立法裁量论又分为广义立法裁量论和狭义立法裁量论两种类型,但是广义的立法裁量论与狭义的立法裁量论之间,并无明确的划分标准,而应视为相对的概念。日本最高法院在很多有关人权的宪法诉讼当中,使用了该理论。1982年堀木诉讼判决中,采用广义立法裁量论认定,"对于儿童抚养补助同时受领的禁止规定是立法机关的裁量事项,除了权力行使不正、滥用以外,法院不应当进行审查"①。此后,有关福祉立法违宪诉讼当中,广义立法裁量论被经常使用。狭义立法裁量论与广义立法裁量论相比,法院最初不持有全面尊重立法机关的态度,而是在留有一定余地的前提下,法院根据被限制的权利与自由的性质以及诉讼事实等关系,进行较为深入判断的审查,因此或怀疑立法事实,或采用严格的合理性标准乃至中间审查的标准,在一定程度上做出自己的判断。在1975年的《药事法》距离限制违宪诉讼中,日本最高法院依据狭义立法裁量论做出了违宪判决。这是日本最高法院为数较少的,从正面判决法律违宪的判例之一。此外还有是1976年4月和1985年7月的两起"众议员名额分配不均衡"违宪判决,也是采纳狭义立法裁量论做出法律违宪判决。

(1)《药事法》距离限制违宪事件

日本的《药事法》规定,药店以及一般药品的销售须经县知事许可,并且规定了许可标准。1963年修正后《药事法》进一步规

---

① 昭和57年7月7日最大判,民集三十六卷七号,第1235页。

定,拟新开设的药店的设置场所不合适时,县知事可不予许可,具体配置标准由都道府县的条例规定。根据此项规定,1963年10月,广岛县制定了《药典配置基准条例》,该条例第3条规定了开设药店的距离限制,即新开设的药店应当保持与既有药店"约100米的距离"。

原告是经营化妆品和医药品的一家公司,为了在广岛县的某市经营药品等一般销售业务,于1963年6月向县知事提出了营业许可资格;而该县知事于1964年1月做出不予许可的决定,理由是其申请不符合修改后的《药事法》和该县条例规定的配置基准。对此,原告认为对药店开设距离加以限制的《药事法》之相关规定以及县条例违反《日本国宪法》第22条第1款[①]关于保障职业自由的规定;而且县知事不予许可决定的依据是原告提交许可申请之后发布的行政法规,这违反了法不溯及既往的原则,遂向法院提起诉讼,要求撤销县知事不予许可的决定。第一审法院未对原告主张的宪法争议问题做出判断,只采纳原告的第二项理由,判决原告胜诉。第二审法院认为,行政许可决定原则上应当以做出决定时的法律为依据,撤销了原判;同时认为《药事法》规定的距离限制是符合"公共福祉"的措施,不违反宪法第22条第1款规定。原告不服,向最高法院提起上告,最高法院认为,《药事法》距离限制的规定违反宪法第22条第1款规定,判决原告胜诉[②]。

判决理由:

① 对于职业选择自由的限制,法律应该在比较和衡量限制的具体目的、必要性、内容,以及受到限制之职业的性质、受限制程度

[①] 《日本国宪法》第22条第1款:"任何人在不违反公共福祉的范围内,均享有居住、迁徙及选择职业的自由。"

[②] 昭和50年4月30日最大判,民集二十九卷四号,第572页。

的基础上,慎重决定。

"对职业限制的裁量首先是国会的权力,对于限制措施的具体内容以及其必要性和合理性等,只要立法机关的判断在合理裁量范围内,就属于立法政策问题,法院就应当予以尊重。根据具体事件性质不同,合理裁量的范围有广义和狭义之分。一般地,许可制是对于狭义职业选择自由予以较强地限制,为了肯定其合宪性,原则上应具备以下条件:该限制是基于"公共福祉"的必要和合理的限制;采取其他措施不能达到"公共福祉"的目的时,不得已而限制职业自由。"

② 药店开设的距离限制超出合理限制的范围,这种立法裁量缺乏合理性。

"《药事法》中距离的适当配置主要是防止对国民的生命、健康的危害,防止药店过度竞争以及经营不稳定,只是防止供给药品不良现象发生的手段。在刑法处罚和行政制裁和行政监督下,只要《药事法》规定的限制得到遵守,防止供给不良药品危险发生的目的就很容易实现。……认为由于竞争的激化而导致不良医药品供给出现的危险有很大可能性,这仅仅是理念上的假设,很难认为是依据确凿的事实做出的合理判断。……基于对药品供给业务的行政监督,仍然不能够防止由于经营不稳定所产生的不良医药品的供给在相当程度上存在着,这种认识也是欠缺合理性的。"

因此,《药事法》将距离的限制作为药店开设的许可基准之一,超出合理限制的范围,违法宪法第 22 条第 1 款保障职业自由的规定,应属无效。

本案的宪法争议条款是"公民的职业自由",最高法院认为限制职业自由的立法必须应该在比较和衡量限制的具体目的、必要性、内容,以及受到限制之职业的性质、受限制的程度的基础上,慎重决定;如果限制的立法裁量超出必要限度,法院就不应回避宪法判断,而应进行审查。

(2) 众议员名额分配不均衡违宪判决事件

1972年12月举行的众议院议员选举中,由于各地区的人口密度不同,日本各地议员定数分配存在较大差异。按照《公职选举法》表一以及附则第7项至第9项的规定,每一议员代表的人数最大值为394,950人(大阪府第三区),而最小值为79,172人(兵库县第五区),两者比例接近5:1。本案中的原告是千叶县第一区的选民,认为此种差距造成选民投票价值不平等,使得部分选区的选民遭受不平等待遇,这种情形违反《日本国宪法》第14条第1款(一切国民在法律面前一律平等)。为此,原告向东京高等法院提起诉讼,主张此次选举违反宪法第14条第1款,请求判决此次选举无效。东京高等法院认为,选区的划分以及各选区议员人数的确定是立法机关的裁量行为,本案中投票价值不平等和国民正义公平观念相比,没有达到不能容忍的地步,裁定驳回原告请求。原告不服上告至最高法院。

最高法院审理该案后认定,《公职选举法》的上述规定违反宪法第14条第1款,但本次选举有效。判决要旨[①]如下:

① 《宪法》第14条第1款规定的平等原则,针对选举权而言,以贯彻国民的政治价值平等为目标。……选举权的内容,即选民投票价值的平等也是宪法第14条平等原则的内容,每个选民的投票对选举结果的影响力应该是平等的。因此,本案中《公职选举法》定数分配规定违反宪法中选举权平等的要求,应当被判定为违

---

① 昭和51年4月14日最大判,民集三十卷三号,第223页。

反宪法第 14 条的平等原则。

② 本案中《公职选举法》的规定可导致各地区议员定数的差异达到 5∶1 的比例,而且不存在使达到如此程度的投票价值不平等合理化的特殊理由,因此该规定具有违宪的瑕疵。

③ 本次选举虽然是基于违反宪法的议员定数分配进行的,但即使将本次选举判决为无效,也不能立即使得选举的违宪状态得到纠正……考虑到选举无效引起的后果,仅判决本次选举基于违宪的议员定数分配,这一点上是违法的,而选举结果本身仍有效。

在此之前,涉及议员定数分配诉讼,最高法院在1964年2月25日的大法庭判决中认为,"有关众议院议员定数分配,除使得选民之选举权极端不平等之外,各选区依照怎样的比例分配议员定数,是属于国会的立法政策问题,仅仅以议员定数的分配与选民人口不成比例为理由不能认为选举违反宪法第 14 条第 1 款规定的选举权"[①]因此最高法院在1976年的判决中变更了先前的判例,认为国会对议员定数分配问题的裁量超出合理限度,法院即应将其纳入违宪审查的范围,做出违宪判断,保护公民基本权利。

另外一起议员名额违宪判决发生在 1985 年 7 月,判决理由与此案相似。

因为没有适用标准,所以在何时适用广义的立法裁量论,在何时适用狭义的立法裁量论,无法一概而言之。从日本最高法院的判例中可以看出一个大概的基准,在限制经济活动立法的诉讼当中,法院大多会尊重立法机关的意志,采取广义立法裁量论解决诉

---

① 昭和 39 年 2 月 25 日最大判,民集十八卷二号,第 270 页。

讼①,而在涉及平等原则的诉讼,例如众议员名额分配不均衡诉讼当中,狭义立法裁量论得到了应用。在狭义与广义之外,当立法、行政行为的目的被完全排除了合宪性之后,还存在着不能适用立法裁量论的情形。

3. 利益衡量法

利益衡量法,是指对相互对立双方的利益进行比较衡量的判断方法。具体讲,就是在宪法诉讼中,主张公民基本权利受到法律过分限制一方的利益,与国家或者公共利益相比较,找出利益相对较重的一方的方法。其实不只在诉讼当中涉及到利益衡量的问题,在立法当中,立法者也是对被限制的人权与限制的利益进行比较衡量之后,做出该限制在宪法允许范围内这一判断的。在日本宪法中利用利益的比较衡量预定人权保障具体实现的例子随处可见。如宪法 22 条以及 29 条规定了"在不违反公共福利条件下"以及"应符合公共福祉"的要求,实际上在考察职业选择自由以及财产权的保障时,必须考虑与"公共福祉"的均衡;另外宪法 13 条的幸福追求权保障同样规定了"在不违反公共福祉条件下"的附加条件。

宪法诉讼的审理中,当事人所主张受到限制的利益与这一限制背后的社会以及国家利益之间,法院必须将其放在天平之上称量,作为具体审查的方法所言的利益衡量法其实可以看作是法院的审理原则之一。利益衡量法的特色是判断相互对立的利益何者优先,据此,有日本学者将利益衡量法分为三种类型,即:单纯的比较衡量法或个别的比较衡量法、付定义的比较衡量法、严格的比较衡量法。

---

① 在关于经济自由的社会政策以及经济政策的积极目的措施上是适当的,而关于消极目的的规制措施则应采用更狭义的立法裁量论做出判断。前面提到的《药事法》距离限制违宪判决就是一例。

所谓单纯的比较衡量法是指法院单纯考量诉讼中的对立利益。由于不因论点性质与诉讼性质而引入任何法则性,只就个别事件采用此手法,所以也称个别的比较衡量法。

付定义的比较衡量法则是对考量一方的权利与自由做出定义,排除与另一方利益的单纯考量的手法。"付定义"这个词可能比较怪,因为是直接从英文的 definitional 翻译而来,可以理解为"明确"比较衡量的利益。

所谓严格的比较衡量法是指严格审查考量一方的限制权利与自由的利益后,再同另一方的权利与自由利益相互考量。结果可能得出违宪的结论,也可以说属于严格的违宪审查标准的内容。

日本最高法院在审理公民基本权利与公共利益间产生矛盾的诉讼中,广泛采用了利益衡量的方法。比如在涉及报道自由的限制问题的违宪诉讼博多站事件中,日本最高法院明确采用了比较衡量利益的方法,认为报道的自由应当予以保障,但是为了实现刑事审判的公正性,在这种场合下,应当将对采访机关取材的限制以及这一限制对报道自由权的损害程度和实现刑事审判公正这一限制的必要性加以比较,衡量后作出结论。另外,在公务员的劳动基本权与公共利益间的矛盾问题,日本最高法院从全递东京中邮事件判决开始,在一系列判决中运用了比较衡量法,阐述了对公务劳动基本权的限制的必要性是来自于保护全体国民的生活利益这一出发点,认定被审查法律合宪。全递东京中邮事件上文已作详细说明,在此不再赘述。

4. 公共福祉论

审判法理中的公共福祉论,是指日本最高法院在涉及公民基本权利的宪法诉讼审理中,如何适用公共福祉的概念,将对公民基本权利的限制予以正当化。例如《查泰莱夫人和她的情人》事件中,日本最高法院在判决中认为"受到宪法保障的各项基本人权在各自有关的条文中没有明确表示出有受到限制的可能性,但是从宪法12条、13条的规定中可以看到,禁止权利滥用,在行使权利时不得损害公共利益,不是绝对没有约束的权利,这也是法院在判决中经常表明的一个原则"[①]。

"根据这个原则,日本最高法院在一系列涉及公民基本权利限制的宪法诉讼中,以三段论的方式,即(1)宪法上的公民基本权利受到公共利益的约束;(2)有关该约束的规定是为了公共利益;(3)所以有关该约束的规定合宪,做出了合宪判决。但是在理论界,对于日本最高法院将公共福祉的概念类型化以及三段论的大前提的合理性有很多批评和质疑。"[②]公共利益为什么会成为基本权利的制约,以及制约的程度如何掌握是对该理论争议的焦点。日本最高法院在一系列判例中所提出的具体标准,很显然无法彻底解决争论,还需要在审查方式及程序上做更多的研究。

以上几种理论,只是根据判例归纳而来,事实上法院在判例中往往会同时采用几种方法来达到目的,比如在对待公民基本权利和公共利益的问题上,法院往往同时采用立法裁量、比较衡量、公共利益限制等方法做出判断。但是,归根结底,回避宪法判断是各个方法运用的最基本原则。

第二节 日本法院违宪判断方法

日本法院做出的违宪判决,以违宪的对象为标准,可以大致划

---

① 昭和32年3月13日最大判,刑集十一卷三号,第997页。
② 户松秀典:《宪法诉讼》,有斐阁2000年版,第267页。

分为涉及国家抽象行为违宪和涉及国家具体行为违宪两类。我们可以从这两个方面来考察日本违宪判断的方法。

一、国家抽象行为违宪判断方法

"违宪判断的方法,大致分为两种,一种是判断法令本身的违宪的所谓法令违宪的判决,另一种是虽然法令本身是合宪的,但它在适用于该案件的当事人时是违宪的,即所谓适用违宪的判决。无论哪种类型的判决,在日本都是少数。

但是,在附带违宪审查制之下,关于违宪判决,原则上只有个别效力,在美国的宪法判例中,即使实质上是法令违宪的判决,也经常在判决书上说'在适用于上告人的限度内违宪',接着再使用适用上违宪判决的表现形式来加以说明。对于这种判决,必须根据其判决要点在哪里,按照其实质判定它属于哪一种判决类型。在日本,这种判例可举出对没收第三者所有物的违宪判决。"[①]

1. 法令本身违宪

法令本身违宪是指法令在形式上或实质上违反宪法。

这种类型的判决,如前文所述的《药事法》距离限制违宪判决和众议院议员定额分配规定违宪判决,还有杀害尊亲属加重处罚规定的违宪判决[②]。后者是日本在实行违宪审查制度26年(1973年)后,最高法院首次做出的认定法律的有关条款违反宪法的判决。

在该案中,一位长期受到亲生父亲的奸淫并被迫以夫妻名义生活在一起的女性在杀害父亲以后自首,不服有罪判决上告到最

---

① 芦部信喜、高桥和之:《宪法判例百选之二》(第3版),有斐阁1994年版,第419页。

② 昭和48年4月4日最大判,刑集二十七卷三号,第265页。

高法院。当时的《日本刑法》第 200 条规定:"与普通犯罪行为比,对尊属的犯罪应予加重处罚。"根据该规定,被告的上告理由是《刑法》第 200 条的规定违反《日本国宪法》的第 14 条第 1 款(平等权条款)①。最高法院认为刑法第 200 条违反宪法第 22 条,撤销了二审法院的判决,主要理由如下:

(1)宪法第 14 条的平等权条款可解释为,如果一种区别对待在相应具体案件中缺乏合理根据,这种区别对待就应禁止,这是本院大法庭判决所确立的原则。

(2)《刑法》第 200 条的立法目的是以卑亲属或其配偶杀害尊亲属行为是应当受到社会强烈道义谴责、非难的行为,对此种行为加重处罚是为了防止该类案件的发生。除普通杀人外,另外规定尊亲属杀人之特别犯罪,以加重其刑罚,本身不违反宪法第 14 条第 1 款之平等原则;但是依照刑罚加重之程度如何,有时应否定此种差别。如果加重之程度极端,作为达到前述立法目的之手段显失均衡时,应认为此种规定违反宪法平等原则而无效。

(3)基于以上观点来看《刑法》第 200 条的规定,该条法定刑为死刑和无期徒刑,而 199 条(普通杀人罪)的法定刑为三年以上有期徒刑、无期徒刑或者死刑,二者相比,选择刑种之范围限于极重刑罚。虽然现行《刑法》上有几项减轻处罚之规定,但即使经两次减轻处罚,犯杀害尊亲属罪之量刑不得低于 3 年 6 个月,而且不能宣告缓刑,这与普通杀人罪处罚形成强烈对比。

尊亲属杀人罪之法定刑是无期徒刑或者死刑(在现行《刑法》除诱致外患罪之外,是最重的),处罚过重,仅依上述立法目的,即

---

① 《日本国宪法》第 14 条第 1 款:"一切国民在法律面前一律平等。不得以人种、信仰、性别、社会的身分以及门第在政治、经济或社会关系上而有所差别。"

基于对尊亲属之敬爱或报恩之自然情爱以及普通伦理,不能自圆其说,更不能认为基于合理根据之差别而予以正当化。

因此,《刑法》第 200 条尊亲属杀人罪之法定刑,大大超出立法目的的必要限度,且与普通杀人罪之法定刑相比,存在重大不合理的差别待遇,应当被认为违法《宪法》第 14 条第 1 款。

这样,最高法院在解释宪法的平等条款时,比较立法目的和达到目的的手段,认为立法手段超出正当合理的范围,认定刑法第 200 条违宪。需要说明的是,本判决之前,最高法院认为"《刑法》第 200 条规定不违反《宪法》第 14 条第 1 款"①,因此本判例是对先前判例的变更。

2. 法令适用违宪

如前所述,虽然法令本身是合宪的,但它在适用于该案件的当事人时是违宪的,这就是所谓法令适用违宪。在附随型违宪审查的模式下,法院对具体案件中的宪法争议进行附带审查,其违宪判决原则上具有"个别效力",即只对个案适用。"法院即使做出法令违宪的判决,判决书中往往有'限于在适用本案当事人这一点上构成违宪'之类的说明,为此有必要从上述'法令违宪'的类别中区分真正的'适用违宪'。"②日本的"家永教科书检定事件第二次诉讼"的一审判决被视为是有关适用违宪的判例。③

事实概要:

家永三郎撰写的高中教科书《新日本史》自 1953 年被检定合

---

① 详见昭和 32 年 2 月 20 日最大判,刑集一一卷二号,第 824 页;昭和 38 年 12 月 24 日最高法院小法庭判决,刑集十七卷一二号,第 2537 页。

② 芦部信喜、高桥和之:《宪法判例百选之二》(第 3 版),有斐阁 1994 年版,第 419 页。

③ 野中俊彦:《宪法诉讼的原理和技术》,有斐阁 1995 年版,第 270 页。

格后,一直被用做日本高中教科书。但1963年文部省判定该书不合格。此后,在1964年家永接到文部省附条件合格,所附条件是对教材中300余处的修改意见。家永不服,向东京地方法院提起国家赔偿诉讼,要求国家赔偿因检定而遭受的精神损失和版税损失。这就是所谓第一次家永诉讼。

1966年,家永对《新日本史》中34处做了修改,再次向文部省申请检定,文部省再次对其中6处做出不合格的检定结论。于是家永提起诉讼,要求撤销该不合格的检定决定。此次诉讼被称为第二次家永诉讼。

家永认为,文部省的决定违反了《教育基本法》第10条[①],不当干涉教育自律性;《学校教育法》第21条第1款规定的教材检定制度本身违反《日本国宪法》第21条[②]、第23条[③]和第26条[④],侵害了该条文所保障的学术自由和受教育权利,同时检定程序也不符合宪法第31条[⑤]关于正当程序的规定。

第一审法院判决文部省教科书检定制度决定不违反宪法,但做出检定不合格的决定是违法和违宪的。第二审法院未做出宪法判断,而是认定文部省滥用自由裁量权。日本最高法院撤销原判,

---

[①] 日本《教育基本法》第10条:"教育不受不正当的支配,直接对全体国民负责。教育行政必须在自觉的基础上,以确立和完善为实现教育目的所必需的各项条件为目标。"

[②] 《日本国宪法》第21条:"保障集会、结社、言论、出版及他一切表现的自由。不得进行检查,并不得侵犯通信的秘密。"

[③] 《日本国宪法》第23条:"保障学术自由。"

[④] 《日本国宪法》第26条:"全体国民,按照法律规定,都有依其能力所及接受同等教育的权利。全体国民,按照法律规定,都有使受其保护的子女接受普通教育的义务。义务教育免费。"

[⑤] 《日本国宪法》第31条:"不经法律规定的手续,不得剥夺任何人的生命或自由,或课以其他刑罚。"

发回重审。"法令适用违宪"就是针对第一审判决而言。

东京地方法院的第一审判决①也被称为"杉本判决",理由如下:

(1)《学校教育法》第21条第1款规定的教材检定制度,只要不涉及对教科书思想内容的审查,即不能认为侵犯《宪法》21条规定的表达自由……检定的权限、标准和程序等哪些应当由法律规定,哪些范围可以由命令等来规定,属于立法裁量的范围,不直接违背依法行政原则,不能断定其违宪。

(2)对教科书的检定应当限于书写错误、排版错误、其他明显错误、装订等技术性事项以及内容是否在教育课程大纲之内等方面,如果检定超出上述范围而审查教科书的内容是否妥当,那么这种检定行为就违反了《宪法》第21条第2款和《教育基本法》第10条。

因此,教科书检定制度本身不违反宪法,但本案中的检定不合格的决定是对思想、内容的事前审查,因此违反了《宪法》第21条第2款《教育基本法》第10条。

本案中,"虽然法令本身是合宪的,但执行法令的人却以侵害宪法所保障的权利、自由的形式加以适用,在这种场合下,其解释和适用行为是违宪的"②。

二、国家具体行为违宪判断方法

这种情形通常是国家机关公务人员实施的事实行为违反宪法。在法制完备的情况下,国家机关公务人员的行为通常是依据

---

① 昭和45年7月17日东地判,《判例时报》604号,第10页。
② 芦部信喜、高桥和之:《宪法判例百选之二》(第3版),有斐阁,第421页。

某种法令做出的,因此,如果其行为违反宪法,也通常是行为所依据的法令违宪或适用法令违宪,从而这种行为通常被包含在抽象违宪行为类型中;在日本,所谓国家具体行为违宪,也通常指国家机关公务人员实施的事实行为违反宪法。国家事实行为违宪的典型例子是日本福冈地方法院和大阪高等法院对日本现任首相小泉纯一郎以公职身份参拜靖国神社违宪判决。

日本福冈地方法院在2005年4月22日判决日本首相小泉纯一郎在2001年8月13日参拜靖国神社违反了《日本国宪法》政教分离的原则①。这是日本法院对首相以公职身份参拜靖国神社做出的违宪判决,判决做出后原告和被告双方都没有上诉。

中国台湾原住民高金素梅等188名原告,因战争中的死难亲属被合祭在靖国神社,认为小泉参拜给他们带来了精神上的痛苦,于2003年2月向大阪地方法院提起诉讼,反对靖国神社合祭台湾战死者,并要求日本国家、小泉首相和靖国神社给每位原告1万日元的损害赔偿。2004年5月,大阪地方法院做出一审判决,不认为小泉参拜是公职行为,驳回原告的诉求。同年6月,原告向大阪高等法院提出控诉。2005年9月30日,大阪高等法院对台湾原住民做出二审判决,认定小泉参拜属于公职行为,违反宪法,但原告的赔偿请求被驳回。这是围绕控告小泉参拜靖国神社的一系列诉讼案中首次在二审做出违宪判决。

主审此案的大阪高等法院审判长大谷正治在判决中指出:小泉参拜靖国神社时有秘书陪同、乘坐公车、签名为"内阁总理大臣"、把参拜视为活动公约之一、不明确表示是私人参拜,通过这些

---

① 《日本国宪法》第20条第3款:"国家及其机关不得从事宗教教育及其他任何宗教活动。"

可认定小泉参拜是"从事宗教性质活动"的公职行为;另外,首相宣称每年参拜,并且不顾国内外的强烈谴责,每年实施参拜,这种做法会使人理解为"国家只与靖国神社的意识有所关联",给人以"国家特别支持靖国神社"的印象,违反了《日本国宪法》第20条中所规定的政教分离原则。

第三节 日本违宪审查的基准

宪法诉讼中的宪法判断的终极目的只有一个,即实现宪法的价值。法院在进行宪法判断的过程当中,其实是在进行宪法价值的排序。而宪法价值的核心内容是人权保障,那么在宪法诉讼当中,对于人权价值的排序法院遵循了怎样的一个基准,成为焦点问题。在这里,必须要区分一个概念,即,审查基准与宪法判断方法。从实质而言,审查基准也是一个判断方法,但相比宪法判断方法,其使用的范围更为狭小具体,而且具有个别性。法院在审理中适用的审查基准,相比较而言容易使其定型化,具有较大的实用性。

在考察违宪审查的基准时,首先不得不提到"二重基准的法理"。此外,根据法院对于法令违宪的审查程度,可以分为最小合理性审查基准,中间合理性审查基准和严格的审查基准三种类型。

一、二重基准的法理

所谓二重基准的法理,是指对规范精神自由的法律的合宪性判断的基准比规范经济自由的法律的合宪性判断基准严格的审判理论。从这一点可以看出,在人权的价值排序中,精神自由方面要高于经济自由方面。

二重基准的法理,最早确立于美国,日本法官模仿美国的做法而主张引入日本的宪法诉讼。这一主张的主要理由有:1.日本宪法的基本构造是基于民主政治的,这一点与美国宪法是相同的;2.从宪法条文来看,对公民的精神自由是没有任何限制的,与此相反,对经济自由权,根据"公共利益"原理,预先对财产权和职业选择自由作了限制①。但是,经济自由与精神自由的价值差距是否真的存在,对国民的物质生活的保障是否真的不重要,是二重基准不能够完全明确的问题点。

对于二重基准最早在1969年的不道德的繁荣②事件中田中二郎法官的反对意见中涉及到"宪法第21条保障的言论出版以及其他一切言论自由、宪法第23条所保障的学问的自由,与宪法所保障的其他更多的基本人权不同,是民主主义的根本,这些权利的保障是非常重要的。不仅仅停留于书面的保障,应当切实实行。以'公共福利'的名义,以及出于立法目的的考虑而限制上述自由是绝对不允许的,从这个意义上而言,可以称为绝对的自由……"此后,二重基准成为最高法院在对人权保障问题进行判断时的多数意见。

芦部信喜教授对二重基准进行了发展,他强调"二重基准说"基本思想的同时,主张对经济自由进行规范的立法当中,一定会有必须服从于严格司法审查的类型。相反,对规范精神自由的立法,一律采取严格基准也是不妥当的,按规范经济自由的立法来看待的领域也是存在的。芦部教授主张将三种(三重)基准论适用于日本宪法上,对经济自由的规范,要看到以下两种:一是为防止对社会公共安全和秩序带来危害的事情的出现而采取的消极的、带有

---

① 胡锦光:《违宪审查比较研究》,第108页,中国人民大学出版社2006年5月。
② 最大判昭44、10、15刑集23卷10号,第1239页。

警察目的色彩的规范;二是建立在福利国家思想下的社会、经济政策性规范。表明了对第一种规范场合下的合宪性判断基准要严格与第二种(该领域内就有"被加重的合理性审查基准"、"合理性的审查基准"之分)。对于基于性别、非嫡生、非本国国籍、经济能力而区别对待的立法,或者重要人权、社会公益等差别性立法,要加重"合理性标准"。这个区别的正当性目的与"实质的关联性"的存在,被要求为合宪性的条件。受此强烈影响,对与平等条款相违背的案件的审查基准的要求将更加严格(适用"严格的审查基准")。也就是说,审查基准变成了"严格的审查基准"、"中间合理性审查基准"、"最小合理性的审查基准"[①]三个基准。

二、最小合理性审查基准

最小合理性审查基准,是指日本法院在对法律法规的合宪性进行审查时,作为最基本的原则是对该法律法规的立法目的和立法手段是否合理进行审查。如果只是单纯的对合理性进行论证,而不进行深入审查的方式,称之为最小合理性审查。

从前文中的分析可以看出,在最小合理性审查的方式下,利用立法裁量论、比较衡量法、公共福祉论等审判法理进行审查,对于立法机关的政策决定不进行深入的审查判断,而仅仅对法律法规的立法目的和立法手段的内容进行合理性审查的话,结论大多数都是合宪,因此可以说,在最小合理性审查的背后,合宪预定原则起着重要作用。

在很多日本最高法院的案例中可以看到最小合理性基准的使

[①] 胡锦光:《违宪审查比较研究》,中国人民大学出版社2006年5月,第110页。

用。其中代表案例,在堀木诉讼①判决中,最高法院认为"除去不得不认为明显的、不合理的裁量的情形",法院的司法权应当自律行使;在零售市场诉讼②判决中对于争议焦点的零售商业特别调整措施法所规定的零售市场的限制,"国家从社会经济的发展的角度制定中小企业保护政策,其目的不得不认定其具有合理性。此外,限制的手段及形式,除非明显的不合理否则必须认可其合法"的判决理由,表明最高法院对于营业自由的限制,一般采取最小合理性基准。也可以说,在对于社会福祉、经济活动的限制立法的审查,一般都采取这一基准,但极少数的个别现象的存在也不可以否认。

综上,最小合理性基准的特点有:第一,运用这一基准,法院不会对立法事实深入审查;第二,对于提起宪法诉讼一方而言,由于法院会优先于受限制一方,考虑限制法规获益方的利益,存在着不利;第三,采用此标准的宪法审判不会对现存的宪法秩序产生影响。

日本法学界存在着法院运用最小合理性基准进行宪法判断,存在着司法权对于行政权所表现的软弱会导致宪法秩序的形成过程中会产生问题的担心。

三、中间合理性审查基准

所谓中间合理性审查,就是介于最小合理性审查和严格的审查基准之间的审查。从名称中我们就可以看出,中间合理性审查的审查力度比最小合理性审查力度强,而弱于严格的审查基准。即,在对法律法规的宪法判断中,不是单纯的仅考虑合理性,对于

---

① 最高法院案例集昭和 57、7、7 民集 36 卷 7 号,第 1235 页。
② 最高法院案例集昭和 47、11、22 刑集 26 卷 9 号,第 586 页。

法律法规的重要性以及目的与手段之间的关联性进行审查。

从法院的案例当中可以看到该基准的适用。例如在东京高等法院1993年对非婚生子的财产继承诉讼①做出的判决中,认定民法第900条4号但书违反了宪法14条,理由是"以社会身份为理由进行区别对待,是与尊重个人意志和努力原则相违背的。基于个人尊严及人格价值平等的宪法精神,对于该规定的合理性审查而言,对于立法目的和目的与手段之间的实质关联性的审查是非常重要的。"最高法院对于该诉讼的审判中②,作为少数意见的部分法官的意见"在本件中……,单纯合理性的存在本身都应该受到怀疑"也涉及到了这一基准。

中间合理性审查基准最重要的特点就是,与最小合理性基准以及严格审查基准不同,它具有可以推导出合宪的结论,也可以推导出违宪的结论的柔软性。同时这一柔软性也是最大的一个问题。即,既然能够推导出两种不同的结论,那么最终决定结果的标准是什么?结果既然不是违宪就是合宪,那么为什么不是用最小合理性基准或者严格审查基准?这一问题的解决,还有待于更多的案例的积累和相应的理论论证。

四、严格的审查基准

所谓严格审查基准,是指法院对于法律法规的立法者的立法目的,排除合宪推定原则,进行深入审查。为达到审查的目的,对于宪法所保障的基本权利和自由,立法者为什么要加以限制,这种限制是否是最小限度的限制,以及对于人权的限制和禁止是否达

---

① 东京高等法院判决,平成5、6、23高民事集46卷2号,第43页。
② 最高法院大法庭判决,平成7、7、5民事集49卷7号,第1789页。

到了合理、必须的程度等内容要予以查明。

在适用严格审查基准当中,限制是必须的、最小程度的证明责任由立法者来直接承担,审查是非常严格的。在最高法院的案例当中,寻找适用严格审查基准的案例是非常困难的。在地方法院的案例当中却可以找到。例如,在松江地方法院出云派出法庭做出的公职选举法中禁止挨家挨户访问规定违宪判决[①]中,对于公职选举运动的挨家挨户访问的禁止理由进行深入的分析后,认为该禁止规定超过了合理的、最小必要限度,违反了宪法第21条对于言论自由保障的规定,认定无效。另外在同一诉讼的高级法院审理阶段,广岛高级法院松江支部认为,是否超过了必要、最小的限度的审查方法,应当为"通过禁止该类型的行为是否同时也限制了该类型之外的表达思想自由的行为,以及禁止的目的、目的与行为之间的关联性、由于该禁止性的规定所产生的不利后果所达到的程度等,均应当予以审查"。

对于严格审查基准而言,由于最高法院并没有相应的案例,因此如何使用是面临的一个重要问题。一直被指责过于消极的最高法院,对于立法者的行政机关能够采取的态度,其实是显而易见的。这里值得一提的是,最高法院在很多案例当中对于应当采取严格审查基准的事件,例如对涉及精神自由领域的限制而提起的争议,却采取了类似于合理性基准的最小限度的判断基准,从而做出了合宪判决,这一点与二重基准的法理存在着矛盾。

---

① 松江地方法院出云支判,昭和54、1、24 判时923号,第141页。

小　　结

　　本章主要介绍了日本违宪审查的理论和违宪审查的方法。在本章的第一节中，重点阐述了宪法回避原则即在诉讼中回避进行宪法判断的手法。对这一原则的阐述，表明了日本宪法审判中的一个倾向即只有宪法问题的判断是解决该诉讼的必需的时候才能运用宪法判决。在这个原则之下，法院采取了一些手法来回避宪法判断，包括：统治行为论、合宪限定解释论、立法裁量论、利益衡量论、公共福祉论等等，在本章的第一节中通过具体案例对这些手法进行了详细介绍，在此不赘。本章第二节中，阐述了日本法院违宪审查判断方法。该节从国家抽象行为违宪判断方法和国家具体行为违宪判断方法两个方面来分析。国家抽象违宪行为主要是指法令本身违宪和法令适用违宪，国家具体违宪行为通常是指国家机关工作人员实施的事实行为。本章的第三节中，主要介绍了一个与违宪审查方法相区分的概念，即审查基准。该节提到的基准也是一种判断方法，只是使用范围更为狭小具体且具有个别性，在这一节中重点介绍了二重基准的法理、最小合理性审查基准、中间合理性审查基准、严格的审查基准这四种审查标准。

第五章 日本违宪审查的具体程序

　　日本现行法律制度没有专门的违宪审查程序,法院的违宪审查权是在民事诉讼、刑事诉讼和行政诉讼中行使的。由于日本违宪审查权由各级普通法院行使,在审查模式上属于美国附随型审查,为此,如果有人欲提起宪法争议请求法院审查,必须先依照《民事诉讼法》、《刑事诉讼法》和《行政诉讼法》规定,提起相应诉讼,然后在该诉讼中针对宪法问题附带提出宪法争议事项。而依照现行的三大诉讼法和其他法律规定,当事人无法直接向最高法院提起诉讼,因此任何违宪争议最初只能先由下级法院受理审查,然后再上诉至高一级法院或者最高法院,由最高法院对具体诉讼中涉及的宪法争议,做出终审审查。因此,日本违宪审查的程序,是以提起民事、刑事和行政诉讼程序中诉讼的要件、诉讼的审判系属相关的要件或审判终了相关的要件为前提的。法院对违宪审查的实体判断是在这一系列程序中实现的,这些程序多表现为法律技术上的特征。应当说这种法律技术色彩很浓,其中有法院政策上的判断。也就是说,法院在预测进入宪法的实体判断是否适当时,要处理诉讼的入门问题。比如,对于环境权诉讼,日本哪个法院都不认为环境权是有宪法依据的权利,这样的政策判断缩小了这一权利救济方式的诉讼途径。

日本学术界在论及法院审查个案中的宪法争议时,大量使用"宪法诉讼"一词。通常,"在民事诉讼、刑事诉讼和行政诉讼中,任何当事人提出宪法争议的主张,该诉讼即可称之为宪法诉讼。"[①]但由于日本在制度上没有独立的宪法诉讼程序,因此所谓"宪法诉讼"也不是一种特别类型的诉讼,仅仅是一个学术性概念,是现行诉讼法规定的一般诉讼类型,分别是民事诉讼、刑事诉讼和行政诉讼,也就是在涉及宪法争议的具体诉讼。

涉及法院违宪审查权的"宪法诉讼",不仅在本质上属于"司法权"的范围,而且在具体的程序上必须具备"司法权"行使的要件;而且,一旦"宪法诉讼"符合"司法权"行使条件,在具体的诉讼程序中,法院就必须在司法权范围内处理违宪争议。因此,在解说涉及宪法争议的"宪法诉讼"程序之前,必须先搞清"司法权"的概念、对象及范围,笔者在第二章已做详细论述,在此不再赘述。

第一节 提起违宪审查请求的要件

从《日本国宪法》第 76 条关于司法权的规定和第 81 条关于违宪审查制度的规定,以及《法院法》第 3 条(法院的权限)是不可能直接导出涉及违宪审查之具体诉讼程序,也就是说日本的司法审查并没有具体的诉讼制度。如果要探讨日本违宪审查的提起程序,基于法律设定的制度,考察判例所形成的违宪审查的程序要件,特别是最高法院判例形成的法理,对于把握宪法诉讼的提起要件,是很重要的。

[①] 户松秀典:《宪法诉讼》,有斐阁 2000 年版,第 1 页。

一、事件性

1. 含义

事件性也被称为讼争性或具体的事件性,"事件性的要件是指对于诉讼,关于具体权利义务以及法律关系的存否的纷争必须存在。宪法诉讼,事件性必须充足,不被认定事件性的宪法诉讼,不会受到实体判断,而被驳回。"[①]事件性是司法权介入的一个本质要件,而宪法诉讼并没有独立的诉讼制度,因此,宪法诉讼必须具有其他诉讼的构成要件,要具有事件性,否则法院不予受理。另外,事件性与《法院法》第3条所称"法律的争讼"作为同样的含义被使用的情况较多,其与"法律上的争讼"是一体之两面。

事件性的要件之所以是宪法诉讼提起的要件,是因为最高法院通过判例确立日本违宪审查制是美国式的司法附随审查制,即违宪审查权不能抽象地行使,必须是以解决具体争讼事件为前提。事件性的要件,具有确保司法权的行使不侵害立法、行政权的性质。

宪法诉讼中,即使被认定事件性充足,不一定能得到法院的宪法判断。法院可以避开宪法判断而解决事件。即使如此,在司法权的职能上来讲,法院的行为是妥当的。因此,法院进行宪法判断,不是解决纠纷的目的,而是解决纠纷的手段。

2. 判例解释

事件性要件在日本违宪审查制的实施的同时,成为几个宪法诉讼的争议点。法院通过以下判例,确立了要件的基本原则。

前面考察过的1952年警察预备队违宪诉讼中,最高法院以

---

① 户松秀典:《宪法诉讼》,有斐阁2000年版,第79页。

"不是关于具体法律关系的纷争,所以本诉讼不合法。对于这样的诉讼不仅最高法院,任何地方法院也没有审判权"的理由,即"事件性不足"为理由驳回原告请求。在此判决做出之后,法院在各个确认日本的违宪审查制度是附随违宪审查制度的案例当中,将事件性作为了审判权形式的基本要件,此后从未变更过。因此应当关心的是法院对于事件性的要件判断基准的具体形成过程,对此,有以下代表案例。

自卫队的存在被两次提起违宪诉讼,法院全部予以驳回。其中的一起,原告提起诉讼理由是,"战争是公害,政府为了日本的防卫,拥有武器装备、增加军力,并为此进行的国费支出,是诱发战争的违宪行为。要求政府解除武器装备,禁止对此进行国费支出"。原告在请求中,主张政府的行为构成了对原告的不法行为。第一审法院认为"原被告之间的争议不具有事件性",将原告诉求驳回。[1] 在二审中,原告请求将自己居住地附近的军事设施撤去,也就是将诉讼方式变更为环境权诉讼的方式,法院认为"很难认定原告的诉求是作为一个日本国民要求日本政府转换国防政策",以缺乏事件性为由驳回了原告的请求。[2] 这一判断得到了最高法院的全面支持。[3]

此外,在上述诉讼结束后,原告再次向法院请求停止支付国防费用,主张对《自卫队法》以及依据此法而存在的自卫队违反《日本国宪法》第 9 条,对此,法院坚决地予以了拒绝。[4]

---

[1] 昭和 49 年 10 月 3 日名古屋地判,《判例时报》767 号,第 25 页。
[2] 昭和 50 年 7 月 16 日名古屋高判,《判例时报》791 号,第 71 页。
[3] 昭和 52 年 4 月 19 日最高法院第三小法庭判,税务诉讼资料九十四号,第 138 页。
[4] 昭和 58 年 6 月 28 日名古屋高判,行集三十四卷六号,第 1049 页。

作为司法权的要件,法院在实体判断上对其进行解释,把握违宪审查请求的入口,这种实体判断也体现了法院对不同问题的政策。同时也表明,对事件性的内容的判断基准,并没有固定的模式,是抽象的难以把握的。对于基本人权救济为内容的宪法诉讼的事件性要件,在掌握标准上是否应当相对宽松一些,在日本法学界存在着这样的呼声。

二、当事人资格

在日本诉讼制度中,起诉方与被诉方的对立原则称作当事人主义。当事人主义也是日本诉讼制度的基础。无论在民事诉讼、刑事诉讼还是行政诉讼中,对于当事人的主体资格都要进行审查,涉及宪法争议的宪法诉讼当然也不能例外。在民事及行政诉讼中对原被告双方的资格进行审查,而在刑事诉讼当中,起诉权是由检察机关来行使,所以不存在原告的资格审查的问题。在宪法诉讼中,主体资格的问题主要是当事人是否有权对宪法上的争议点提起诉讼的问题。

1. 民事诉讼和行政诉讼中的当事人资格

民事诉讼中当事人资格具备是指"当事人对于作为诉讼标的之特定的权利或法律关系可以实施诉讼并请求本案判决的资格"[1]这种资格或地位在日本民事诉讼法学理论上也被称为"诉讼实施权",具有这种资格或地位的人就是"正当当事人"。因此,"当事人资格、诉讼实施权与正当当事人一般是被同义使用的"[2],"当

---

[1] 新堂幸司:《新民事诉讼法》,弘文堂1998年版,第188页。
[2] 中村英郎:《新民事诉讼法讲义》,陈刚、林剑锋、郭美松译,法律出版社2001年4月版,第54页。

事人资格具备也被表述为正当当事人或诉讼实施权"[①]。基于当事人最基本的分类——原告和被告,当事人资格具备也可以分为原告资格具备和被告资格具备。

民事诉讼中当事人资格具备的基本原理也适用于行政诉讼当中。由于行政诉讼中被告相对确定,通常是做出行政处分的行政机关,因此,行政诉讼中更突出的是原告资格具备的问题。关于行政诉讼中的原告资格具备,最高法院判例通常解释为"法律上保护的利益"。[②]

2. 当事人资格具备的一般要件

一般来讲,通过相关判例解释,诉讼当事人的资格要件有以下三点。

(1) 当事人必须是因自己的权利或者利益受到损害而提起诉讼

这是诉讼制度的根本,当事人只能为自己的权利和利益提起诉讼,而不能为他人的利益起诉。宪法诉讼也是遵循这一基本原则。有时也会有一些特殊情况发生,比如说对于他人的行政处分而提起的诉讼等。对于这些特殊情况日本最高法院往往通过判例来加以确定。比较有代表的判例是日本最高法院在1962年对于违反《公共浴池法实施条例》的规定,给予第三者营业许可而损害了现营业者利益事件的判决。在判决中,日本最高法院认定违反公共浴池法的规定做出的给予第三者营业许可的行政处分,损害了现营业者的营业利益,现营业者具有原告资格。[③] 另外,在一些

[①] 高桥宏志:《民事诉讼法——制度与理论的深层次分析》,林剑锋译,法律出版社2003年12月第1版,第206页。

[②] 盐野宏:《行政法》,杨建顺译,法律出版社,1999年4月第1版,第337页。

[③] 昭和37年1月19日最高法院第二小法庭判,民集十六卷,第57页。

有关环境权诉讼当中日本最高法院及地方法院没有认定原告的资格,也表现出日本法院在主张宪法上的权利自由的诉讼中,对于当事人资格要件所掌握的尺度在出现变化。

(2) 对于该诉讼或者事件的处理有必要的争议焦点可以主张

在附随违宪审查制度下,对于仅仅是主张自己希望的宪法秩序得到保障,而与该诉讼的处理结果没有直接必要的利害关系的违宪主张,法院会认为此情形下的宪法判断对于问题解决没有任何关系,因而拒绝做出实体判断。因此,对于提起诉讼的当事人要求与诉讼的处理结果有着直接利害关系,并且有可以主张违宪的争议焦点。在京都酒店建设工程的停止申请事件中,京都地方法院驳回了申请人京都佛教协会的请求,就是基于申请人的主张中没有明确的利害关系。

(3) 在其他适当的救济手段用尽的情况下提出诉讼

这一规定在行政诉讼中特别明显。比如说行政复议前置的规定,虽然随着《行政事件诉讼特例法》中的行政复议前置主义被废止,有关行政处分的纠纷,不必提起在行政厅事先进行不服决定的申请,但是有个别法律仍然存在着这样的规定,经常有不经此手续而被法院驳回起诉的判例。例如在有关议员定数不均衡诉讼当中,根据《公职选举法》第202条的规定,在对地方议会议员定数不均衡而向高等法院提起诉讼时,应当先向选举管理委员会提出异议等。很多法律规定了这样的前置程序,也就是所谓的其他救济手段。

在上述基本要件满足后,并不表明就具有了当事人资格,在宪法诉讼中还存在着特有的问题。例如在宪法诉讼中往往提出的违宪主张涉及到宪法秩序的形成问题,虽然具有了前述的诉讼资格要件,但是还涉及到原告的违宪主张的广泛性。这也是宪法诉讼当中应当特别注意的问题。还有一个问题就是一方当事人是否有权主张对方当事人的行为侵害了第三人的宪法上的权利,而进行争讼的问题。最高法院最初在第三人所有物没收事件中做出了否定的判断,[1]但是在1962年的判决当中,认定第三人有利害关系,做出了肯定的判断。[2] 此案例中,宪法29条所保障的财产权作为第三人的权利被主张,产生了第三人主张宪法上的权利的适合性的要件是什么的问题。日本最高法院虽然对于此问题抱着容忍的态度,但是对于构成要件并没有形成规范化,法院的裁量余地还很大,是一个还需要探索的课题。

三、诉的利益

1. 民事诉讼中诉的利益

民事诉讼中的诉的利益是"为了考量请求的内容是否具有本案判决之必要性以及实际上的效果(实效性)"而设置的要件[3]。诉的利益的内容在于纠纷解决的必要性与实效性,当原告认为存在纠纷解决的必要性与实效性时,就可以向法院提起诉讼。

"诉的利益是需要根据具体诉讼情况,并紧密结合请求的内容来做出判断的要件,在这一点上,诉的利益与作为'与案件内容无关'之一般性事项的其他诉讼要件形成鲜明的对比。"[4]

2. 行政诉讼中诉的利益

如前所述,在民事诉讼中,原告要求就其请求做出本案判决的必要性和实效性,作为诉的利益来讨论。"在行政诉讼中这个道理

---

[1] 昭和35年10月19日最大判,刑集十四卷十二号,第1574页。
[2] 昭和37年11月28日最大判,刑集十六卷十一号,第1593页。
[3] 新堂幸司:《新民事诉讼法》,弘文堂1998年版,第172页。
[4] 新堂幸司:《新民事诉讼法》,弘文堂1998年版,第168页。

仍然适用。也就是说即使行政厅的行为具有处分性,而且也具有原告资格,但只要在现实上没有撤销该处分的必要时,起诉将不被受理。这就是除了处分性、原告资格以外的狭义上的诉的利益,或者称之为单纯的诉的利益。狭义的诉的利益有各种各样的类型:

(1)一旦处分的效果完成,诉的利益便消灭。

(2)常有因时间的经过,本体处分的效果完成的情形。

(3)当行政处分因为撤回等情况失去效力时,该处分撤销诉讼的诉的利益便消灭了。

(4)在通过撤销判决依然不可能恢复原状的情况下,有时也被认为没有诉的利益。

(5)有时因为原告死亡而诉讼的继承不被承认,因而认为诉的利益便已消灭。"[1]

对旧行政法院判决的案件,在新《宪法》下,原告是否有诉的利益?

"被上诉人主张,上诉人对该机关有关退休金的请求已经当时旧行政法院判决,上诉人对被上诉人市长的退休金之请求予以驳斥的处分已经确定。因此不论上诉人退休金请求权存在与否,本案也应认为上诉理由不当。依旧市制(明治四十四年法律第六十八号)市政府职员之退休金请求权应视为公法上的请求权。在旧宪法下,有关此项退休金请求权不由普通法院救济,应由行政法院审判。而旧行政法院已经被废止,公法上之事项与私法上的权利相同,有关权利之争讼在现行宪法下,均得向普通法院起诉。故即使旧宪法所承认终审而且唯一救济方法的旧行政法院判决所确定

---

[1] 盐野宏:《行政法》,杨建顺译,法律出版社,1999年4月第1版,第343、346页。

的权利关系,如现在仍有诉的利益,也可以向普通法院提起诉讼。

着眼于新《宪法》下司法权的内容,旧行政法院的判决仅为行政机关的一种处分,即使依旧行政法院的判决,当时的权利关系已经确定,也应当认为在现行宪法下尚未受司法权的救济。"①

大阪高等法院也做出了类似的判决。"无论公法上还是私法上的事项,凡属于权利关系的争讼,均可以向法院起诉。在旧宪法下所承认最终且唯一救济方法的旧行政法院之判决所确定公法上权利关系,如现在尚有诉的利益,则应解释为可以向法院提起诉讼。"

3. 诉的利益与当事人资格具备的关系

当事人资格具备和诉讼利益之间存在着很大联系。"从诉权概念的角度来看,也可以将诉的利益与当事人资格具备置于诉权的客观利益与诉权的主观利益的地位。"②因此,诉的利益是诉权当中的客观利益,是从纠纷解决的必要性及时效性之客观层面来予以考虑的概念;与此相对,当事人资格具备诉权中的主观利益,是从纠纷解决的当事人主观层面来予以把握的概念,两者统一于诉权的概念中。

总之,如上所述,由于法院通过将提起诉讼的要件严格化,限制做出实体判断的机会,时而采取回避态度,在违宪程序上把住入口,因而,可以说在违宪审查程序上,围绕调整司法权的权限行使的政策考虑是当然的。

---

① 昭和33年8月29日大阪高,行裁例集九卷十号,第2238页。
② 兼子一:《民事诉讼法体系》,酒井书店,昭和29年版,第153页。

第二节　具体审查程序

一、当事人提起宪法争议

当事人若希望法院对本案中涉及的宪法争议做出审查，则宪法争议理论上应当由当事人在诉讼中提起，这种观点的法律依据是《法院法》第 10 条第 1 款，"基于当事人的主张，对法律、命令、规则或者处分是否符合宪法的规定进行审查时（大法庭此前有处理意见，并且主张法律、命令、规则或者处分是否符合宪法的审查是基于相同的情况除外）"由大法庭审判。该条第 2 款规定"除上述情形外，认为法律、命令、规则或者处分是不符合宪法的规定时"，也应由大法庭审查。该款能否解释为"除第 1 款规定的情形外，当法院认定法律、命令、规则和处分不合宪时，法院也应当做出违宪判断"？对此，学说和实务原则上认为这种解释不妥，理由是"法院如果认为有解决争议宪法问题的需要，可以行使诉讼指挥权，让当事人提出宪法争议的主张，因此法院不应当也没有必要让当事人在没有提起宪法争议的情况下，主动做出宪法判断。"[①]

当事人应于何时向法院提起宪法争议？学说普遍认为，"违宪主张应当在原审时提出。如果当事人于原审时未提出违宪之主张，则不得以任何违宪主张作为上诉理由"。[②]

当事人如何主张法律违宪？学说分析实务之见解，当事人大致可以通过两种方式来主张法律违宪：一是主张法律违反宪法绝对禁止性规定，二是法律限制之程度超过宪法所容许的限度。[③]

[①]　松井茂记：《日本国宪法》（第二版），有斐阁 2000 年版，第 105 页。
[②]　松井茂记：《日本国宪法》（第二版），有斐阁 2000 年版，第 105 页。
[③]　高桥和之：《宪法判断の方法》，有斐阁 1995 年版，第 95 页。

二、上诉

日本民事诉讼、刑事诉讼和行政诉讼程序中,当事人不服一审法院的判决、决定或命令而向上级法院寻求救济,统称为上诉制度,控诉、上告和抗告均属于上诉。当事人不服下级法院对具体案件中涉及的宪法争议的裁决,可以向上级法院上诉。其中,对一审法院的判决不服而向上级法院上诉称之为控诉;对第二审法院判决不服而向上级法院上诉称为上告(特殊情形下,对一审判决不服可以飞跃上告);对一审法院决定或命令不服而向上级法院申诉也称为上告。

1. 对判决的上诉

由于对民事、刑事、行政案件的一审管辖法院是有差别的,因此对作为二审的控诉审法院和三审的上告法院也是有差别的。

(1) 控诉

对一审法院的判决不服而向上级法院上诉称之为控诉。

日本现行《法院法》第16条规定:"高等法院拥有如下审判权:①受理对地方法院第一审判决、家庭法院判决以及简易法院有关刑事案件判决的诉;……④刑法第77条至79条罪名相关的第一审诉讼。"

第24条规定:"地方法院享有如下审判权:……③除本法第16条第4款规定的控诉以外,对简易法院判决的控诉。……"

第33条规定:"简易法院享有下列事项的审判权:①诉讼额在90万日元以下的民事诉讼案件;②罚金以下刑罚的罪,作为选择刑应处罚金的罪,《刑法》第186条规定之罪,同法第235条规定之罪或者未遂犯罪和同法第252条或者第256条规定之罪的诉讼(第31条之三第1款第3项诉讼除外)。简易法院不能审理应判处禁锢刑以上的案件。但是,《刑法》第130条规定之罪或者其未遂罪,同法第186条规定之罪,同法第252条、第254条或者256条规定之罪,《古董营业法》第31条至33条之罪或者《房屋抵押营业法》第30条至32条相关罪的案件和这些罪与其他关联的罪,根据《刑法》第54条第1项之规定根据这些罪行判断应处以三年以下徒刑的罪。……"

根据以上规定,在民事诉讼中,控诉审法院可以是地方法院(一审法院是简易法院)或高等法院(一审法院是地方法院);刑事诉讼中,控诉审法院都是高等法院。当事人不服一审法院判决对与本案相关的宪法争议的判决可以向控诉审法院提出控诉,请求控诉审法院对与本案相关宪法争议做出判决。

(2) 上告

上告通常是当事人不服控诉审法院判决而向上级法院寻求救济(刑事诉讼中的"特别权限案件"例外)。

日本现行《法院法》第7条规定:"最高法院拥有如下审判权:①上告……"同法第16条规定:"高等法院拥有如下审判权:……③除刑事案件外,对地方法院第二审判决以及简易法院判决的上告;……④《刑法》第77条至79条罪名(内乱罪)相关的第一审诉讼。"另外,《关于禁止私人垄断以及确保公正交易的法律》中第89条至91条规定的犯罪的第一审案件,高等法院也作为一审法院,此类案件和《法院法》规定的"内乱罪"都由高等法院作为第一审法院,因此称之为"特别权限案件"。

日本现行《刑事诉讼法》第405条(上告理由)第1项规定:"下级法院判决违反宪法、对宪法的解释有错误,可以向最高法院提起上告。"同法第406条(飞跃上告)规定:"当事人认为地方法院、家庭法院和简易法院的一审判决涉及违反宪法,也可以直接提出上告。"

日本现行《民事诉讼法》第 311 条(上告法院)第 1 款规定,"对以高等法院作为第二审或第一审做出的终审判决,可以向最高法院提起上告;对以地方法院作为第二审做出的判决,可以向高等法院提起上告";同条第 2 款规定:"在本法第 281 条第 1 款①但书规定的情况下,对地方法院的判决,可以直接向最高法院提起上告;对简易法院的判决,可以直接向高等法院提起上告。"同法第 312 条(上告理由)第 1 款规定:"上告只限于有宪法解释错误或者有其他违反宪法的事项为理由时,可以提起";该法第 327 条(特别上告)第 1 款规定:"对于以高等法院作为上告审做出的终局判决,限于以该判决有宪法解释错误或有其他违反宪法事项为理由时,可以向最高法院再提起上告。"

根据以上规定,民事诉讼和行政诉讼中的上告法院是高等法院或最高法院,而刑事诉讼中的上告法院则只有最高法院,这是刑事诉讼的特色。当事人认为控诉审法院判决(特别权限案件中高等法院的一审判决)对案件相关宪法争议的判决,"宪法解释有错误、判决违反宪法或有其它违反宪法情形",可以向高等法院或最高法院提起上告,特殊情形下也可以越级上告。

至于当事人提起上告的程序,根据《民事诉讼法》、《刑事诉讼法》和《行政诉讼法》相关规定,简要程序如下:

当事人通过原审法院提交上告状,上告状中必须记载所主张的违反宪法的条款(参见《最高法院审判事务处理规则》第 253 条);原审法院对上告进行审查,不符合规定的予以驳回,符合规定

---

① 《日本民事诉讼法》第 281 条第 1 款:"对于地方法院作为一审法院做出的终局判决或简易法院的终局判决,可以提起控诉。但是,双方当事人达成保留共同提起上告的权利而不提起控诉协议的,不在此项。"

的移送上告法院；上告法院再对上告进行审查，不符合的驳回，符合的受理。

另外，《最高法院审判事务处理规则》第247条、248条和249规定，控诉理由仅仅记载为违反宪法或者宪法解释有错误时，控诉审法院可以把案件移送到最高法院；移送的程序是，听取诉讼关系人的意见并获得最高法院的许可。"但是，实际上只主张宪法问题的控诉是很少见的，这种制度（称为移送上告）基本上没有适用过。"①

"合宪性的审查是在审理具体案件时附带进行的，因此如果宪法解释不影响判决，就不能成为上告的理由。另外，当以某种事实的存在与否或者以某种合法的解释作为前提来提出违宪主张时，如果该事实没有得到确认或者法令解释不成立，那么违宪主张就欠缺'前提'，因此是不合法的。另外以第一审判决违反宪法（不是在控诉审提出主张）为上告理由，是不符合对控诉审判决进行审查这一上告审特点的，因此也是不允许的。"②

2. 对决定、命令的上诉

对涉及宪法争议的决定或命令的上诉是特别抗告或再抗告。

《法院法》第7条规定："最高法院拥有如下审判权：……②有关诉讼法规定的特别抗告。"

日本《刑事诉讼法》第433条（特别抗告）规定："下级法院的决定或命令，违反宪法、对宪法的解释有错误，当事人可以向最高法院提起特别抗告。"

---

① 松尾浩也：《日本刑事诉讼法》（下册），张凌译，金光旭校，中国人民大学出版社2005年第1版，第237页。

② 松尾浩也：《日本刑事诉讼法》（下册），张凌译，金光旭校，中国人民大学出版社2005年第1版，第266页。

日本《民事诉讼法》第330条(再抗告)规定:"对抗告法院的裁定,以该裁定有宪法解释错误或者违反法律,明显地影响裁定之理由为限,可以进行再抗告";该法第336条(特别抗告)第1款规定:"对于不得提出声明不服的地方法院和简易法院做出的裁定或命令,以该审判有宪法解释错误或者其他违反宪法的事项为理由时,可以向最高法院提出特别抗告。"

可见,特别抗告、再抗告的理由也是下级法院决定、命令违反宪法、宪法解释错误或其它违反宪法情形。

三、诉讼终结

一般而言,当事人主动放弃相关宪法争议的主张,放弃控诉、上告、再抗告和特别抗告以及最高法院对宪法争议做出终审判决都会导致涉及违宪审查权的宪法诉讼的终结。

在上述程序中,最高法院对宪法争议做出终审判决时,对于违宪审判程序的规定是较严格的。"必须有八名以上法官的一致意见才能进行违宪审判,做出违宪判决时,判决的中心要旨应当在官方报纸上公布,而且应将判决书的正本抄送内阁。若对法律违宪进行判决时,应将判决书的正本抄送国会。"(《最高法院审判实务处理规则》第9条第3项)

小　　结

本章的主要内容是日本违宪审查的具体程序,共分为三个部分。第一部分为概述,指明专门的违宪审查程序是不存在的。因为违宪审查制度是随附型的,所以违宪审查的提起必须要依照民事程序、行政程序、刑事程序提起。第二部分即第一节从事件性、当事人资格和诉的利益三个方面阐述了提起违宪审查请求的要件。事件性是指请求中必须有法律上的讼争,当事人的资格是指民事、行政、刑事诉讼中当事人应当具备的一般要件,通过相关判例,可以归纳为:(1)当事人必须为自己的利益或权利受损而提起诉讼;(2)对诉讼有必要的争议焦点;(3)在其他适当的救济手段用尽的情况下。诉的利益是指诉讼判决与当事人之间的利害关系,本节中具体介绍了民事、行政诉讼中诉的利益。第三部分即第二节,主要介绍了具体审查程序,包括:当事人提起宪法争议、上诉、诉讼终结这三个阶段的具体程序,其中上诉还包括对判决的上诉和对决定、命令的上诉。

第六章 日本违宪审查运作存在的问题及改革思路

第一节 日本违宪审查运作存在的主要问题及原因

一、日本违宪审查运作的主要问题

从战后日本导入违宪审查制度至今,已经50多年了。此间提起了许多宪法案件,法院也做出了许多宪法判断,日本违宪审查制度的运作效果如何,存在什么样的问题?司法审判效果可以分为法律效果和社会效果,其中日本最高法院所做出的宪法判决与下级法院所做出的宪法判决,在法律意义上显著不同,它们所产生的效果也当然不同,而能够代表时代意义的判例无疑是日本最高法院的判例。基于此,笔者首先以日本最高法院的判决为中心简单说明一下日本50余年来违宪审查运作的轨迹。[1]

1. 日本最高法院违宪审查的轨迹

按照典型判例来划分违宪审查制度的发展历程,可以分为四个阶段。第一阶段为1947年—1966年,第二阶段为1966年—1973年,第三阶段为1973年—1980年,第四阶段1980年—1997

---

[1] 详见小林武:《最高法院的判决与议会的关系》,载于《法学家》1037号,第90页;《宪法判例与立法权》,载于《公法研究》第48号,第83页。

年[1]。在每一个阶段,具有代表意义的宪法判例对那一阶段的宪法秩序以及社会产生巨大的影响。对这些具有代表意义的判例进行分析,就可以看到那一时代宪法诉讼的司法审判效果。

从1947年开始的第一阶段,主要特点是日本最高法院以判例的形式确立了日本的违宪审查制的性质,即附随型违宪审查制。另外在有关政治性很强的一些案件的判决中引入了"统治行为论",在违宪审查中表现出的消极倾向,被指责为违宪审查制是有名无实的制度。在涉及公民人权的判例里,以重复抽象的"公共福祉论"的方法做出了一系列的合宪判决。而作为一个显著的转折点的案例就是第一阶段与第二阶段的分界点是1966年关于劳动基本权的全递东京中邮案件判决[2]。此案件在本文第四章已提及,此不赘述。日本最高法院虽最终没有做出违宪判决,但是其在判决中阐述的衡量基准,突破了以往按照"公共福祉论"的解释方法,以具体衡量的方法进行宪法判断,运用合宪限定解释原则为解决宪法所保障的人权与公共福利之间的矛盾问题提供了新的思路,被称为里程碑式的判决。

在日本最高法院做出的7件法律抽象违宪判决[3]中,有一件

---

[1] 小林武:《我国违宪审查的50年——总论的概观》,载于宪法理论研究汇编:《宪法50年的人权与宪法审判》敬文堂1997年版;对于第五阶段的起始时间,作者未做出明确结论。

[2] 昭和41年10月26日最大判,刑集二十卷八号,第901页。

[3] 这7例分别是:(1)关于杀害尊亲属加重处罚的刑法条款违宪的判决(最大判昭48年4月4日);(2)关于《药物法》限制配置距离条款违宪的判决(最大判昭50年4月30日);(3)关于众议院议员定数不均衡违宪的判决之一(最大判昭51年4月14日);(4)关于众议院议员定数不均衡违宪的判决之二(最大判昭60年7月17日);(5)关于森林法的共有林分割限制规定违宪的判决(最大判昭62年4月22日);(6)关于邮政法的赔偿责任限制规定违宪的判决(最大判平14年9月11日);(7)限制"在外邦人"选举权违宪诉讼案(最大判平17年9月14日)。

出现在这一阶段,即杀害尊亲属重罚违宪判决①。该事件的经过是,被告在14岁时被自己的父亲强暴,并且被强迫以夫妻名义生活了十年,其间生育了5个子女。1968年,被告在工作单位与一男青年相爱并考虑结婚。其父亲知道此事后,对被告进行威胁阻挠,百般虐待。被告在无奈之下勒死了其父亲。一审宇都宫地方法院认定刑法第200条的杀害尊亲属重罚的规定违反宪法,以第199条的杀人罪进行量刑,并以防卫过当的理由判决被告免予刑事处罚。但是二审的东京高等法院推翻了一审的判决,认定刑法第200条合宪,否认了被告的防卫过当,以被告的精神问题从轻判决有期徒刑3年6个月,对此,被告上告日本最高法院。日本最高法院认为"刑法第200条规定的杀害尊属的犯罪,与普通杀人罪相比从重处罚的规定,违反了宪法第14条第1项国民在法律面前一律平等的规定,应属无效",从而推翻了东京高等法院的判决。这一判决维护了宪法对于一切国民不因人种,信仰,性别,社会身份,或门第在政治、经济以及社会关系方面受到歧视的规定,所产生的社会影响非常之大。在1995年,刑法中有关对尊属犯罪加重刑罚的条文全部被删除。

第二阶段与第三阶段的分界点是1973年全农林警职法案②。此案也是有关公民基本权利的案件。1958年全农林工会干部5人,为了反对警察官职务执行法的修正,动员工会各县总部统一在上午工作时间进行集会。并于同年11月5日在农林省门前组织了工会成员约3000人在工作时间进行了集会。由于这一行为,这5人被控违反了国家公务员法第98条第5项的规定。一审判决

---

① 昭和48年4月4日最大判,刑事审判集二十七卷三号,第265页。
② 昭和48年4月25日最大判,刑事审判集二十七卷四号,第547页。

与全递东京中邮案件的判决一样,判决被告无罪,但是东京高等法院推翻了这一判决,做出了有罪判决。被告在上告到日本最高法院后,日本最高法院驳回了被告的上告请求。日本最高法院的这一判决,改变了第二阶段所出现的发展趋势,重新回到了过去的保守态度。而这一阶段的特点是日本最高法院在很多关键性的违宪审查案件中采取了较为宽松的审查标准,在政治问题上开始广泛采用"立法裁量论"导出合宪判决。

但在这一阶段,还是出现了两件认定违宪的判决。一件是1975年4月的药店开设距离限制违宪判决①,另一件是1976年4月的议员名额不均衡违宪判决②。这两起违宪判决,本文第四章已提及。

进入第四阶段的80年代后,典型的具有代表意义的违宪审查判决很难看到,但是在第三阶段中看到的包含部分拥护人权的需要的被称为"两面判决"的违宪判决消失了,而且立法裁量论以及规制类型论被经常使用。一直自我抑制的司法审查向能动积极的方向转化的趋势非常强烈③,而且这种趋势持续到了现在。在这一阶段有一件违宪判决,也是与选举有关的议员名额不均衡违宪判决④,其结果与第三阶段的1976年4月议员名额不均衡违宪判决的结果一样。

在第四阶段的90年代后期,出现了日本违宪审查史上代表着新局面的事件。其中代表性的判例有关于外国人政治地位的判

---

① 昭和50年4月30日最大判,民事审判集二十九卷四号,第572页。
② 昭和51年4月14日最大判,民事审判集三十卷三号,第223页。
③ 小林武:《我国违宪审查的50年——总论的概观》,载于宪法理论研究汇编:《宪法50年的人权与宪法审判》敬文堂1997年版。
④ 昭和60年7月17日最大判,民集三十九卷五号,第1100页。

例[1],关于思想信仰自由的判例[2],关于集会自由的判例[3],以及关于宗教信仰,政教分离原则的判例[4]。从这些近时涌现的案例可以看出,随着时代的发展,经济生活的多样化潮流,国民对人权民主越来越重视,以宪法保护自己权利的意识也越来越强烈。

2. 日本违宪审查制度运作存在的主要问题

从上述四个阶段的日本违宪审查判例的发展历程中可以看出,日本最高法院通过行使违宪审查权,对各个方面的很多法律做出了解释。虽然最终做出的法律抽象违宪判决只有 7 例,但还是具有很大影响,促使国会对相关法律进行修改;此外最高法院还以"合宪性限定解释"的手法对某些法律的适用做出限定解释,如本文第四章提到的都教组事件和全递中邮事件,这些判决都在一定程度上发挥了违宪审查制度保障人权的功能。

但从总体上看,日本法院特别是最高法院在行使违宪审查权时采取态度过于消极,违宪审查制度没有充分发挥人权保障的机能[5]。基于此,日本最高法院对待违宪审查采取极端消极主义的态度受到了越来越多的批判。

日本学者在关注法院行使审查权行使时的态度,并且研究宪

---

[1] 平成 7 年 2 月 28 日最高法院第三小法庭判决,民事审判四十九卷二号,第 639 页。

[2] 平成 8 年 3 月 19 日最高法院第三小法庭判决,民事审判集五十卷三号,第 615 页。

[3] 平成 7 年 3 月 7 日最高法院第三小法庭判决,民事审判集四十七卷三号,第 687 页。

[4] 平成 8 年 1 月 30 日最高法院第一小法庭判决,民事审判集五十卷一号,第 199 页。

[5] 户波江二:《司法权与违宪审查制的 50 年》,载于《法律时报》第 66 卷 6 号第 85 页以下。该文的中文本(莫纪宏译,于敏校)载于张福庆主编:《宪政论丛》(第 1 卷),法律出版社 1998 年版,第 328 页。

法秩序的形成过程中的各种样态的时候,会使用司法的积极主义和消极主义的概念。"司法的积极主义和消极主义的概念,在美国的政治学者分析美国最高联邦法院的审判倾向时被使用,因此也被介绍到日本,学术界也展开了关于这一概念的讨论。……所谓司法的积极主义和消极主义,是用来表述在宪法价值的具体实现过程中司法权力是否与政治部门采用了相互独立的宪法判断的一个概念。就是说,如司法权显示了独立的判断,就被称为司法积极主义,如果司法权表示对政治部门的判断的尊重并按照其行事的话,就是司法消极主义。……如果司法积极主义在宪法诉讼的所有场合都得到实行,这就意味着司法权利全面采取了否定或者对抗政治部门的政策决定的态度,因此在司法权力和立法及行政权力之间产生了对立或对抗的局面。相反,如果贯彻司法消极主义,就意味着司法权对于其他政治部门的行为不进行合宪性的控制,因此社会可能对司法权产生不满或者怀疑。但是现实中,最高法院在灵活地运用司法积极主义和消极主义,此外,外界也要求其这样做。就是说,简单地问司法的积极主义、消极主义哪一种更合理,并不是一个恰当的问题。对司法审查的形态提出问题,实际上是提出了如何区别使用司法的积极主义和消极主义这一命题。"[1]

日本最高法院在行使违宪审查权时,明显地表现为对国会和政府判断的尊重,采用了压倒性的司法消极主义态度。首先,最高法院在对受到违宪质疑的立法和处分的合宪性判断时,不作独立的积极判断,而是使用"立法裁量论"、"比较衡量论"、"公共福祉论"等判断手法(参见本文第四章),采取了认可国会和政府所主张的正当化理由的态度;特别是在根据广义的"立法裁量论"、单纯的

---

[1] 户松秀典:《宪法诉讼》,有斐阁 2000 年 7 月 30 号,第 401 页。

"比较衡量法"和"公共福祉论"进行审查的时候,对于政治部门的敬让姿态尤为明显。其次,日本最高法院在许多场合还多以"政治问题"或"统治行为"为由,对许多问题回避宪法判断,完全尊重国会和政府的判断。因此说其采取了极端的司法消极主义立场并不过分。

由于日本最高法院在行使违宪审查权时采取的极端司法消极主义态度,对多数领域决定采取了不介入的方针,仅对少数领域采取和缓介入政策,"如果要问对于某一个特定的宪法诉讼领域,最高法院是否有过积极介入的案例,那么答案应该是否定的。"①实际上将合宪性问题交给政治部门解决,因而难以充分发挥人权保障机能,"违宪的立法审查制度,并没有充分发挥作用。"②

二、极端司法消极主义的原因

日本最高法院对待违宪审查问题上,采取极端消极保守的政策,是多方面原因导致的结果。其中既有美国联邦宪法理论的影响,也有日本自身的特殊原因。

1. 美国理论对日本的影响

诞生于昭和二十二年(1947年)的日本违宪审查制度,在成立之初作为运用主体的日本最高法院及各级法院由于对制度的研究不够充分,在具体运用上表现出了慎重的态度。随着对美国违宪审查制度研究的深入,并基于原有的司法习惯,司法界理论界对于宪法解释宪法判断的慎重态度及回避原则建立了理论基础。其中比较著名的有在1960年—1966年期间担任日本最高法院最高长官(相当于我国的最高法院院长)的横田喜三郎的著作。他对法院

---

① 户松秀典:《宪法诉讼》,有斐阁2000年版,第401页。
② 最高人民检察院法律政策研究室组织翻译:《支撑21世纪日本的司法制度》(中文、日文、英文对照),中国检察出版社2004年1月第1版,第4页。

谨慎行使违宪审查权的理由提出了以下观点①：

(1) 违宪审查权慎重行使的根本原理是三权分立原则

作为近代资本主义国家的基础，三权分立原理将国家权利三分，即分为立法权，司法权，行政权，并且各自独立，相互不受干涉。三权互相牵制，保持平衡，从而防止国家权力的集中，防止独裁的出现。因此，司法权原则上不得干涉立法或行政业务。司法权的主要作用在于解决有关法律的具体纠纷，并因此而做出违法、合法的判断，从而确立相关的权利义务关系。在这里司法机关所适用的法律既包括立法机关制定的法律，也包括行政机关制定的命令、规则。所以司法机关否定立法机关制定法律的效力、不予适用的行为，严格意义上讲，是违反三权分立原理干涉立法权的越权行为，对于行政机关制定的命令、规则也是如此。但是，宪法是国家根本大法，具有最高法律效力，因此，违反它的一切法律、行政法规、命令不具有效力，这是无可置疑的。决定法律、行政法规、命令是否有效，其权力就是法院的违宪审查权。将这一权力赋予司法机关行使，是因为让立法机关和行政机关决定自己制定的法律或者规则是否合宪，其公正性存在欠缺。虽然司法权具有司法解释的职能，但是从这个理由出发给予司法机关违宪决定权，也是违反三权分立的原理。只能说赋予司法权违宪审查的权力是一个例外。所以，违宪审查权的行使必须非常慎重。

(2) 民主主义的理论要求

民主主义的主体是人民，立法机关——议会是人民的代表，议会制定的法律所体现的是人民的意志。将体现人民意志的法律认定为无效，从民主主义的理论来讲当然是应当慎之又慎。另外，制

---

① 横田喜三郎：《违宪审查》，有斐阁1968年版，第10页以下。

定行政命令、规则的政府,它的首脑即政府总理大臣也是由人民的代表机关——议会选举而产生,内阁成员又由总理任命产生,因此可以说内阁是由议会间接任命产生,也就是说间接代表了人民的意志。它所制定的命令、规则,也可以说间接代表了人民意志。对于命令、规则做出的无效判断,也应当慎重。而且法官不由人民选举任命而产生,并没有向人民负直接责任的必要,它对于议会的法律和政府的命令做出无效的决定,应该说是一个反常现象。从这个意义上来讲,法院对于做出违宪判断更应当持慎重态度。

(3) 违宪审查权慎重行使的第三个理由

从上述(1)、(2)两点理由出发,宪法授予法院的违宪审查权是非常重大的权限。法院可以根据上述权限,以违反宪法为理由认定国会制定的法律、政府制定的命令、规则、处分等无效。这样重大权限的行使,与之相伴的是可能会由此而产生的重大责任。因此,在实际操作过程中必须要慎重。

日本司法消极主义的产生,在理论上与美国也有着密切的联系。美国司法审查制度自建立之日起,就潜在地存在着司法权的过度行使的危险。虽然从理论上说,国会最终可以以立法或启动宪法修改的方式加以纠正,但实际操作起来不仅繁难而且颇多延误。正因为如此,所以在美国200年的历史上,只有两条宪法修正案是针对联邦最高法院的两个判决而特意制定的。美国法院及其法官在长期的司法实践中早已意识到,自己的权能大也不能包容一切宪法上的大事,没有与其他政府分支的协调与合作,司法审查的权能再大,终将一事无成;最起码的一点是,如果没有立法机关和行政机关的尊敬和支持,任何司法判决,特别是宪法性判决就不能执行,因为法院在宪法层面上终究没有实际的执行权,也不能强迫国会或以总统为首的行政机关去执行。从这个意义上说,司法谦抑与敬意实际上可以视为立法机关和行政机关对司法机关早已采取的谦抑与敬意态度的一种对等性回报，实有投桃报李之意。然而不管怎样，司法谦抑与敬意在不经意间弥补了宪法和宪政体制上的缺憾和疏漏，使三权分立体制乃至宪法的实际适用性得以协调和增强。这大概就是美国宪法之所以成为"伟大的社会工程"的一个重要原因和机制。其根本的意义就在于，在不需要频繁地修改宪法以使宪法保持相当的稳定性和权威性的情况，通过这一无形的自动调节机制，使宪法保持了很多的适应性和灵活性，并使宪法条文规定以及所确立的基本原则和精神得以贯彻执行。反观其他国家的一些宪法和宪政体制，由于只注重宪法在字面上的规定，所以必须频繁地修改宪法条文以适应社会和国家的不断发展的情势需要，其结果往往与频繁修改宪法的初衷背道而驰。由于宪法的稳定性和权威性受到损害，反而使宪法的效力大大地受到克减。这样的宪法观念和体制，无疑应当从美国的宪法观念和体制得到启发和教益。在美国，司法谦抑和敬意虽然是一种无形的宪法观念，是司法机关对其他两个政府分支所采取的处理相互间关系的态度，如前所指出的，它并不是一种实体上的宪法体制。然而，在长期的司法实践中，司法机关为了实践这一态度，逐渐演化为一种在宪法学上称之为"司法消极主义"。

2. 日本的特殊原因

日本的最高法院之所以一直以来都采取司法消极主义的立场，并没有恰当地行使其违宪审查权，也没有很好地扮演"宪法守护人"的角色有着其特殊的原因。

（1）日本的政治结构

虽然日本战后三权分立的国家结构，但和美国式的三权分立结构有很大不同。根据《美国联邦宪法》，联邦立法权、行政权和司法权是平行的,任何一权并无明显优于其他两权的地位;相比之下,《日本国宪法》第41条规定:"国会是国家的最高权力机关,是国家唯一的立法机关。"这里的"最高国家权力机关"如何解释?有"政治美称说"①"统括机关说"②和"综合调整机能说"③等学说。以上三种学说虽各有侧重,但对国会的认识都是基于三权分立原理,强调国会不是主权者,也不是统治权的总揽者,国会权力受到内阁解散权④和法院违宪审查权的限制,同时都突出国会在日本政治生活中的核心地位和影响力,而且实际政治生活中也如此。

基于此,在日本政治生活中的地位和影响力上,国会和最高法院的差别是很大,最高法院在对法律的抽象审查时,也不得不顾及这一点;毕竟,在处理宪法问题上,日本最高法院在国家政治中的影响力和美国联邦最高法院是不可同日而语的。即使最高法院做出违宪判决,违宪判决毕竟是个案中拒绝适用违宪法律,其自身并

---

① 此说认为,"所谓'最高机关'是作为政治代表者的国会的美称,不应该是法律上的严格解释"(浅井清:《日本国宪法讲义》,岩松堂1947年版,第123页),具体而言,"'国会作为最高国家权力机关',相对于其它两个机关在法律意义上是优越的且处于上位,其它两个国家机关处于从属国会的地位,这样解释是不正确的……《日本国宪法》所规定的政治组织是以三权分立的三权相互牵制、相互平衡为基础的,应该认为国会被赋予优越的地位"(佐藤功:《日本国宪法概说》(全订),学阳书房1992年版,第280页)。

② 此说认为,"国民主权之理念的反映即是国会之最高机关性,不应该调和地理解为权力分立原则,必须将前者的优越性至于法律理论来考虑,由违反国民主权要求的内阁、法院控制国会是不被容许的。国会没有优越于拥有主权的国民,但是对于其它国家机关则处于法律上的最高地位。"(清水睦:《国会之最高机关性》,《法时》41卷5号,第121页)

③ 此说认为,"国会有作为除立法权之外的国家政治综合调整作用的机关进行活动的任务,在此意义上,国会处于其它机关看不见的地位"(小林直树:《宪法讲义》(下),东京大学出版社1980年版,第549页)具体而言,国会有决定性地参加宪法所规定的重要国政的权限(如立法权、对内阁总理大臣的提名权、弹劾法官权等),国会有监视、抑制行政机关过分膨胀、防止司法"权力的附庸化"等综合调整作用。

④ 《日本国宪法》第69条:"第六十九条 内阁在众议院通过不信任案或信任案遭到否决时,如十日内不解散众议院必须总辞职。"

不能修改法律,修改法律是国会的权限。如果最高法院宣布国会的法律违宪,但自身权威无法影响国会改变被判决宣布为违宪的法律,这对其自身的权威性也会带来负面影响,这种风险是法院所不愿面对的。此外,法院面临主动对法律法规的合宪性进行审查的法律根据是什么的问题。立法机关制定法律的活动代表着国民的意愿,最高法院却不能依据国民的意愿做出违宪判断;这也是日本的最高法院在选择司法积极主义时存在着法律体制上的障碍。

因此,通常最高法院只有在国会可能接受或者最高法院本身面临国民压力的时候,才考虑法律抽象违宪判决;否则通常采取如前文所述的各种宪法判断方法,或者回避宪法判断或者以各种名义宣布法律合宪,以图明哲保身。曾在美军总司令部担任法制司法科长的欧普勒(Alfred C. Oppler)博士后来指出,"或许正是因为(《日本国国宪法》)第41条把国会置于法院之上,所以最高法院对违宪法律的审查一直倾向于采取自制的消极态度。"[①]

(2) 大量上诉案件对最高法院的压力

由于长久以来民事诉讼并无上诉的限制,所以产生了大量的上诉案件。最高法院为了处理庞大的上诉案件(最高院法官人均处理案件为300件以上),根本无暇顾及宪法问题的研究。也正是这个原因,使得最高法院不愿意为了新的宪法问题而成立大法庭,因而就有不少实际上是新的宪法问题,却被当作已由大法庭判断过的旧宪法问题来让小法庭处理。于是,在小法庭上,法官们便经常拿出大法庭的判决来,并用"参照大法庭的判决,该争议是十分明显的"之类的话语,来简单地说明法律不违反宪法的原因,并做

---

① A. C. 欧普勒:《日本占领与法制改革》,内藤濑博等译,日本评论社1990年版,第75页。

出许多合宪认定的小法庭判决。

最近,虽然由于《民事诉讼法》的修改(1998年1月施行)而使民事诉讼案的上诉受到限制[①],但不论是民事诉讼还是刑事诉讼,只要当事人主张违宪,仍然可以提起上诉。所以违宪主张相比以往反而有增多的趋势,最高法院的法官们看多了,自然也会习以为常,不把它当回事。另外,最高法院的法官由于是最上级审的法官,通常都会把法律解释的统一视为自己的职责;而对政治性极强的、需要做出政治判断的宪法解释,则多少显示出这不属于其自身职责范围的态度。

(3)最高法院法官候补者的选任方式也是一个原因

根据宪法,内阁拥有最高法院法官的任命、提名权。虽然法院法将任命资格规定为"学识渊博,具有法律素养的年满40岁以上者"(第41条第1项。不过15名中的10名必须由曾经多年从事法官、律师等职业的人担任),但实际操作上早就形成了法官6人、律师4人、检察官2人、学识经验者3人(外交官1人、内阁法制局

[①] 在刑事诉讼中,只有违反宪法、宪法解释错误、违反最高法院判例、违反大审院(战前的最上级法院)或高等法院的判例才能作为上诉理由(《刑事诉讼法》第405条);但在适用民事案件、行政案件的民事诉讼法中,却没有类似《刑事诉讼法》这样限制上诉的制度。对此,新的《民事诉讼法》做出限制:只有违反宪法、宪法解释错误或者发生没有依法组成判决法院这样重大的程序违法时才可以上诉(《民事诉讼法》第312条)。并且,对于不服控诉审的当事人,取消了其没有上诉理由也能向最高法院申请受理上诉的做法。同时,最高法院还引入了裁量上诉制度,即最高法院可以根据其"包括关于法令解释的重要事项在内"的权力,裁量决定是否受理上述申请(同法第318条)。虽然民事诉讼中引入该上诉受理制度是为了减轻最高法院的负担,使其能够集中处理重要案件,但迄今为止,并没有显示出其明显减轻最高法院负担的迹象。例如,在新《民事诉讼法》施行后的2001年,最高法院法官审理其担当主任的案件数量约为人均364件,而其参与合议的小法庭案件数量更是多达1456件。这种情况表明:大多数诉讼当事人都有"打到最高法院"这样的意识。因此,如果不引入上诉案件筛选制度,恐怕最高法院的负担是不会减轻的。

1人、法学家1人)这种按出身来区分的惯例结构。所以,当最高法院的法官职位出现空缺时,最高法院就会根据这些相应出身阶层的推荐(比如律师由日本律师联合会推荐,检察官由检察OB推荐)来决定候补者人选,并通知内阁。内阁看不上眼的人当然不会被任命为法官,所以在今天,具有明显政治倾向的人也不会那么轻易地就坐上最高法院法官的位子。总之,由于现行这种以出身来做区分的人选结构是以最高法院作为最上级审法院为前提的,而推荐候补者的决定又在密室中进行,所以很难保证作为宪法守护人的最高法院法官的最终人选是经过认真考虑,并且是最合适当选的那个人。换言之,政治的主流未发生变化,保守的倾向得以持续的情况下,最高法院的法官的人选也会有相应的反映。带有司法消极主义——通过保守的政治理念——的观念的法官会经常被输送到法院内部。

(4) 诉讼制度的相关规定

譬如有关行政机关行使公权力的行政诉讼,其诉讼的种类和范围都十分狭窄,因而判例上能够处理的余地也就很少。因此,对于违宪行使国家权力的行为,连个争讼的场所都没有。即使提起了相关的违宪诉讼,也基本上是以吃法院的闭门羹为结局。何况在日本,牵涉宪法问题的复杂案件往往具有长期审理的倾向,而作为争议焦点的状况一旦变为既成事实,法院就很难将其推翻了。

(5) 最高法院文面审查

在日本的普通法院型违宪审查制下,最高法院由于意识到其自身具有违宪审查机能,所以对于违宪审查权的行使,反而走向了自我抑制的一面。也就是说,在最高法院看来,其通常所采取的"文面审查——文面上无效判决——事实上的一般效力"这一审查模式,将使得行使违宪审查权的结果变得异常严重,所以其不得不尽量尊重立法机关的判断,进行较为温和的违宪审查。另外,由于文面审查比具体事实的法律适用审查更受重视,所以对于具体适用法律不当的案件,最高法院好像睁一只眼闭一只眼似的做出了很多合宪判决。不仅如此,在通过温和的文面审查后发现法律自身合宪时,最高法院就颇为满足了,至于其适用是否违宪,根本就不再进行周密的研究。所以,对于以文面审查为原则的最高法院来说,文面上合宪的法律在适用当时可能违宪这样的想法简直是不可思议的。从而,基于法律适用的违宪审查方法有多大的活动空间自然便可想而知了。

(6) 最高法院和下级法院之间没有形成健全的关系

一般来说,为了有效地发挥司法法院型违宪审查制的作用,最高法院和下级法院之间应当有如下的互动关系,即:下级法院在诉讼中就具体事实做出最大限度的宪法判断,然后由最高法院在总结其判决经验的基础上逐步确定出宪法意义(下级法院继而受其影响)。可是,下级法院的法官能不能自由地做出判断还要打一个问号。因为曾经有过这样的例子,即做出了与最高法院不同的宪法解释的法官在职位等方面受到了差别待遇[①]。另外也有研究报

[①] 日本国宪法宣示了法官的独立:"所有法官凭其良心独立行使职权,仅受本宪法和法律的约束。"(第76条第3项)并且,为了确保法官的独立,保障法官的身份,除非经判决认定"因身心健康的原因无法继续履行职务"或者受到公开的弹劾,否则法官不受罢免(78条前段。但是,在最高法院法官的情形,根据国民审查的结果,也有可能被罢免。宪法第79条2、3项)。此外,法官的报酬在其任职期间也不得削减(第79条第6项,80条第2项)。但是,日本国宪法却规定,下级法院法官的任期为10年,可以连任(第80条第1项)。尽管下级法院的法官由内阁根据最高法院的提名簿来任命,但是否将连任志愿者载入提名簿中,则取决于最高法院的自由裁量。另外,虽然下级法院的法官每隔数年会有一次改变所属法院的职位变动,或者有可能获得升迁,但最高法院至今没有明确其任地选定或升迁的标准。由于绝大多数下级法院的法官都是在结束了司法试验合格后的司法修习就立即成为助理法官,并于10年后再担任法官的,因此有关任地、升迁及连任的不明朗状况很可能就是导致下级法院法官数量萎缩的原因。

告表明:将最高法院一贯认定为合宪的法律(例如公职选举法中的选举运动规制规定)宣布为违宪的法官,此后将被长期安排于地方法院支部工作。像这样,连判决内容都有可能被作为业绩考量事由,那么,下级法院无视案情的差异而过度依赖包括法官意见在内的最高法院判决,并将其理论往保守的方向扩张也就是必然的了。

(7) 最后一个不能忽视的政治因素

所谓的55年体制①,也就是自由民主党的长期政权。如前所述,在最高法院法官候补者的选任方面,内阁拥有任命权,所以反对内阁意向的人事安排是不可能进行的。这是宪法为了消除违宪审查制与民主主义之间的矛盾而规定的条款。但是,如果长时间没有政权交替,那么接近长期政权想法的人就会逐渐在最高法院法官中占据多数。而要改变数十年来经由长期政权而形成的既成事实对于最高法院来说,简直是太难了。

除了上述因素以外,还有其它许多精神、文化方面的因素是导致最高法院采取司法消极主义立场的原因。例如,因为在日本民族的文化意识当中具有尊重"和"的精神之传统,无论社会的各个阶层皆以尊重对方的意见作为礼貌。所以最高法院的法官也不可能脱离社会,不仅在最高法院内部强调"和"的精神,尊重对方的意见,甚至在违宪审查的问题上也保持了对政治部门也持有相当礼让的态度,缺乏对抗意识。虽然,这种因素的影响是非常有限的,但是从一个侧面可以看出,最高法院保持对于法律法规违宪审查的消极态度,也就不足为怪了。

---

① 1955年,2个保守政党合并为自由民主党,而分为右派、左派的社会党也统一了。由此直到1993年,基本上(也有与小保守政党临时连立的例外)都是自由民主党单独维持政权,而社会党也没有成长为可以同其争夺政权的政党,其议员数大抵只是保持在自由民主党的二分之一左右。55年体制即指此。

第二节　对极端司法消极主义的改革的思路

正是由于日本在运用违宪审查制方面采取了极端的司法消极主义立场,产生了很多的问题,很多民众表示了相当的不满。因此有不少学者以及实务界的人士对于违宪审查制度提出了改革提案。建议日本的违宪审查制应该建立更具有民主性和灵活性的制度。

一、设立独立的宪法法院

其中最为彻底的一种主张,是以研究德国宪法的宪法研究者为中心提倡的[①],修改宪法并引入德国型宪法法院学说。该说引证德国宪法法院因积极行使违宪审查权而受到世界上其他国家的极高评价,并认为:日本违宪审查制僵化的原因在于司法法院型违宪审查制度本身,所以必须要向宪法法院型违宪审查制度转变。1994年11月,日本读卖新闻社发表了《读卖新闻宪法改正试案》,其中的第87条提出了引进德国式的宪法法院。虽然这只是新闻社的一次发表,充其量只是大受批判的学术讨论而已,但是,我们从中可以看出舆论界,学术界以及民众对于日本最高法院在违宪审查上的消极态度的不满情绪以及对现制度改革的愿望。从违宪审查制度诞生之时就开始的有关违宪审查制度的性质的论争,依然在延续。由于附随违宪审查制在法学界的支持者占有绝对优势,再加上美国文化在日本的巨大影响力,引入抽象违宪审查制,即设立宪法法院的呼声并没有得到足够的重视。

---

① 尤其是,著名的英美法学者、宪法学者、司法法院型违宪审查制研究的开拓者伊藤正己教授从最高法院退休之后,在其执笔的著作《法官与学者之间》(有斐阁1993年版)中,提出要向宪法法院型违宪审查制转变,在宪法学界引起了轩然大波。

但是,在考虑德国式的宪法法院和抽象审查制的问题时,仍有一些争议。首先,关于导入德国式的抽象违宪审查制是否妥当,应当立足于日本司法的现状加以考虑;特别是有人对与读卖新闻社用"宪法修正案"创设宪法法院提议提出批评,认为这种提议可能导致最高法院通过积极的合宪判决支持现有体制的倾向;抽象审查制的类型多种多样,究竟哪一种可行;现行制度与抽象审查制的特征比较应立足于多种角度考虑。另外,关于《日本国宪法》第76条"司法"的意义,仍存在争议,尽管司法的观念、学说和判例均是基于解决个案的权利和义务纠纷为前提行使违宪审查权的附随型审查制发展而来,但"司法"是否与权利义务纠纷必然联系在一起,"司法"的意义在理论上是否能确定等问题,虽有过诸多探讨,但仍未有一致看法。最后,对于"司法权"与违宪审查权的关系上,是否必然理解为附随审查,违宪审查权是否必然以司法权发动为前提,对此仍有讨论余地,支持日本违宪审查制是"抽象违宪审查"的学者对此进行过分析。[1]

二、在现行体制内改革

不过,要改变日本国宪法这样的刚性宪法是十分困难的[2],所以也有提案建议,在维持现有司法法院型违宪审查制不变的情况

---

[1] 例如,畑尻刚,《宪法审判研究序说》,尚学社1988年版;中村睦男,《宪法审判的现状与课题》,载于《法曹时报》第47卷第2号,第327页。

[2] 《日本国宪法》第96条:"本宪法的修订,必须经各议院全体议员三分之二以上的赞成,由国会创议,向国民提出,并得其承认。此种承认,必须在特别国民投票或国会规定的选举时进行投票,必须获得半数以上的赞成。宪法的修订在经过前项承认后,天皇立即以国民的名义,作为本宪法的一个组成部分公布之。"当然,也并不仅仅是因为修宪程序严格,由于修宪牵涉到日本军备(乃至军队的海外派兵)的正当化问题,因此极易引发政治上的激烈对抗。

下,使最高法院"宪法法院"化。其主要包括以下几种类型:1.在最高法院设立专门判断宪法问题的宪法部;2.设立特别高等法院,上诉案件原则上止于特别高等法院,只有特别重大的案件才被移送最高法院审理(也称"中间方案");3.引入类似德国具体规范统制的制度,即下级法院仅就案件或争议焦点中涉及宪法判断的问题提交最高法院审理。在这样的理论背景下,日本法学界对于现行违宪审查制度的改革焦点产生了很多具体的研究[①]。其中有:

户波江二认为,现行的违宪审查制在人事和制度两方面存在着弊端。人事方面表现在,最高法院的法官精通民事、刑事诉讼的实务,对于宪法解释不是不明白,而是存在着将宪法问题当作政治问题来看待,存在着疏远违宪审查的倾向。在制度方面,现实中最高法院的正常业务是案件的上告审法院,违宪审查权的行使被作为副业,所以在附随审查的范围内行使违宪审查权自然会产生消极性。结论是"今后维持现状由最高有效发挥违宪审查制的机能的可能性几乎是不存在的。为了增加违宪审查制的活力,进行某些制度的改革是不可缺少的"。

新井章认为,对现行违宪审查制度的改革应当集中在以下四个方面:

1. 进行宪法审判的法官的素质应当予以保证和提高。

2. 对于司法环境,以及条件要进一步整顿、健全。

3. 尊重法院的违宪审查权,明确规定政治部门(立法机关,行政机关)接到违宪判决后的应对方式。

4. 司法机关与政治部门经常互相沟通,关注对方的变化,支

[①] 户波江二:《司法权与违宪审查制的50年》,载于《法律时报》第66卷6号,第85页以下。

持违宪审查权的正当行使,树立激励国民的舆论宣传。①

畑博行认为,日本最高法院对于违宪审查的保守性,消极性的根源在于法官的选任方式以及最高法院与政治部门的性质同一性表现过于明显。而且15名法官分别是各自专业领域的成名人物,年龄偏大的问题不可避免。因此,应当让最高法院的法官选任程序更加公开化,透明化,以便于获得更加适当的人才。另外,最高法院法官在对违宪审查诉讼事件的调查取证,讨论的时间是否充足,这一点也很重要。因为,如果没有充足的时间调查,就只能使用调查官,而调查官的辅佐,不如说使法官在对事件做出判断时失去了个性和独立性。所以,虽然在制度上采取的是美国的违宪审查制,但在具体的主体运作中表现出浓厚的明治时代的最高法院——大审院的色彩。因此,"法官的任意解释绝对不能允许,但是在确立合理、客观的基准的同时,应当选任更胜任工作,有能力的法官(尤其是最高法官)"。②

上述理论虽然在解决问题的角度上存在着不同,但是都包含着一个中心,即违宪审查权的正常行使,首先应当保障最高法院以及法官在违宪审查上的独立性。由于历史的原因,日本违宪司法审查制度与它的鼻祖——美国的司法审查制度相比,存在着司法权不能够完全独立的先天不足。因而在政治层面与国民利益对立的宪法问题上,只能做出妥协,回避的决定。在经济高度发达的资本主义国家中,国民的生活的各个方面都保持很高的水准。民主思想深入人心,国民都拥有很强烈的人权意识,因而人权问题已成

---

① 新井章:《宪法审判50年的轨迹和展望》,载于ジュリスト(《法学家》)1067号,第17页。

② 畑博行:《违宪立法审查制》,载于ジュリスト(《法学家》)1073号,第33页以下。

为违宪问题的核心问题,而且在数量和种类上非常多。如何对应这种形势的发展变化,提高违宪审查的效率和力度,可以说已成为日本宪法学界研究的主要方向。

如果设立权威更大的宪法法院,对国家行为进行违宪审查的机会要比过去更多,就这一点而言,确实违宪审查制会更具活性。并且,在现有的情况下,要得到拥有宪法最终解释权的最高法院的判断需要相当长的时间。从一审起诉至最高法院做出宪法判断经历10年的例子也是有的。而一旦设立了宪法法院,就可以根据众议院三分之一议员的请求,或者审理具体案件的法院的请求,更早地做出宪法判断。但是,更早地做出宪法判断并不一定就意味着更早地结束关于国家行为合宪性的争论。因为,宪法法院很有可能在未经充分讨论制约人权立法的情况下就过早地对其做出合宪判决。对此,持宪法法院设立说的学者们认为,宪法法院一定会做出保障人权的判决,因为其在保护人权方面所起的中流砥柱的作用受到人们的普遍信赖。但是,问题是凭什么就认为宪法法院做出保障人权判决的可能性会高于现在的最高法院呢?

关于这一点,宪法法院设立说仅凭想象就认为:如果设立宪法法院,那么其法官必定由最适合的人来担任,他们具有与最高法院法官不同的思想,其结果,必定是使违宪审查制更具活性。的确,宪法法院作为专门做出宪法判断的机构,其法官必须从那些对宪法问题感兴趣,且具有宪法判断能力的人们当中选任。但是,一切都会随着制度的改变而变好的认识是错误的。尽管德国的联邦宪法法院受到了极高的评价,但其宪法法院型违宪审查制之所以能有效发挥作用,是因为其特殊的背景和基础。而日本是否具备这样的背景和基础,还需要认真地加以研究。举例来说,前文中所提日本传统文化中"对于和的尊重",这是导致最高法院司法消极主义的原因之一,那么,是不是设立宪法法院后,日本的法官们就丧失了这种精神呢?

所以,对于改变制度就能改变一切的观点在日本法学界有很多学者持不同见解。何况在日本,修改宪法需要经过严格的程序,并且时常会引发严重的政治对立,其困难程度可见一般。因此,只有在现行日本国宪法的框架内,也就是在司法法院型违宪审查制的条件下来探索改革的可能性、提出改革的方案,才是最具建设性的。

如果以违宪司法审查制为前提,那么,为了有效地行使违宪审查权,就必须重视具体事实状况的提示、最高法院与下级法院之间良好的沟通渠道,并在此基础上提出宪法解释论上的主张或制度改革的方案。

最近,在全球化以及社会日趋复杂的背景下,人们逐步认识到日本司法制度中的不足,于是,便有了现在的"司法制度改革"[1]。而在这场改革中,有些变化对于增强违宪司法审查制的活性来说也是颇有益处的。例如:确保最高法院法官选任过程的透明性和客观性[2];法官人事制度的调整(确保人事评价的透明性、客观性);扩大律师担任法官的比例;行政事件诉讼制度的改革;民事诉讼的效率化;建立以法科大学院为中心的法律人培训制度,增加法律人的数量等等。通过这些改革措施,极有可能消除上述某些导致日本违宪审查制僵化的原因。

---

[1] 1999 年在内阁设立的司法制度改革审议会,于 2001 年 6 月提出了总结各项制度改革案后形成的意见书。于是,内阁设立了司法制度改革推进本部,从事改革案的具体化工作。目前已有几个服务改革的法律机构成立。

[2] 为了使最高法院法官候补者的推荐过程更具透明性,日本律师协会已经做出了一些努力,例如:全国各个律师协会都可以向推荐咨询委员会推荐人选,而委员会则通过投票来决定推荐者。

小　　结

　　本章的主要内容是日本违宪审查运作存在的问题及改革思路。第一节中主要介绍了存在的问题。首先，笔者回顾了日本最高法院违宪审查的轨迹，共分为四个阶段，每个阶段都有代表性的案例出现，做出判决的理由也逐渐变化，从第一阶段（1947—1966年）的"公共福祉论"到第二个阶段（1966—1973年）的合宪限定解释原则，第三个阶段（1973—1980年）采用较为广泛的则是"立法裁量论"，第四阶段（1980—1997年）的特点则是在违宪审查过程中日本国民已经开始重视用宪法保护自己的合法权益。从上述各个阶段可以看出，日本最高法院在做出宪法判断的过程中持有的是司法消极主义，这个倾向已经逐渐受到日本社会的批评。对这个日本违宪审查中存在的问题，本节中对其形成原因进行了分析，主要包括美国对日本的影响和日本自身的特殊原因这两个原因。美国的影响主要包括三权分立的原则、民主主义的理论要求、违宪审查带来的重大责任。日本的特殊结构包括日本的政治结构、大量上诉案件对最高法院的压力、最高法院法官候补者的选任方式、诉讼制度的相关规定、最高法院的自我抑制倾向、最高法院和下级法院之间没有健全的关系。第二节中提出了解决日本违宪审查司法消极主义的思路，主要包括以下两种：一是设立独立的宪法法院，这个方案仿照的是德国的做法，能很好解决日本现存的问题，但是要改变日本的刚性宪法，实施起来具有一定的难度。二是在日本现存体制内进行改革，即使最高法院"宪法法院"化，具体方案上文中已经分析，在此不赘。

第七章 我国现行违宪审查制度及相关问题

在前几章中,笔者概述了日本违宪审查制度的基本理论和相关问题,但如同本书前言所述,本书的出发点不是单纯探究日本违宪审查制度,更主要的是对我国违宪审查问题的关注,以期从比较之中得出对我国的借鉴。在对两国问题比较之前,有必要先谈谈我国现行违宪审查制度、相关问题以及改革的动向等问题。自2001年齐玉苓诉陈晓琪一案引爆"宪法司法化"的大讨论后,对中国违宪审查问题的关注和探讨已经从涓涓细流变成汪洋大海。之后,又出现了"蒋韬诉中国人民银行成都分行招录公务员身高歧视案"、"乙肝歧视案"和本文前言提及到的宪法性案例,这些案例更加激起了人们对我国违宪审查制度的探讨热潮。从现实中发生的这些宪法性事例来看,我国现实中同样面临着国家法制统一和公民基本权利保护问题,这也是我国违宪审查制度承担的功能。这些宪法性事例涉及到下位法与上位法冲突,具体而言就是法律之下的规范性文件(如行政法规、地方性法规等等)与法律冲突、法律与宪法冲突的问题,影响国家法制统一,同时这种冲突可能涉及公民基本权利问题,可能侵害公民基本权利,如"孙志刚案件"、"杭州百人上书全国人大对拆迁条例提起违宪审查"等等。

这些事例的出现有其现实基础。1979年以来,我国进入"大规模立法时期"①,这在健全我国法制的同时也带来一个严重的问题,那就是"立法无序现象"②。在大规模的立法活动中,各种法律、行政法规、地方性法规、规章和其他规范性文件之间的冲突日益突出,有人将这种冲突现象称之为"法律冲突"③。这种法律冲突现象,不仅有悖于我国法制的统一,也可能侵害公民基本权利,如孙志刚案件中,国务院《城市流浪乞讨人员收容遣送办法》中有关限制人身自由的条款涉嫌违反《立法法》第8条的相关规定;其中下位法与上位法冲突的情形就可能涉及到违宪的情形。

导致这种法律冲突产生的原因很多,蔡定剑从"立法权限不清"、"经济利益多元化下地方、部门保护主义"、"新旧体制转型"和"认识差异"等角度归纳出六个法律冲突产生的原因;此外他还认为从解决法律冲突的制度层面上来看,"没有真正建立法律冲突调整机制,没有很好运行起来……",并从"批准法规"、"法规的备案审查"、"规章的审查"、"司法解决"、"法律解释和法律解答"五个方面说明我国"(法律冲突解决)机制存在严重缺陷,仍有大量的法律矛盾和冲突得不到及时解决,妨碍公民基本权利的保障,影响到法制建设的健康发展。"④

基于此,我国需要健全的、有效运作的违宪审查制度。我国违宪审查制度是什么,这个制度是否完备?运作是否有效?有效运作的制约因素是什么?如何处理我国违宪审查制度面临的问题?

---

① 郭道晖:《当代中国立法》(下),中国民主法制出版社1998年第1版,第883页。

② 郭道晖:《当代中国立法》(上),中国民主法制出版社1998年第1版,第180页。

③ 林来梵:《从宪法规范到规范宪法——规范宪法学的一种前言》,法律出版社2001年5月第1版,第345页。

④ 蔡定剑:《法律冲突及其解决的途径》,载于《中国法学》1999年第3期。

研究这些问题对于维护国家法制统一和保障公民基本权利有重要意义。

第一节 我国违宪审查制度含义及依据

论及我国违宪审查制度,首先需要明晰的是,什么是我国的违宪审查制度,其产生、变化的过程是怎样的,以及我国的违宪审查制度赖以存在的理论依据和制度依据又是怎样的,这几个基本问题。

一、我国违宪审查制度的含义

"违宪审查"是一个法学上的学术概念,我国法律制度上并无这一术语,从词源的角度而言,笔者认为中文语境中的"违宪审查"极有可能是直接源于日文中的"违宪审查"。从文字表述上看,日文"违宪审查"这个词语的表述与中文繁体字"違憲審查"相同,也就是说,我国"违宪审查"一词可能是日文"違憲審查"的直接翻译。考虑到从清际变法时,日本即对我国法学理论及法制引进有巨大的影响,林来梵教授也认为,"今日我们所沿用的'违宪审查制度'这一术语,有可能是直接来源于日本的一个概念"[①]。不过,仍有待于考证。

在日本,"日本的违宪审查制度源于美国的 judicial review,因此,日本违宪审查制度本来可以称之为'司法审查制度',但实际中人们往往沿用'违宪立法审查'、'违宪审查'、'法规审查'等术语,

---

[①] 林来梵:《从宪法规范到规范宪法——规范宪法学的一种前言》,法律出版社 2001 年 5 月第 1 版,第 324 页。

而在这种以多样性的用语来称呼同一个制度的情形中,即存在着该制度的日本特色以及其生成的形态。"[1]但无论如何称谓,其毕竟存在一个较为完备的制度,不管如何称谓,都不会发生词与物的分离。

与日本不同,因为我国并不存在如同日本那样通过普通法院完成违宪审查功能的制度,虽然时下我国有关"违宪审查"的学术论文和专著可谓汗牛充栋,但学者对其概念的界定极其不统一。从1954年宪法开始,以及其后的除1975年宪法之外的宪法都有以保障和解释为制度根本的监督制度。较为全面和完善的诠释了以宪法解释和撤销违宪法规和决定为表现形式的违宪审查制度的,是1982年宪法。而在法学界,对宪法实施的我国学者对其概念有着种种不同理解,大体可以分为"宪法监督说"和"宪法保障说"两大类。

"宪法监督说"将违宪审查与宪法监督联系起来理解,具体而言又有两种观点,其中一种观点将违宪审查等同于宪法监督[2],另一种将违宪审查和宪法监督区分开来,认为"违宪审查"是"宪法监督"的一种形式[3]。但"宪法监督也是一个众说纷纭而又不确定的

---

[1] 户松秀典:《司法审查与民主制》,载于《法律时报》第68卷第6期。

[2] "宪法监督也称违宪审查制度,是指特定的国家机关,为保障宪法的实施,对国家的根本活动,主要是立法活动是否合宪进行审查,并对违反宪法的行为给予纠正和必要的制裁的专门活动。"详见蔡定剑:《国家监督制度》,中国法制出版社1991年版,第114页。

[3] "在我国宪法学界,不少人把违宪审查与宪法监督等同看待,这是不对的……宪法监督则是一个含义很广的概念,是宪法得到不折不扣的执行而采取的各种监督制度……违宪审查只是宪法监督的一种手段……"详见李步云编:《宪法比较研究》第8章(徐炳撰写),法律出版社1998年版,第385、386页。

概念。①

在我国,"宪法保障说"的代表性观点是"宪法保障是所有能够使宪法实施过程顺利进行,各类主体严守宪法,并使宪法规范得以落实、实现的各项制度总称。作为一种理论体系,宪法保障应当包括违宪审查制度,宪法监督制度,宪法诉讼制度和宪法意识。"②在宪法保障的体系的框架下,区分"违宪审查"和"宪法监督",前者是"国家专门机关就特定法规和行为是否违宪进行审判并依法进行违宪制裁的专门活动",后者是"更为广泛的宪法实施和守宪监督"③。因此,从这个意义上讲,违宪审查也应当是宪法保障制度体系中的一部分。

虽然这两种观点都从不同角度来审视违宪审查,但并没有结合我国实际制度来考量。结合我国实际的制度,我国的违宪审查应当是"在违宪审查或宪法监督方面,中国等社会主义国家通常既不采用普通法院审查制,也不采用专门机关审查制,而是实行人民

---

① 有学者直接从文义解释的角度认为宪法监督就是"监督宪法实施的活动",详见李忠:《宪法监督论》,社会科学文献出版社1999年版,第1页。另有学者认为,"宪法监督是宪法制定者通过一定的制度和程序对依据宪法规定有权解释宪法、修改宪法和实施宪法的特定主体(主要是国家机关)所进行的宪法解释、宪法修改和宪法实施活动的过程和结果所进行的监督活动,其目的旨在使宪法的规定准确实施和完全实现,从而实现宪法制定者的立宪目的。"详见许崇德主编:《宪法》,中国人民大学出版社1999年版,第38页。还有学者区分广义和狭义宪法监督,"广义的宪法监督是对有关宪法的活动进行全面的监督。从监督的主体来说,除了宪法监督的专职机关以外,还包括其他国家机关、政党、人民团体、群众组织以及公民。从宪法监督的对象看,既包括国家机关的立法活动、行政活动、司法活动,也包括公民个人的活动以及公民组织如政党、人民团体和群众组织的活动。狭义的宪法监督一般是指由国家专司宪法监督的机关实行的监督,在监督的对象上偏重于对国家立法机关的立法活动和行政机关的行政活动所实施的监督。"陈云生:《民主宪政新潮》,人民出版社1988年版,第7页。
② 董和平、韩大元、李树忠:《宪法学》,法律出版社2000年版,第153页。
③ 董和平、韩大元、李树忠:《宪法学》,法律出版社2000年版,第153页。

代表机关审查制"[1]具体而言,是指宪法和法律确立的全国人大及其常委会对国家行为[2]是否符合宪法规定而进行审查的制度。

在明确了我国违宪审查制度的含义后,下面我们通过对制度的理论基础和制度依据的分析,具体阐释我国违宪审查制度的具体内容。

二、理论依据

西方违宪审查制度的理论基础,来源于自然法思想,以及由此而产生发展的社会契约论和分权制衡理论。日本所实行的司法审查违宪审查制度,是以美国违宪审查制度为基础,并发展形成了自己的理论。和日本违宪审查制度类似,我国违宪审查制度也有相关的理论基础。

1. 人民代表大会制和民主集中制原则

我国的根本政治制度是人民代表大会制度,它实行民主集中制原则。[3] 民主集中制是我国国家机关组织和活动的一个基本原则,在此原则下,由选民选举代表组成中央和地方国家权力机关(各级人大及其常委会),在此基础上组织其他国家机关,行使国家其他权力;其他国家机关对产生它的权力机关负责,受其监督,国家权力机关对人民负责,受人民监督,从而保障人民当家作主,代

---

[1] 童之伟:《法权与宪政》,山东人民出版社2001年3月第1版,第661页。

[2] 部分学者认为违宪行为不仅仅限于国家行为,是指国家一切权利主体(国家机关、社会团体、企业组织和公民)与宪法原则和规定相抵触的行为。参见肖金泉、徐秀义:《略论违宪》,载于《法学杂志》1984年第4期。

[3] 《宪法》第3条:"中华人民共和国的国家机构实行民主集中制的原则。全国人民代表大会和地方各级人民代表大会都由民主选举产生,对人民负责,受人民监督。国家行政机关、审判机关、检察机关都由人民代表大会产生,对它负责,受它监督。中央和地方的国家机构职权的划分,遵循在中央的统一领导下,充分发挥地方的主动性、积极性的原则。"以上是我国《宪法》中民主集中制的内容。

表人民意志,实现"一切权力属于人民"。"人民代表大会是由人民选出的,它代表了人民的意志,因而其它国家机关必须服从于人民代表大会,归根到底就是服从人民的意志"①。其中,国家权力机关中,地位最高的是全国人大,它直接组织中央其他国家机关,其他中央机关必须受其监督,对其负责,全国性的重大事务当然由全国人大及其常委会决定,审查法律、行政法规和地方性法规是否合宪当然只能由全国人大及其常委会来进行。

"根据这一原则(民主集中制②)和我国三十多年来政权建设的经验,(宪法修改)草案对国家机构作了许多重要的新规定,主要有如下几个方面。(一)加强人民代表大会制度。将原来属于全国人大的一部分职权由它的常委会行使,扩大全国人大常委会的职权和加强它的组织。……现在,着重说明一下做出这些规定所遵循的方向和体现的要求。第一,使全体人民能够更好地行使国家权力。我们国家政治体制的改革和国家机构的设置,都应当是从政治上和组织上保证全体人民掌握国家权力,真正成为国家的主人。根据这个原则,从中央来说,主要是加强全国人民代表大会。我国国大人多,全国人大代表的人数不宜过少;但是人数多了,又不便于进行经常的工作。全国人大常委会是人大的常设机关,它的组成人员也可以说是人大的常务代表,人数少可以经常开会,进行繁重的立法和其他经常工作。所以适当扩大全国人大常委会的职权是加强人民代表大会制度的有效办法。……"③

可见,宪法修改委员会将民主集中制作为我国国家机构设置

---

① 肖蔚云:《论宪法》,北京大学出版社 2004 年 1 月第 1 版,第 141 页。
② 笔者注。
③ 彭真:《关于中华人民共和国宪法修改草案的报告》,载于许崇德主编:《中国宪法参考资料选编》,中国人民大学出版社 1990 年 4 月第 1 版。

的一个基本原则,目的是为了保障"人民真正掌握国家权力,真正成为国家主人";为了实现这一目的,落实民主集中制原则,就要从根本上强化我国的政治制度——人民代表大会制度,因此宪法修改委员会在1982年《宪法修改草案》中加强全国人大及其常委会的职权,规定它们"监督宪法实施",并将宪法解释权赋予全国人大常委会,使得全国人大及其常委会的违宪审查权有了制度依据。可以说,全国人大及其常委会行使违宪审查权是人民代表大会制度和民主集中制原则的具体体现,也是保证"一切权力属于人民"的必然要求。

2. 宪法最高法律效力观念

宪法具有最高法律效力的理念贯穿到了我国现行《宪法》中。我国《宪法》序言最后一段规定:"本宪法以法律的形式确认了中国各族人民奋斗的成果,规定了国家的根本制度和根本任务,是国家的根本法,具有最高的法律效力。全国各族人民、一切国家机关和武装力量、各政党和各社会团体、各企业事业组织,都必须以宪法为根本的活动准则,并且负有维护宪法尊严、保证宪法实施的职责。"《宪法》第5条第3款和第4款规定:"一切法律、行政法规和地方性法规都不得同宪法相抵触。一切国家机关和武装力量、各政党和各社会团体、各企业事业组织都必须遵守宪法和法律。一切违反宪法和法律的行为,必须予以追究。"这说明我国《宪法》在国家的所有法律中,它是最根本的,地位是最高的,也是最有权威的,任何违反宪法的国家行为都是无效的,为了保障《宪法》的最高法律效力,必须有专门的机关来行使违宪审查权,从而维护宪法尊严,保证宪法实施,这是我国违宪审查制度的重要基础。

3. 维护国家法制统一和保障公民基本权利

1982年《宪法》的一个基本精神是"发扬社会主义民主,健全社会主义法制,保障人民的民主权利"①。这个基本精神是吸取了文革时期国家法制完全破坏的教训,"在新宪法的修改制定过程中,中央各部门和各省市普遍地提出,修改后的宪法要充分体现发展社会主义民主和健全社会主义法制的精神,……'四人帮'那种肆意破坏社会主义民主和法制、镇压广大群众和干部的悲剧,再不能让它重演。所以新宪法十分强调健全社会主义法制,充分反映了全国人民的愿望"②。"维护社会主义法制"的基本精神体现在新《宪法》中就是第5条第2款"国家维护社会主义法制的统一和尊严"。

我国《宪法》和法律的一个重要功能就是保障人民的基本权利,如果不能维护宪法的尊严和国家法制统一,公民的基本权利就是一纸空文,维护社会主义法制统一,很大程度上就是保障公民基本权利。

因此,基于"维护国家法制统一和保护公民基本权利"的精神,新《宪法》在制度上规定了违宪审查制度,可以说违宪审查制度也是落实这种精神的体现,这也是我国违宪审查制度的功能所在。

三、制度依据

我国《宪法》第62条:"全国人民代表大会行使下列职权:……(2)监督宪法的实施……(11)改变或者撤销全国人民代表大会常务委员会不适当的决定……"《宪法》第67条规定:"全国人民代表大会常务委员会行使下列职权:(1)解释宪法,监督宪法的实施;……(6)监督国务院、中央军事委员会、最高人民法院和最高人民检察院的工作;(7)撤销国务院制定的同宪法、法律相抵触的行

---

① 肖蔚云:《论宪法》,北京大学出版社2004年1月第1版,第98页。
② 肖蔚云:《论宪法》,北京大学出版社2004年1月第1版,第356页。

政法规、决定和命令;……(8)撤销省、自治区、直辖市国家权力机关制定的同宪法、法律和行政法规相抵触的地方性法规和决议……"这是我国《宪法》对全国人大及其常委会违宪审查权的规定。

1. 全国人大的违宪审查权

(1) 全国人大对其自身行为的审查

我国《宪法》并未对全国人大审查自身行为是否合宪做出明确规定,但依照《宪法》相关规定我们可以推导出全国人大对其自身行为进行合宪性审查的结论。《宪法》第57条:"中华人民共和国全国人民代表大会是最高国家权力机关。它的常设机关是全国人民代表大会常务委员会。"第62条:"全国人民代表大会行使下列职权:①修改宪法;②监督宪法的实施……应当由最高国家权力机关行使的其他职权。"

以上两条是对全国人大地位和职权的规定,这两条并没有明确规定全国人大对其自身职权行为是否可以进行违宪审查[①]。但是:

[①] 全国人大的行为(如立法行为)是否是其审查的对象,亦即全国人大行为是否会违宪,这个问题是有争议的。有两种相反观点。第一种观点认为全国人大行为不会违宪。"全国人大违宪怎么办?这是绝不可能的。这是对我们国家根本制度的怀疑!如果真的出现,那就是说整个国家成问题了。"详见张友渔:《加强宪法理论的研究》,载于《宪法论文选》,法律出版社1983年9月版,第14页。另一种观点认为"全国人大制定的法律及其他决定,是完全有违反宪法的可能。第一,从理论上说,制宪权是一种原创性权力,而修宪权和立法权是源于宪法的规定,因此它们是一种派生性权力。……修宪权和立法权在行使时所需要的民意基础是不同的。……在我国,虽然宪法由全国人大制定和修改,法律也是由全国人大制定和修改,但是,全国人大在制定宪法时是作为制宪权主体,行使的是制宪权……由于制宪权、修宪权和立法权三者在主体上的同一性,使得人们很难相信这样的判断:全国人大制定的法律与其制定的宪法之间相抵触。但在理论上,全国人大制定的法律与其制定的宪法之间相抵触是完全成立的。第二,在实定法上,宪法明确规定,法律不得与宪法相抵触。……'一切法律'都不得同宪法相抵触,当然既包括全国人大常委会制定的法律,也包括全国人大制定的基本法律。宪法并没有将全国人大制定的基本法律排除在可能违宪的范围之外。同

第一,从文义解释的角度而言,"监督宪法实施"应当包含着监督其自身行为是否符合宪法规定的意思。

第二,在我国现行宪政体制之下,人民代表大会制度为我国基本政治制度。作为最高国家权力机关,只有全国人大才有权审查其自身职权行为是否合宪。

第三,从《宪法》第62条最后一项"应当由最高国家权力机关行使的其他职权"的兜底条款性质的规定来看,即便是未言明全国人大对其自身职权行为是否合宪有权进行审查,也可以解释为暗含于其中了。

因此,从对全国人大职权行为是否合宪进行审查的主体来看,全国人大当仁不让。

(2)全国人大对其常委会行为的审查

依照我国《宪法》和相关法律,全国人大常委会的不当行为由全国人大改变或撤销。

除《宪法》第62条之外,《立法法》更详细规定了全国人大对其常委会的审查权。《立法法》第88条规定:"改变或者撤销法律、行

时,既然宪法具有最高的法律效力,全国人大制定的基本法律就不可能与宪法是并列的。"详见胡锦光:《立法法对我国违宪审查制度的发展及不足》,载于《河南省政法管理干部学院学报》2000年第5期。笔者同意第二种观点,认为全国人大的行为有可能违宪。实际中也有全国人大制定法律涉嫌违宪的例子,比如依照《全国人民代表大会和地方各级人民代表大会代表法》第14条第1款、第2款和《地方各级人民代表大会和地方各级人民政府组织法》第28条第1款各级人民法院要接受本级人民代表大会的质询案,然而《宪法》第73条并未规定各级人大代表对法院的质询;此外,依据当时的制宪资料,宪法修改委员会是否认各级人大对法院的质询的,"在质询对象问题上,1982年修改宪法一开始确定为国务院,最高人民法院,最高人民检察院和国务院各部、各委员会。后来有人主张审判机关和检察机关独立行使职权不应受质询,所以删掉了对最高人民法院和最高人民检察院的质询。"(详见全国人大常委会办公厅研究室政治组编:《中国宪法精释》,中国民主法制出版社1996年版,第24页。)因此,依照制宪时的思想,《宪法》生效后相关法律规定"各级人民法院接受本级人大代表的质询"有违宪嫌疑。

政法规、地方性法规、自治条例和单行条例、规章的权限是:①全国人民代表大会有权改变或者撤销它的常务委员会制定的不适当的法律,有权撤销全国人民代表大会常务委员会批准的违背宪法和本法第 66 条第 2 款①规定的自治条例和单行条例;……"

从审查对象上看,《立法法》对《宪法》第 62 条的规定进行了扩张,即全国人大对其常委会的审查对象从全国人大常委会所做的"决定"扩张至其制定的"法律"及其批准的"自治条例和单行条例"。在评价标准上,除《宪法》62 条规定的"不适当"这一极具裁量性的不确定概念,还有"违背宪法"的情形。违反宪法和不适当是并列还是具有包容关系,因未见到权力机关的权威解释,不得而知。但是,从《宪法》第 62 条和《立法法》第 88 条的表述看,对全国人大常委会的决定和制定的法律适用"不适当"的标准,而对全国人大常委会批准的自治条例和单行条例适用违宪和违法标准(包括法律、行政法规以及法律或者行政法规的基本原则②)。似乎前者更具裁量性,而后者更为刚性。

(3) 全国人大的违宪审查程序

《宪法》和法律也没有专门对全国人大违宪审查的具体程序做出专门规定,但这不意味着全国人大的违宪审查程序无法启动,我们需要从《宪法》及其他相关法律的规定进行探究。

---

① 《立法法》第 66 条第 2 款:"自治条例和单行条例可以依照当地民族的特点,对法律和行政法规的规定作出变通规定,但不得违背法律或者行政法规的基本原则,不得对宪法和民族区域自治法的规定以及其他有关法律、行政法规专门就民族自治地方所作的规定作出变通规定。"

② 《立法法》第 66 条第 2 款对此的规定极具启示意义,无论当时的立法者是否有意为之,其将为我国现在和将来的违宪审查制度(无论是形式上的还是实质上的)运作提供了一个能够超越文本表述的评价标准。依此类推,在判定是否违宪的时候,宪法基本原则、基本精神或者宪法的价值目标等也就具有了规范意义,从而为"不适当"概念的实质化并防止该概念的滥用提供了制度依据。

① 事后审查程序

我国《宪法》和法律没有专门规定全国人大的事后审查程序，但可以依照议案提起的程序来启动全国人大的事后违宪审查程序。

《宪法》第89条规定国务院行使下列职权："……（2）向全国人民代表大会或者全国人民代表大会常务委员会提出议案；……"《全国人民代表大会组织法》第9条规定："全国人民代表大会主席团、全国人民代表大会常务委员会，全国人民代表大会各专门委员会、国务院、中央军事委员会、最高人民法院，最高人民检察院，可以向全国人民代表大会提出属于全国人民代表大会职权范围内的议案，由主席团决定交各代表团审议，或者先交有关的专门委员会审议、提出报告，再由主席团审议决定提交大会表决"；第10条规定："一个代表团或者三十名以上的代表，可以向全国人民代表大会提出属于全国人民代表大会职权范围内的议案，由主席团决定是否列入大会议程，或者先交有关的专门委员会审议、提出是否列入大会议程的意见，再决定是否列入大会议程"。《立法法》第12条规定："全国人民代表大会主席团可以向全国人民代表大会提出法律案，由全国人民代表大会会议审议。全国人民代表大会常务委员会、国务院、中央军事委员会、最高人民法院、最高人民检察院、全国人民代表大会各专门委员会，可以向全国人民代表大会提出法律案，由主席团决定列入会议议程"；第13条规定："一个代表团或者三十名以上的代表联名，可以向全国人民代表大会提出法律案，由主席团决定是否列入会议议程，或者先交有关的专门委员会审议、提出是否列入会议议程的意见，再决定是否列入会议议程。专门委员会审议的时候，可以邀请提案人列席会议，发表意见。"

从《宪法》和相关法律的上述规定来看,上述各有权向全国人大提起议案的主体可以向全国人大提起其职权范围内的议案,如果这些主体认为全国人大及其常委会的行为违宪,可以向它提起审查请求的议案,由大会审查。就全国人大的立法行为的违宪审查而言,根据前述《立法法》的规定,实质上是与法律的制定、修改或者废除程序(广义上讲,仍是立法程序)合一的,即如果认为全国人大制定的法律违宪,可以由全国人大自身通过法律修改程序来实现违宪审查。亦即,对全国人大立法行为及立法内容进行违宪审查的程序,暗含于全国人大对法律进行立、改、废的程序中。对全国人大其他行为和其常委会的行为,全国人大可以通过对相关议案做出表决等方式进行违宪审查。因此,我国法律违宪审查的程序是具备的,即全国人大对法律的事后审查与法律的修改和废止相统一。

② 事前审查程序

我国《宪法》和法律也没有规定全国人大的事前审查程序,不过笔者认为我国实践中出现过事前审查的做法。

1990年4月4日第七届全国人民代表大会第三次会议通过的《关于〈中华人民共和国香港特别行政区基本法〉的决定》,1993年3月31日第八届全国人民代表大会第一次会议通过的《关于〈中华人民共和国澳门特别行政区基本法〉的决定》,笔者认为这属于事前违宪审查的内容。

其中《关于〈中华人民共和国香港特别行政区基本法〉的决定》内容如下:"第七届全国人民代表大会第三次会议通过《中华人民共和国香港特别行政区基本法》,包括附件一:《香港特别行政区行政长官的产生办法》,附件二:《香港特别行政区立法会的产生办法和表决程序》,附件三:《在香港特别行政区实施的全国性法律》,以及香港特别行政区区旗和区徽图案。《中华人民共和国宪法》第31条规定:"国家在必要时得设立特别行政区。在特别行政区内实行的制度按照具体情况由全国人民代表大会以法律规定。"《香港特别行政区基本法》是根据《中华人民共和国宪法》,按照香港的具体情况制定的,是符合宪法的。香港特别行政区设立后实行的制度、政策和法律,以香港特别行政区基本法为依据。

《中华人民共和国香港特别行政区基本法》自1997年7月1日起实施。①

《关于〈中华人民共和国澳门特别行政区基本法〉的决定》内容如下:

"第八届全国人民代表大会第一次会议通过《中华人民共和国澳门特别行政区基本法》,包括附件一:《澳门特别行政区行政长官的产生办法》,附件二:《澳门特别行政区立法会的产生办法》,附件三:《在澳门特别行政区实施的全国性法律》,以及澳门特别行政区区旗和区徽图案。《中华人民共和国宪法》第31条规定:'国家在必要时得设立特别行政区。在特别行政区内实行的制度按照具体情况由全国人民代表大会以法律规定。'澳门特别行政区基本法是根据《中华人民共和国宪法》按照澳门的具体情况制定的,是符合宪法的。澳门特别行政区设立后实行的制度、政策和法律,以澳门特别行政区基本法为依据。

《中华人民共和国澳门特别行政区基本法》自1999年12月20日起实施。"②

在上述两个决定中,港、澳《基本法》"是根据《中华人民共和国

---

① 《人民日报》,1990年4月5日第1版。
② 《人民日报》,1990年4月5日第1版。

宪法》、按照香港、澳门的具体情况制定的,是符合宪法的",说明全国人大对港、澳《基本法》依据《宪法》第31条做出"合宪"判断。从违宪审查的角度而言,在对这两个法律的审查中,全国人大是采取了"事前审查"(在上述港、澳《基本法》生效之前进行审查)的方式,对自身制定的法律以决议(宪法解释)的形式做出合宪性判断。

除了审查对象系自身制定的法律不同外,这种做法和法国宪法委员会采取事前审查的模式有些类似。这种审查似乎存在着制度化的契机,特别是在涉及较具争议性、重大性的立法、决定、命令等职权行为时。但问题在于,这种事前自我审查能否能起到审查法律效力的作用?是否有掩耳盗铃之嫌?

笔者认为,这种事前审查的做法本质上仍然是立法的一个环节,并不能真正起到审查法律效力的作用。首先,这种事前通过决议的方式对某项法律做出合宪性判断,并不是法律生效的必要程序,进一步而言,依照《宪法》和《立法法》的相关规定,全国人大及其常委会行使国家立法权,只要某项法律依照法定程序通过并经国家主席令公布[①],在实施之日即行生效,无须再通过其它决议肯定该法律的效力;其次,全国人大及其常委会通过的法律是推定合宪的,只要法律没有被依照法定程序修改、废止或者撤销就是合宪的。因此,这种事前审查的做法不是立法的必经程序,并不会影响法律的效力,也就是说从对法律效力的影响来看,这种事前审查的做法是没有必要的。但这种事前审查的做法并非没有任何意义,主要是以宪法解释的途径解决立法过程中的宪法问题或宪法争议。上述两个决定之后,全国人大未再做出类似行为。

无独有偶,实践中又出现尚未提交全国人大审议的《物权法

---

① 《宪法》第80条,《立法法》第23、41条。

（草案）》的"平等保护原则"条款涉嫌违宪问题。《物权法（草案）》经过全国人大常委会三次审议以后，"依照全国人大常委会委员长会议的决定，全国人大常委会办公厅日前向社会全文公布物权法草案，广泛征求意见。"①此后，北京大学大法学院巩献田教授致信全国人大常委会，并将此信公布在网络上②，对《物权法（草案）》多方面提出批评，其中最核心、最尖锐的是批评该草案违宪。这封公开信激起了人们对《物权法（草案）》相关条款是否合宪问题的讨论，其中主要是草案对不同物权主体权利"平等保护原则"的合宪性问题。"法工委有关官员承认，正是这一争论，导致原定今年提交人大会议表决的物权法草案被法律委员会送回法工委，继续修改。"③对此，童之伟教授主张全国人大常委会解释宪法④来解决此问题，但是《物权法》最终应当由全国人大表决通过，全国人大常委会的解释是否会被全国人大接受，有待进一步观察事态的发展。

此外，最近《突发事件应对法（草案）》第57条的合宪性也遭到怀疑，该条规定："新闻媒体违反规定擅自发布有关突发事件处置工作的情况和事态发展的信息或者报道虚假情况，将由所在地履行统一领导职责的人民政府处以5万元以上10万元以下罚款。突发事件的相关信息由该地人民政府统一发布，新闻媒体的相关报道也归其统一管理。"对于此，有人认为"在任何情况下，媒体都

---

① 《全国人大常委会公布物权法草案向社会广征意见》，载于《光明日报》，2005年7月11日。
② 这封公开信来源于北京大学公法网 http://www.publiclaw.cn/article/Details。
③ 唐度：《审议表决计划延期 物权法草案继续修改》，载于《21世纪经济报道》，2006年03月02日。
④ 详见童之伟：《〈物权法（草案）〉该如何通过宪法之门——评一封公开信引起的违宪与合宪之争》，载于《法学》2006年第3期。

不能做虚假报道,这是一个基本的原则,对虚假报道进行处罚肯定不会引起争议。但问题就是,什么叫做'违规擅自发布'? 这不是一个可以客观衡量的标准,完全是政府自己的主观判断。草案第57条把这两个问题混为一谈,显然是立法者缺乏基本的常识——至少没有进行严谨的考虑……总的来说,这样的条款是严重违宪的。对于这样的条款,人大就应该发挥立法机关的作用,予以删除而不要抱有修改、完善的幻想……"[1]"这个草案中对于媒体报道的限制性规定,不仅可能导致突发事件中的荒唐现象发生,尤其重要的是,它反映了有关人士对于新闻媒体在现实社会中的地位和功能认识上的不足。公众舆论对于权力监督的必要性,大家都认为是常识性的问题了,但是在严肃的法律文件中却仍然被是非颠倒。而以法律的形式确认,政府部门对于新闻报道的行政管理,更是十分危险的做法。"[2]民间人士这种意见最终能否被全国人大常委会在审议过程中接受,有待进一步观察事态发展。

这两个法律草案涉及的宪法问题都是在全国人大常委会将法律草案向全社会公布,听取社会各界意见时被提出来的,这种现象反映出在我国立法过程中公民对宪法问题越来越关注的发展趋势,这种变化能够更好地监督立法活动,使立法活动能更广泛地代表民意,一定程度上解决法律和宪法的协调问题。

2. 全国人大常委会的违宪审查权

(1) 审查对象

《宪法》第67条第1项、第6项、第7项和第8项是全国人大

---

[1] 江平:《突发事件新闻管制严重违宪》,载于http://www.e-cpcs.org/yhyj_readnews.aspx?id=3970&cols=14。

[2] 江平:《限制媒体报道应对突发事件是一种退步》,载于《南方都市报》,2006年6月28日。

违宪审查权的基本依据,除此之外,《立法法》进一步贯彻《宪法》规定,《立法法》第88条规定:"改变或者撤销法律、行政法规、地方性法规、自治条例和单行条例、规章的权限是……②全国人民代表大会常务委员会有权撤销同宪法和法律相抵触的行政法规,有权撤销同宪法、法律和行政法规相抵触的地方性法规,有权撤销省、自治区、直辖市的人民代表大会常务委员会批准的违背宪法和本法第66条第2款规定的自治条例和单行条例;……";在此基础上,2000年10月16日第九届全国人民代表大会常务委员会第34次委员长会议通过《行政法规、地方性法规、自治条例和单行条例、经济特区法规备案审查工作程序》(以下简称《法规备案审查工作程序》),将经济特区的地方性法规也纳入全国人大常委会的审查范围内,2005年12月16日十届全国人大常委会第四十次委员长会议修订《法规备案审查工作程序》,十届全国人大常委会第四十次委员长会议还同时通过《司法解释备案审查工作程序》,将司法解释也正式纳入违宪审查的范围,这两个审查程序进一步完善了全国人大常委会违宪审查的程序。

从这些规定来看,全国人大常委会违宪审查的对象是行政法规、地方性法规、省、自治区、直辖市的人民代表大会常务委员会批准的自治条例和单行条例;此外,依照《宪法》第67条第6项"(全国人大常委会)监督国务院、中央军事委员会、最高人民法院和最高人民检察院的工作",国务院、中央军委、最高人民法院和最高人民检察院的其他行为也应当然纳入全国人大常委会的审查对象,因此,全国人大常委会的审查对象基本囊括了除自身之外的行为,可以说,我国违宪审查权主要由全国人大常委会来行使。

(2)审查程序

《立法法》第 90 条①和第 91 条②初步规定了全国人大常委会违宪审查的启动程序和具体审查程序,《法规备案审查工作程序》和《司法解释备案审查工作程序》进一步细化了《立法法》的规定。根据《立法法》和这两个审查工作程序,全国人大常委会的违宪审查程序可以分为主动审查和被动审查。

① 审查的提起

A. 主动审查的提起

《法规备案审查工作程序》第 8 条规定:"专门委员会认为备案的法规同宪法或者法律相抵触的,可以主动进行审查,会同法制工作委员会提出书面审查意见,依照第 11 条的规定处理。法制工作委员会认为备案的法规同宪法或者法律相抵触,需要主动进行审查的,可以提出书面建议,报秘书长同意后,送有关专门委员会进行审查。"

---

① 《立法法》第 90 条:"国务院、中央军事委员会、最高人民法院、最高人民检察院和各省、自治区、直辖市的人民代表大会常务委员会认为行政法规、地方性法规、自治条例和单行条例同宪法或者法律相抵触的,可以向全国人民代表大会常务委员会书面提出进行审查的要求,由常务委员会工作机构分送有关的专门委员会进行审查、提出意见。

前款规定以外的其他国家机关和社会团体、企业事业组织以及公民认为行政法规、地方性法规、自治条例和单行条例同宪法或者法律相抵触的,可以向全国人民代表大会常务委员会书面提出进行审查的建议,由常务委员会工作机构进行研究,必要时,送有关的专门委员会进行审查、提出意见。"

② 《立法法》第 91 条:"全国人民代表大会专门委员会在审查中认为行政法规、地方性法规、自治条例和单行条例同宪法或者法律相抵触的,可以向制定机关提出书面审查意见;也可以由法律委员会与有关的专门委员会召开联合审查会议,要求制定机关到会说明情况,再向制定机关提出书面审查意见。制定机关应当在两个月内研究提出是否修改的意见,并向全国人民代表大会法律委员会和有关的专门委员会反馈。

全国人民代表大会法律委员会和有关的专门委员会审查认为行政法规、地方性法规、自治条例和单行条例同宪法或者法律相抵触而制定机关不予修改的,可以向委员长会议提出书面审查意见和予以撤销的议案,由委员长会议决定是否提请常务委员会会议审议决定。"

根据此条,各专门委员会和法制工作委员会可以提起对行政法规、地方性法规、自治条例和单行条例、经济特区法规的主动审查程序,所不同的是各专门委员会可以直接提起主动审查程序,而法制工作委员会的提议需要经秘书长批准。

B. 被动审查的提起

根据《立法法》第 90 条、第 91 条以及《法规备案审查工作程序》第 7 条,提起主动审查的主体有两类,第一类是"国务院、中央军委、最高人民法院、最高人民检察院和各省、自治区直辖市的人大常委会",第二类是"其他国家机关和社会团体、企业事业组织以及公民"。这两者提请审查的后果是不同的,对于前者的请求,"常委会办公厅秘书一局接收、登记后,报秘书长批转有关专门委员会会同法制工作委员会进行审查";对于后者的建议,"由法工委负责接收、登记,并进行研究;必要时,报秘书长批准后,送有关专门委员会进行审查"。也就是说前者当然能启动审查程序,而后者只有经过研究,属于"必要"时才能启动审查程序,何谓必要?并没有一个具体的裁量标准,完全取决于法制工作委员会的裁量。

② 具体审查程序

依据《法规备案审查工作程序》第 11 条、第 12 条、第 13 条和第 14 条,具体审查程序可以分为三个阶段:

第一,与制定机关进行沟通协商。

第二,通过有关专门委员会提出书面审查意见,要求制定机关纠正,制定机关按照所提意见对该法规进行修改或者废止的,不再进行审查。

第三,经过上述工作,制定机关仍不纠正的,通过常委会审议决定,撤销同宪法或者法律相抵触的法规。

第四,法规审查工作结束后,常委会办公厅公告结果。

《司法解释备案审查工作程序》规定,最高人民法院、最高人民检察院制定的司法解释,应当自公布之日起 30 内报送全国人大常委会备案。国务院等国家机关和社会团体、企业事业组织以及公民认为司法解释同宪法或者法律相抵触,均可向全国人大常委会书面提出审查要求或审查建议。此外,《司法解释备案审查工作程序》还就有关司法解释的报送和接收、审查工作的分工负责、被动审查和主动审查、同宪法或者法律相抵触的司法解释的纠正程序等做出了具体规定。

3. 有关地方各级人大及其常委会违宪审查权的争议

《宪法》第 99 条第 1 款规定:"地方各级人民代表大会在本行政区域内,保证宪法、法律、行政法规的遵守和执行;依照法律规定的权限,通过和发布决议,审查和决定地方的经济建设、文化建设和公共事业建设的计划";同条第 2 款规定:"县级以上的地方各级人民代表大会……有权改变或者撤销本级人民代表大会常务委员会不适当的决定";第 104 条规定:"县级以上的地方各级人民代表大会常务委员会……监督本级人民政府、人民法院和人民检察院的工作;撤销本级人民政府的不适当的决定和命令;撤销下一级人民代表大会的不适当的决议;……"《地方各级人民代表大会和地方各级人民政府组织法》第 8 条①、第 9 条②和《立法法》第 63 条第

---

① 《地方各级人民代表大会和地方各级人民政府组织法》第 8 条:"县级以上的地方各级人民代表大会行使下列职权:(1)在本行政区域内,保证宪法、法律、行政法规和上级人民代表大会及其常务委员会决议的遵守和执行,保证国家计划和国家预算的执行;……"

② 《地方各级人民代表大会和地方各级人民政府组织法》第 9 条规定:"乡、民族乡、镇的人民代表大会行使下列职权:(1)在本行政区域内,保证宪法、法律、行政法规和上级人民代表大会及其常务委员会决议的遵守和执行……"

2款[①]、第88条[②]相关款项进一步细化了《宪法》的上述规定。

据此,我国学者对地方各级人大及其常委会是否有违宪审查权(宪法监督权)有"肯定说"[③]和"否定说"[④]两种截然相反的观点。肯定说主要依据《宪法》和相关法律的字面进行理解,既然各级人大及其常委"在本行政区域内保障宪法和法律的遵守和执行",那么对于本行政区域内的违宪行为和违法行为自然有监督权力。否定说主要认为地方人大没有违宪审查权是基于宪法性质和地方国家权力机关的地位决定的,"只有全国人大及其常委会才有权审查和纠正违宪,而地方人大及其常委会可以认为某项行为是违宪,但不享有违宪审查权";另外,在审查和纠正违宪的过程中必然涉及对《宪法》的解释,全国人大常委会行使"解释宪法"的职权与违宪审查是一致的;另外,肖蔚云先生还认为,虽然地方人大及其常委会没有违宪审查权,并不意味着他们对待违宪问题无所作为,对违宪行为,它们可以采取下列做法:"一是就被认为是违宪或者是否为违宪的问题及时向全国人大常委会报告;二是可以受理本行政区域内组织或公民提出的有关违宪的申诉和意见;三是通过行使宪法和有关法律规定的职权,对有关组织或公民违反组织法及

---

① 《立法法》第63条第2款:"较大的市的人民代表大会及其常务委员会根据本市的具体情况和实际需要,在不同宪法、法律、行政法规和本省、自治区的地方性法规相抵触的前提下,可以制定地方性法规,报省、自治区的人民代表大会常务委员会批准后施行。省、自治区的人民代表大会常务委员会对报请批准的地方性法规,应当对其合法性进行审查,同宪法、法律、行政法规和本省、自治区的地方性法规不抵触的,应当在四个月内予以批准。"

② 《立法法》第88条:"……(4)省、自治区、直辖市的人民代表大会有权改变或者撤销它的常务委员会制定的和批准的不适当的地方性法规;(5)地方人民代表大会常务委员会有权撤销本级人民政府制定的不适当的规章……"

③ 参见陈云生:《民主宪政思潮》,人民出版社1988年版,第264页。

④ 肖蔚云、蒋朝阳:《关于全国人大和地方人大维护宪法实施的不同职责》,载于《人大工作通讯》1995年第17期,肯定说中引用的观点及理由均出自此文。

有关法律的行为予以纠正"。

笔者同意否定说。违宪审查制度是国家重要的制度,《宪法》只明确规定了全国人大及其常委会"监督宪法实施",全国人大常委会"解释宪法",未明确其它国家机关有此职权,从文意来看不能确定地方人大及其常委会的违宪审查权。另外,从实际来看,地方各级人民代表大会及其常务委员会和地方各级政府,都必须在法律规定的权限范围内行使职权[①],在一般情况下,地方各级人大及其常务委员会和地方各级政府的职权行为通常是依据具体法律做出的行为,如违反其所依据的法律,则是"违法行为",而不是"违宪行为",由此看来,即使地方国家机关的行为有争议,通常也是违法,而非违宪,因此地方人大及其常委会的审查通常也是违法审查。

综上,我国制度层面上的违宪审查制度已经建立起来,而且在某些方面已经是比较完备了。

第二节 我国违宪审查制度面临的问题

一、解决法律之下规范性文件的合宪性、合法性问题

如前文所述,我国违宪审查制度的理论依据之一就是"宪法具

[①] 《宪法》第99条第1款:"地方各级人民代表大会在本行政区域内,……依照法律规定的权限,通过和发布决议,审查和决定地方的经济建设、文化建设和公共事业建设的计划",该条明确规定地方各级人大在"法律规定"范围内行使职权。《宪法》第107条:"县级以上地方各级人民政府依照法律规定的权限,管理本行政区域内的经济、教育、科学、文化、卫生、体育事业、城乡建设事业和财政、民政、公安、民族事务、司法行政、监察、计划生育等行政工作,发布决定和命令,任免、培训、考核和奖惩行政工作人员。乡、民族乡、镇的人民政府执行本级人民代表大会的决议和上级国家行政机关的决定和命令,管理本行政内的行政工作",该条也明确规定县级以上政府在"法律权限内"行使职权。

有最高法律效力",基于此,法律自然是我国违宪审查的对象,但法律的合宪性问题并不是我国违宪审查制度要解决的主要问题,我国违宪审查解决的主要问题是法律之下的规范性文件的合宪性,如行政法规、地方性法规、自治条例和单行条例等。这是因为:

第一,从全国人大及其常委会的地位来看,全国人大是最高国家权力机关,其常委会是其常设机关。在我国,人民行使国家权力的机关是各级人大及其常委会,其中地位最高的是全国人大,其中地位最高、权力最大的是全国人大,它集中代表并体现全国人民的意志,是我国政治生活的基础和核心,这也是法律获得正当性的基础之一;如果全国人大及其常委会制定的法律频频涉嫌违宪,那只能是全国人大及其常委会运作出了问题,恐怕也不是违宪审查制度能解决得了的。实际上即便是在实行三权分立的日本,法律也不是法院违宪审查的主要对象,这也是民主主义的要求,法院在多数情况下尊重民意代表做出的判断,除非有涉嫌重大违宪的理由。

第二,从审查的技术来看,存在"立法裁量"的问题。全国人大及其常委会制定的法律是对《宪法》基本原则的直接贯彻,这种贯彻自然是结合我国的实际情况的"裁量"。这种"裁量"是全国人民意志的集中体现,除非明显违宪,原则上推定合宪。

另外,从实际中来看,我国出现的问题主要是法律之下的规范性文件违反法律的情形,例如本文前言所列举的事例,实际上《立法法》的出台很大程度上也是为解决行政法规、地方性法规等与法律冲突的问题。

二、现有制度具体程序的瑕疵

尽管1982年宪法规定了违宪审查制度的某些实质性条款,但具体的制度,特别是对法律之下的规范性文件的审查程序一直没有建立起来,这种状况直到2000年《立法法》出台,才稍有改变。尽管《立法法》、《法规备案审查工作程序》以及《司法解释备案审查工作程序》进一步完善了《宪法》规定的违宪审查制度,但在许多方面仍有瑕疵。

1. 对公民建议受理与否的裁量太随意,缺乏完整必要的程序

《法规备案审查工作程序》第7条①,对不同主体提起行政法规、地方性法规、自治条例和单行条例、经济特区法规的违宪、违法审查建议,其处理方式是不同的。对公民提起的建议,"由法制工作委员会负责接收、登记,并进行研究;必要时,报秘书长批准后,送有关专门委员会进行审查",由此可以看出,对公民提起审查建议,是否受理由全国人大法制工作委员会和秘书长决定,主要看"是否必要",实际上留下了太大的自由裁量空间,这在很大程度上限制了公民审查建议启动违宪审查程序的可能性。公民为维护自己的合法权益,提请全国人大常委会审查涉嫌违宪或违法的规范性文件,是违宪审查制度有效运作的重要推动力,然而现实中公民提起的几起审查建议最终都没有正式进入审查程序,也没有任何回复,与这种规定有很大关系。

2. 专门委员会的审查有代替全国人大常委会审查之嫌疑

依照《法规备案审查工作程序》第11条、第12条和第13条,

---

① 《法规备案审查工作程序》第7条:"国务院、中央军事委员会、最高人民法院、最高人民检察院和各省、自治区、直辖市的人大常委会认为法规同宪法或者法律相抵触,向全国人大常委会书面提出审查要求的,常委会办公厅秘书局接收、登记后,报秘书长批转有关专门委员会会同法制工作委员会进行审查。

上述机关以外的其他国家机关和社会团体、企业事业组织以及公民认为法规同宪法或者法律相抵触,向全国人大常委会书面提出审查建议的,由法制工作委员会负责接收、登记,并进行研究;必要时,报秘书长批准后,送有关专门委员会进行审查。

专门委员会及常委会办公厅等工作机构收到前款规定的对法规提出审查建议的信函后,应当及时交法制工作委员会。"

全国人大常委会专门委员会具体负责审议法规的合宪性和合法性,但依照这些审查程序,专门委员会的审查有代替全国人大常委会审查之嫌疑。

有关专门委员会和法律委员会认为被审查规范性文件涉嫌违宪、违法和不涉嫌违宪、违法两种情形。依照《法规备案审查工作程序》第 11 条,"法律委员会的审查意见与有关专门委员会的审查意见一致,认为法规同宪法或者法律不抵触的,由法律委员会报秘书长同意,送常委会办公厅存档",可《审查工作程序》再没有规定接下来的程序,似乎只要专门委员会和法律委员会认为被提起审查的规范性文件合宪或者合法,经秘书长同意,审查程序就此结束,亦即就此确认被审查的法规合宪和合法,无需再提交全国人大常委会裁决,这样合宪的判断权很大程度上掌握在专门委员会手中。确认被审查法规合宪往往涉及宪法或法律解释的问题,也就是涉及宪法或法律解释权的行使,依照我国《宪法》第 61 条,宪法和法律解释权均属于全国人大常委会;然而依照《审查工作程序》的上述规定,有关专门委员会和法律委员会确认被审查的法规合宪和合法,无需再提交全国人大常委会裁决,这样有关专门委员会和法律委员会确认被审查法规合宪或合法的同时,实际上行使了宪法解释或法律解释的职权,有越权之嫌。

再看有关专门委员会认为被审查的法规涉嫌"违宪"的情形。依照《审查工作程序》第 9 条[①],专门委员会和法律委员会认为被

---

① 《审查工作程序》第 9 条:"专门委员会、法制工作委员会根据第 7 条、第 8 条的规定对法规进行审查、研究,可以请制定机关说明有关情况。经商法律委员会研究认为法规同宪法或者法律相抵触的,可以与制定机关进行沟通协商,提出意见。制定机关按照所提意见对该法规进行修改或者废止的,不再进行审查。制定机关应当及时将修改后的法规或者将废止法规的情况向全国人大常委会备案。"

提请审查的规范性文件违宪或者违法,该规范性文件的制定机关即应当做出修改,否则涉嫌违宪或违法的法规就面临被提交到全国人大常委会会议审查的可能。一般而言,制定机关不会冒着自身制定的规范性文件被提交全国人大常委会审查的风险而拒绝做出修改,往往会按照"意见"做出修改了事,有关专门委员会也"不再进行审查",审查程序也随即终止,无需经全国人大常委会正式确认违宪或违法。这样很大程度上,被审查的规范性文件违宪或者违法的裁判权掌握在了各专门委员会手中;同样地,确认被审查法规违宪或违法也要涉及宪法解释权或法律解释权,各专门委员会和法律委员会最终确认被审查法规违宪,也实际上行使了宪法解释或法律解释的职权,同样有越权的嫌疑。

综上,按照现行《审查工作程序》规定,被提请审查的规范性文件合宪与否的结论很大程度上由有关专门委员会和法律委员会决定,这有悖于我国宪法"全国人大常委会监督宪法实施"的精神,有关专门委员会和法律委员会也有越权行使宪法解释或法律解释权的嫌疑,这使得审查结果的正当性和权威性大打折扣。

3. 没有明确审查后的规范性文件的效力如何

根据《审查工作程序》只有各专门委员会认为被审查的规范性文件违宪或违法,制定机关拒绝修改时,才最终由委员长会议提交常委会审议,最终做出合宪与否的裁决;其他情形,如各专门委员会认为合宪,终止审查或者各专门委员会认为违宪,制定机关按照其意见做出修改以后终止审查,并没有明确被审查的规范性文件合宪、合法与否的结论。各专门委员会是否有权以自己名义独立宣布被审查规范性文件合宪、合法与否?《全国人民代表大会组织法》和《审查工作程序》没有明确规定,即认为没有此项权限。也就是说启动审查程序后,被提请审查文件的效力如何,是否必须做出结论？以谁的名义做出结论？并没有对外做出一个明确的结论。孙志刚案件引发的三博士上书全国人大常委员事件，虽然国务院最终主动撤销了涉嫌违宪的行政法规，但是否意味着全国人大常委会可以终止审查或者不做出结论？不得而知。

4. 审查程序不透明、不公开

违宪审查程序是对国家行为合宪与否的监督，类似于准司法的程序。然而《审查工作程序》并未规定审查程序的公开，整个审查程序处于不完全公开的状态，诸如不受理公民的建议的理由、最终认定合宪与否的理由等等均不完全公开，仅仅是"法规审查工作结束后，常委会办公厅可以根据需要，将审查结果书面告知提出审查要求或者审查建议的国家机关和社会团体、企业事业组织以及公民"[①]也就是说审查结果是否公开要看需要与否，何谓"需要"？不得而知。审查程序不公开、不透明使得审查结果的公信力大打折扣。

第三节　我国违宪审查制度运作存在的问题及原因

一、我国违宪审查制度运作存在的问题

如前所述，在制度层面上，我国违宪审查制度已经建立起来了，但这个制度在实践中并未有效运作起来，仍处于"休眠状态"，尚未充分发挥人权保障和维护国家法制统一的机能。自1982年《宪法》生效以来，全国人大没有进行过一次违宪审查工作，也没有宣布过任何一个法律条款违宪的事例，全国人大常委会也没有正

[①] 《审查工作程序》第14条。

式启动过违宪审查程序。尽管《立法法》等相关法律规定了法规的备案审查,但全国人大常委会也从未公布过对行政法规、地方性法规等规范性文件的备案审查结果;我们无法了解各专门委员会是否对备案的法规进行过审查,如果进行过审查,仅仅是形式上的审查还是做出过实质审查,这种事后的备案审查是否真正发挥作用也就不得而知。审查结果是不公开,似乎表明这些备案的法规都是合宪、合法的,但现实中的大量事例表明事实并非如此。

近年来,对中国违宪审查制度运作较有影响的一事件是因孙志刚案而引起的三博士上书全国人大常委会请求对《城市流浪乞讨人员收容遣送办法》(以下简称《遣送办法》)进行违宪审查。不过,2003年6月20日,国务院颁布《城市生活无着的流浪乞讨人员救助办法》,以其替代《收容遣送办法》,从而使后者实质上终止适用。但全国人大常委会一直以来未对前述违宪审查申请做出合宪或违宪的判断。

此外还有本章开头提及的公民向全国人大常委会提起审查某些行政法规或地方性法规的建议,均未有全国人大常委会正式启动违宪审查程序的报道。可以说尽管2000年《立法法》出台以后,从制度层面上来看,我国健全了对法律之下规范性文件的违宪审查制度,但实践中还没有出现一例全国人大常委会对规范性文件做出是否合宪的裁决。因此,我国违宪审查制度并没有效运作起来,很大程度上还停留在单纯的制度层面上。

二、我国违宪审查制度尚未有效运作的原因

我国违宪审查制度尚未有效运作的原因是多方面的,我们可以从对法律的审查和对法律之下的规范性文件的审查两个层面进行分析。

1. 法律合宪性审查尚未启动的原因

第一,1982年《宪法》生效以来,我国从未发生过全国人大代表以"法律涉嫌违宪"为由,向全国人大提起审查法律是否违宪的议案的事例,这与全国人大代表的组成有很大关系。全国人大代表由各行各业的人士组成,但是代表当中法律专家的比例非常的低,因此,对于人大代表而言,对法律违宪问题的理解并不是从职业法律人士的角度来看待,这种状况大大降低了一个代表团或30名全国人大代表提起审查的可能性,弱化了制度运用的实际可操作性。作为制度设计中最主要的审查提起的通道,其机能上的故障是法律合宪性审查不能启动的最主要的原因。

第二,尽管《宪法》和相关法律规定各种国家机关可以向全国人大提起议案,但这些机关也从未提起过法律违宪的议案,这与我国的"权力机关至上"的政治结构有关。这些机关均由全国人大产生,并对其负责,受其监督,其他机关地位低于全国人大,通常会对其行为做出谦抑的表现;作为位阶低于人大的机关,在地位上远远低于全国人大,即使它们认为全国人大及其常委会的法律有违宪嫌疑,也不愿意对法律的合宪性说三道四,因此这些机关提起法律合宪性审查的动力是不足的。

第三,公民的违宪审查建议权没有得到充分的尊重,相关制度缺乏透明性。虽然立法法明确规定的国家机关、社会团体、企事业组织和个人可以向全国人大常委会提出对涉嫌违宪或违法的行政法规、地方性法规、自治条例和单行条例进行审查的建议,但是没有相关配套的具体操作制度,实际执行当中存在着相当的不足,公民的违宪审查建议权无法充分行使。因此,通过社会的监督以保证行政法规、地方性法规、自治条例和单行条例的内容符合宪法这一立法目的没有达到。尽管存在着不足和缺陷,笔者认为,单是从制度上来看对法律的合宪性进行审查是完全有可能的,只是制度没有被激活罢了。试想,如果哪一天 30 名人大代表认为某项法律的某项条款违宪,向全国人大提请审查,从而激活我国对法律的违宪审查,不是非常难以想象的事情。

2. 法律之下的规范性文件审查尚未激活的原因

第一,具体审查程序的长期空缺。如前所述,我国现行《宪法》生效以来,具体的违宪审查制度,特别是对法律之下的规范性文件的审查程序在较长时间内一直没有确立,使得《宪法》规定的违宪审查原则长期虚置,这种状况直到 2000 年《立法法》出台才稍有所改观。但是立法法的相关规定,也缺乏具体的配套程序,自然使得违宪审查的程序无法运行,这是长期以来我国违宪审查制度运作低下的首要因素。

第二,现有程序的瑕疵。如上文所述,虽然自 2000 年以来,我国违宪审查的具体程序有所完善,但某些具体环节仍然有很大问题。其中,程序的入口之一,公民提请审查建议的受理视"必要"而定,对受理机关的裁量权的设定过宽,使得被动审查的通道之一大大受到限制,使被动审查的启动出现故障。这也是现实中数起公民提起审查的建议都未能正式启动违宪审查程序的主要原因。

另外,现实中也从未发生过国家机关提起违宪审查的事例,也表明国家机关提起违宪审查的动力并不充足,这也是对我国法律之下的规范性文件的违宪审查程序无法正式启动的重要原因。

第四节 完善我国违宪审查制度的基本思路

一、完善我国违宪审查制度的多种争议

基于我国长期以来具体违宪审查程序虚置和现实中审查程序

的某些瑕疵,审查运作低下的状况,如何完善我国违宪审查制度,使之有效运作也就成了我国宪法学界长期以来的研究热点。1982年《宪法》产生至今,围绕完善我国违宪审查制度的著述颇丰,我国学者主要侧重研究全国人大自我审查是否合适,从比较、借鉴国外的违宪审查制度进而构建所谓适合我国的违宪审查制度。

1. 全国人大自我审查是否合适

依照我国《宪法》,全国人大是最高国家权力机关,其通过的基本法律如果涉嫌违宪,只能由其自身审查解决,或者通过事前审查的方式解决。但多数学者对这种自我监督,自己做自己法官的审查方式的有效性表示怀疑。

"我国国家立法权分别由全国人大及其常委会行使,基本法律由全国人大制定,普通法律由全国人大常委会制定。普通法律如果违宪了可以由全国人大加以改变或者撤销。……基本法律如果违宪了怎么办?那只好由全国人大'自我监督'了,而理论和实践都证明了:自我监督等于没有监督"[1]。也有学者认为我国现行政治体制下,法律违宪审查权与立法权都由全国人大行使,法律违宪审查如同虚设,法律无所谓合不合宪[2]。

2. 全国人大及其常委会是否能有效审查

多数学者认为,全国人大及其常委会不仅难以在法律的违宪审查上有所作为,而且对法律之下的规范性文件也难以进行有效审查,我国缺乏专门的违宪审查机构,是我国违宪审查制度运作效果不佳的重要原因。"我国监督宪法实施的机构是全国人大及其

---

[1] 吴家麟:《论设立宪法监督机构的必要性和可行性——为现行宪法颁布8周年而作》,载于《法学评论》1991年第2期。

[2] 苗连营:《中国的违宪审查:是否可能,如何可能?》,载于《郑州大学学报》(哲学社会科学版)2004年第4期。

常委会,这在政治体制上说是适宜的,但实际上难以发挥作用。全国人大由近3000名代表组成,每年召开一次会,会期只有两个星期左右,这十天来要听好几个报告,要讨论、审议、酝酿、表决,很难在监督宪法的实施上有所作为。全国人大已经到了第七届了,还没见过到哪一届全国人大的哪一次会议在监督宪法实施方面采取过什么行动。全国人大常委会人数少,每两个月开会一次,本来可以在监督宪法实施方面多发挥作用。但由于立法任务繁重,顾不上审查和处理违宪问题,事实上全国人大常委会除了发出严格遵守宪法、加强教育之类的一般口号之外,从来没有讨论和处理过具体的违宪问题。……"①

3. 重新构建我国违宪审查制度的种种观点

基于此种现实,很多学者认为要推动我国违宪审查制度的发展,应当打破现有体制,重新构建我国违宪审查制度,于是学者们开始构建我国各式各样的违宪审查制度,几乎世界主要违宪审查模式都被我国学者提倡。这些研究大多未深入涉及世界各种具体违宪审查制度、制度运行的基础、背景和制度的运作情况等等,只是浅层次的提倡我国应采取哪种违宪审查模式。不仅不便于倡导一种适合国情的制度构建,而且还易于混乱视听,对国家法治建设的慎重推进不利。所以如果将我国违宪审查制度建立在一个恰当的理论之上,还是一个尚需理清和深入研究的大问题。下面,笔者对这些研究作简要归纳。

(1)"宪法委员会"说

这是我国学界的主流意见,这种主张自1982年我国制定现行

---

① 吴家麟:《论设立宪法监督机构的必要性和可行性——为现行宪法颁布8周年而作》,载《法学评论》1991年第2期。

《宪法》时就有人提倡,但最终未被采纳;在此之后至今一直有学者提倡,甚至构建出了整个制度。基于宪法委员会地位不同,这种主张又可以分为两类。

① 全国人大之下设专门委员会性质的宪法委员会

这种宪法委员会不动摇全国人大及其常委会的地位,属于全国人大及其常委会内设专门委员会,专门具体负责违宪审查工作。"我建议成立这样的宪法监督机构:一、名称:全国人民代表大会宪法监督委员会。二、领导关系:是全国人民代表大会设立的一个专门委员会,宪法监督委员会受全国人民代表大会领导,在全国人民大会闭会期间,受常务委员会领导"[1]这种主张得到许多学者支持,此后又有许多学者发表论文进一步支持这种主张,但内容大同小异,只是具体宪法委员会具体组成、职能等方面有所差别,此不再赘述,可参见此注释列举的文章。[2]

② 全国人大之下设立与全国人大常委会平行的宪法委员会

持此论者认为,宪法委员会在国家机关中的地位应当与全国人大常委会平行,专门独立负责违宪审查工作。"应当设立宪法委员会,并与全国人大常委会平行,分别行使监督权和立法权。同时,宪法委员会可以分两级设置,即全国人大宪法委员会和省、直辖市、自治区宪法委员会。宪法委员会的主要职责是监督宪法的

---

[1] 吴家麟:《论设立宪法监督机构的必要性和可行性——为现行宪法颁布8周年而作》,载于《法学评论》1991年第2期。
[2] 具体参见程湘清:《关于宪法监督的几个有争议的问题》,载于《法学研究》1992年第4期;王叔文:《论宪法实施的保障》,载于《中国法学》1992年第6期;侯淑雯:《论我国宪法监督机制的完善》,载于《法学》1995年第12期;张晶、戴鸿映:《关于宪法监督的比较与思考》,载于《政法论坛》1995年第5期;苗连营:《关于设立宪法监督专责机构的设想》,载于《法商研究》1998年第4期等等。

贯彻实施情况,对违宪行为进行处理。"[①]

(2)"宪法法院"说

有学者认为我国应当设立德国式的宪法法院。对于设立宪法法院来专门行使违宪审查权,比较有代表的是:"应当设立宪法法院,行使宪法监督权。……二是宪法法院独立行使违宪审查权。……三是全国人大全体代表大会对最高宪法法院裁决拥有最后决定权。当最高宪法法院的司宪解释同全国人大常委会的立宪解释发生矛盾,当各国家机关不服最高宪法法院裁决,由最高宪法法院提请全国人大全体代表大会表决,决定支持或否决最高宪法法院的裁决。四是宪法法院拥有司宪执行权和监督执行权。宪法法院追究违宪责任,除直接宣布法律、法规和其他规范性法律文件违宪外,主要责成违宪主体和违宪主体的负责机关处理,负刑事责任的交由司法机关处理。……五是最高宪法法院可依法适用特殊程序处理某些宪法争议。……"[②]

(3)"普通法院"说

持此论者认为我国的普通法院应当在审判中适用宪法,在处理个案纠纷中附带行使违宪审查权,甚至对法律的合宪与否进行审查,主张我国实行"宪法司法化"。这种主张在2000年"齐玉苓案"之后骤然升温,甚至成燎原之势。

这种观点立足于现有体制,通过对宪法进行学理解释"赋予"人民法院违宪审查权,企图效仿美国普通法院行使违宪审查权的做法来解决我国实际问题。"人民法院是宪法实施的主体,而宪法司法适用是宪法实施的重要途径和必要形式;……宪法具有最高

[①] 姚登魁、郑全咸:《试论健全保障宪法实施的机制》,载于《当代法学》1988年第3期。

[②] 正文:《完善我国的违宪审查制度》,载于《探索》1998年第1期。

法律效力,人民法院当然应以宪法为最高活动准则,在法律没有规定或法律规定与宪法相冲突时,人民法院只能以宪法作为审判的最终依据,否则,宪法的最高性和根本性便无从体现。……《人民法院组织法》第 4 条规定:'人民法院独立进行审判,只服从法律';……宪法也属于法律范畴。既然宪法也属于法律,宪法的司法适用性便具有当然性。"①持类似观点的学者还有王磊②等人。但这种观点打破了我国"全国人大至上"的宪政体制,忽视了全国人大常委会的宪法和法律解释权,遭到许多学者批评。③

(4)"复合审查"说

持此论者主张建立最高权力机关和最高人民法院违宪审查庭并行的复合违宪审查制度。"一方面,赋予全国人大常委会法律委员会以宪法监督的权力,主要对法律规范性文件的违宪问题进行审查监督。……另一方面,在最高人民法院内设立宪法法庭,对具体的行为违宪和一般社会规范性文件的违宪问题按照宪法诉讼程序进行事后审查。鉴于我国幅员辽阔、人口众多的现实情况,也可以考虑赋予省、自治区、直辖市、省会市和较大的市人大常委会法律委员会对各该级的地方性法规和行政法规的合宪性进行审查的权力,并且,也可以在同级人民法院内设立宪法法庭,受理审查宪法诉讼案件。"④"建立'复合审查制',是一种值得考虑的新设想,即在全国人民代表大会之下设立宪法委员会,在最高人民法院下设立违宪审查庭分别行使非诉讼的、事先的审查和违宪侵权诉讼、

---

① 王学栋:《我国宪法司法适用性的理论误区》,载于《现代法学》2000 年第 6 期。
② 王磊:《选择宪法》,北京大学出版社 2003 年 12 月第 1 版,第 35—45 页。
③ 童之伟:《宪法司法适用研究中的几个问题》,载于《法学》2001 年第 11 期。
④ 汪进元:《司法审查模式论》,载于《社会科学》1994 年第 4 期。

附带性审查。具体设想如下……"①

上述观点有两个共同点:

第一,基本都涉及修改宪法,突破现有体制。除在全国人大及其常委会内部设专门委员会性质的宪法委员会外,上述观点都触及改变我国现有人民代表大会的政治制度,改变我国"权力机关至上"的权力格局,需要重新分配全国人大及其常委会的权力,甚至转向三权分立的政治制度。可以说,修改宪法,触及全国人大及其常委会的职权,不仅改变我国1982年制宪的初衷,而且也不具有现实性,对此,笔者在下文中将予以详细论及。

第二,只是粗浅的将某些国家的做法直接引入我国,未深入分析这些制度有效运作的基础。上述观点中的制度模式,都是世界各国现已采用的,但这些论者只是直接"拿来",单纯论及制度移植。如果一项制度缺乏相应的运作基础,"拿来"以后同样是弊端重重。如前所述,日本导入美国式的司法审查制度,但在人事制度、司法独立、司法权威等方面存在很多问题,影响功能有效发挥;有学者主张人民法院行使违宪审查权,但却未考虑我国法院审判权威和审判独立的现实问题,忽视我国缺乏普通法院审查的制度基础,实不足取。其他主张也存在相关问题,在此笔者仅限于提出问题,实际上我们在分析日本司法消极主义的同时,就可以领略到违宪审查制度的有效运作不单单是制度本身的问题,更重要的是如何使制度发挥功能的问题。

二、在现有的体制内完善我国违宪审查制度

面对我国违宪审查制度本身的一些问题和运作低下的问题,

---

① 包万超:《设立宪法委员会和日本最高法院违宪审查庭并行的复合审查制——完善我国违宪审查制度的另一种思路》,载于《法学》1998年第4期。

我们应该采取何种方式去完善,促使其有效运作?是在现行体制内改革,还是如同上述学者主张另辟蹊径,重设一套制度?笔者认为从保持宪法稳定和制度成本的角度来看,如果在现有体制内能完善我国违宪审查制度,使之有效运作,就没有必要考虑重新设立另一套制度。能否在现有体制内解决问题,要看现有的违宪审查制度是否从根本上适合我国的政治制度,能否消除或减少制约现有制度功能发挥的种种因素。

1. 现有违宪审查制度根本上适合我国政治制度

从理论上来讲,我国由全国人大及其常委会行使违宪审查权是由我国根本政治制度——人民代表大会制度以及民主集中制原则决定的,这一点笔者在我国违宪审查制度的理论依据中已详细阐释,在此不再赘述。因此,理论上全国人大及其常委会行使违宪审查权是符合我国政治体制的。

从实际来看,全国人大及其常委会行使违宪审查权也是符合我国国情的。实际上,上述我国学者主张的"与全国人大平行的宪法委员会"、"宪法法院"、"普通法院"的观点,在当时制定《宪法》时都被讨论、考虑过,经研究,宪法修改委员会认为全国人大及其常委会行使违宪审查权是符合我国国情的。"(关于宪法的监督和保障)这个问题时宪法修改过程中讨论得比较多的一个问题,主要有以下三种意见:

第一种意见认为,鉴于'文化大革命'中宪法的实施毫无保障和遭到严重破坏的深刻教训,许多同志提出要设立一个专门机构如宪法法院、宪法委员会或由法院来保障宪法的实施。……在讨论中有些人提出我国可以采取由法院或宪法法院审查法律是否违宪的方式,许多人认为在我国目前情况下,法院自身的任务已很繁重,难以担当此任。况且违宪审查事关重大,需要有更大权威的机关来行使。因此又有人提出可以参照国外的一些做法,设立宪法委员会或宪法法院,由国家最有权威、最有地位的人员来组成,监督宪法的实施。

第二种意见认为,设立一个类似宪法委员会或宪法法院的专门机构没有必要。(1)在全国人民代表大会之下设立一个宪法委员会不符合我国全国人民代表大会一元化的领导体制。……(2)宪法的监督和保障,需要专门的机构和人,但它不是依靠少数人的力量所能解决的。'文化大革命'中宪法横遭破坏,并不是因为没有监督宪法实施的机构,而恰恰是由于一个或少数掌握党和国家最高权力的人,置宪法于不顾,破坏了宪法的实施。所以要保障宪法的实施不能只着眼于一个或少数有权力的人,而在于充分发展社会主义民主和党内民主,使国家政治生活民主化,在于广大人民和党员都能担负起维护宪法、保障宪法实施的责任,……

第三种意见认为,由全国人大、全国人大常委会监督和保障宪法的实施较好。因为最高国家权力机关和它的常设机关既是最有权威的机关,又可以经常地监督宪法的实施,这样做比较适合我国的实际情况,也体现了全国人大统一行使最高国家权力的政治制度。为了使监督和保障宪法的实施更加落实,宪法还可以规定在全国人大及其常委会下设立专门委员会,审议全国人大常委会交付的被认为同宪法、法律相抵触的国务院的行政法规、决定和命令……后来宪法修改委员会采纳了这一意见。有些内容还在《全国人大组织法》中做出了规定。"[1]"现在我们采取由全国人大,我国的最高国家权力机关和它的常委会来保障宪法的实施,它是一

---

[1] 肖蔚云:《我国现行宪法的诞生》,收录于肖蔚云著:《论宪法》,北京大学出版社2004年1月第1版,第537—538页。

个有权威的机关。当然,过去对全国人民代表大会的作用发挥不够,十一届三中全会以来,党再三提出要加强国家权力机构、发扬社会主义民主、健全社会主义法制,人大将会逐步地得到加强,发挥它应有的作用。"①

因此,我们可以看出,基于吸取"文化大革命"的教训,我国的政治制度和全国人大及其常委会的权威的因素,宪法修改委员会认为现有违宪审查制度是符合我国国情的。具体方案是加强全国人大职权,将违宪审查权主要集中于全国人大常委会来保障宪法实施。

2. 修改《宪法》改变现行制度不具有现实性

除了上述两点因素,接受现有制度,不去另辟蹊径的另一个重要因素是修改宪法的可行性。如前所述,我国学者改革我国现行违宪审查制度的主张基本都要改变现行制度,都要涉及宪法修改,那么通过修改宪法改革我国现行违宪审查制度是否具有现实性?我们可以从以下三个角度来分析。

(1) 我国宪法修改的原则

虽然我国现行《宪法》修改程序②规定的没有日本严格,但我国现行《宪法》实施以来,全国人大共通过了四次宪法修正案,修宪的原则是很严格的。"修改宪法,遵循什么原则,采取什么方式? 1987年党的十三大以后,党中央领导同志和全国人大常委会领导同志研究对现行宪法作第一次修改时,就确定了两条原则:一是改

---

① 肖蔚云:《关于学习新宪法的辅导报告(二)》,收录于《论宪法》,北京大学出版社2004年1月第1版,第230页。

② 我国《宪法》第64条第1款:"宪法的修改,由全国人民代表大会常务委员会或者五分之一以上的全国人民代表大会代表提议,并由全国人民代表大会以全体代表的三分之二以上的多数通过。"

革要遵守法律,法律要为改革服务;二是修改宪法,只限于不修改就会妨碍改革的条款,可改可不改的不改,有些问题采取宪法解释的办法去解决。这样做,有利于宪法的稳定,有利于国家的稳定。……以后修改宪法部分内容,都是遵循了同样的原则,采用的都是修正案的方式。"①

可见,我国现行《宪法》生效以来,宪法修改的一个重要原则就是尽量保持宪法稳定,能不改就不改,能小改就不大改。这项原则也在刚刚通过的第四次宪法修正中体现出来。②

(2) 执政党的态度

作为执政党的中国共产党对完善我国现行违宪审查制度的态度也是立足于接受现有制度,进一步通过立法完善现有制度,使之有效运作。"全面贯彻实施宪法,必须健全宪法保障制度,确保宪法的实施。……要抓紧研究和健全宪法监督机制,进一步明确宪法监督程序,使一切违反宪法的行为都能及时得到纠正。全国人大及其常委会,要从国家和人民的根本利益出发,在立法过程中充分保障宪法规定的公民的自由和权利;要切实担负起监督宪法实施的职责,坚决纠正违宪行为;要切实履行解释宪法的职能,对宪法实施中的问题做出必要的解释和说明,使宪法的规定更好地得

---

① 杨景宇:《宪法的稳定和与时俱进》,载于《人民日报》,2003年12月17日,作者为全国人大常委会委员、全国人大法律委员会主任委员。

② "这次修改宪法总的原则是:坚持以马克思列宁主义、毛泽东思想、邓小平理论和'三个代表'重要思想为指导,贯彻十六大精神,体现十三届四中全会以来的基本经验,把十六大确定的重大理论观点和重大方针政策写入宪法。根据这个原则,这次修宪不是大改,而是部分修改,对实践证明是成熟的、需要用宪法规范的、非改不可的进行修改,可改可不改的、可以通过宪法解释予以明确的不改。"《吴邦国委员长在十届全国人大常委会第六次会议上的讲话》(2003年12月27日),参见中国人大网http://www.npc.gov.cn/zgrdw/common/group_photo_zw.jsp?label=WXZLK&id=327813&pdmc=011302&dm=01130202。

到落实。"①

从中共中央总书记、国家主席胡锦涛的讲话中,我们可以看出,党对完善违宪审查制度的态度是寄希望于全国人大及其常委会有效行使宪法监督权,在现有制度内解决问题,而不是通过修改宪法,另起炉灶。

(3) 全国人大及其常委会的态度

我国《宪法》第64条第1款规定:"宪法的修改,由全国人民代表大会常务委员会或五分之一以上的全国人民代表大会代表提议,并由全国人民代表大会以全体代表的三分之二以上的多数通过。"作为宪法修正议案提起主体之一的全国人大常委会②和具有修宪权的全国人大常委会对宪法条款是否修改的态度是至关重要的。那么全国人大及其常委会对我国现行违宪审查制度的态度如何?

如前所述,全国人大于2000年通过《立法法》初步完善了我国违宪审查的程序,全国人大常委会委员长会议也在此之后先后制定、修改《行政法规、地方性法规、自治条例和单行条例、经济特区法规备案审查工作程序》和《司法解释备案审查工作程序》。这些法律和决议都是对宪法规定的违宪审查制度的进一步完善,从全国人大及其常委会的这些做法我们可以清楚地看出最高国家权力机关对我国违宪审查制度的态度,也是立足于接受既有制度,在实践中逐步完善,使之逐步有效运作。

---

① 参见:《胡锦涛在首都各界纪念中华人民共和国宪法公布施行二十周年大会上的讲话》,载于《人民日报》,2002年12月5日。

② 1982年《宪法》生效以来,历次修宪的议案都是由全国人大常委会提起,因此,全国人大对宪法条款是否修改的态度是很重要的。

小　　结

　　本章的主要内容是我国现行违宪审查制度及相关问题,共分四节。第一节主要介绍了中国违宪审查制度的含义和依据。该节的重点是阐述中国违宪审查制度的依据,主要指理论依据和制度依据。理论依据包括人民代表大会制和民主集中制原则、宪法最高法律效力观念、维护国家法制统一和保障公民基本权利。制度依据包括全国人大的违宪审查权和全国人大常委会的违宪审查权和地方各级人大及常委会的违宪审查权。全国人大的违宪审查权的对象包括对其自身行为的审查和对其常委会行为的审查,其基本审查程序为事先审查程序和事后审查程序。全国人大常委会的违宪审查权的对象和程序具体有《宪法》和《立法法》的相关条款规定,在此不赘。地方各级人大及常委会的违宪审查权存在争议,有肯定说和否定说两种学说,笔者同意否定说,认为宪法中并没有明确规定地方各级人大及常委会的违宪审查权,因此不能认定地方各级人大及常委会具有违宪审查权。第二节主要分析了我国违宪审查制度面临的问题,笔者总结了以下两个问题:一是解决法律之下规范性文件的合宪性、合法性问题;二是现有制度具体程序的瑕疵。现有制度具体的程序瑕疵主要包括:(1)对公民建议的裁量过宽;(2)专门委员会的审查有代替全国人大常委会审查之嫌疑;(3)没有明确审查后的规范性文件的效力如何;(4)审查程序不透明、不公开。第三节中分析了我国违宪审查制度运作存在的问题及原因。运作中存在的问题主要指这个制度在实践中并没有真正运作起来,仍处于"休眠状态",本节从两个层次分析了该制度尚未启动的原因:一是法律合宪性审查尚未启动的原因;二是法律之下的规范性文件尚未激活的原因,具体分析上文中已经详细阐述,在此不赘。第四节中笔者介绍了中国违宪审查制度完善的基本思路,主要包括"宪法委员会"说、"宪法法院"说、"普通法院"说、"复合审查"说,笔者分析这些思路的共同点,同时提出了自己的观点,即在现有的体制内完善我国违宪审查制度。

第八章　日本违宪审查对我国的启示

虽然我国违宪审查制度和日本违宪审查制度的设计功能类似，都是保障公民基本权利和维护国家法制统一，而且在理论上都以《宪法》的最高法律效力、保障公民基本权利和维护国家法制统一等理论作为理论依据，但是，制度设计以及运用制度的不同，二者在许多方面有很大差别，具体而言可以体现在如下几个方面：

第一，制度的基础不同

在理论依据上，日本违宪审查制度是以三权分立理论作为制度的基本设计原则，体现司法权制衡代表立法权的国会和代表行政权的内阁；在此原则下，日本实行的是普通法院行使违宪审查权的制度。

我国违宪审查制度是将人民代表大会制度和民主集中制作为制度设计的基本原则，产生的根基是由民选的代表组成的权力机关，在此基础上再产生其他国家机关，其他国家机关对权力机关负责、受其监督；因此，在制度上，我国实行权力机关审查，由最高国家权力机关——人大及其常委会统一行使违宪审查权，国家行为是否合宪由最高国家权力机关及其常设机关以议事的方式做出判断。

第二，审查的模式和方式不同

在具体的审查方面，日本实行分散的附随审查制，各级法院都有违宪审查权，在具体的个案中，法院对争议的法律、命令和规则等国家行为的合宪性做出判断,审查的效力仅及于个案;在没有具体争议发生的情形下,即使提出违宪审查申请,法院也不会对抽象性文件的合宪性进行审查更不会做出判断;其中最高法院是判断国家行为是否合宪的终审法院,一切有关宪法争议的问题由最高法院最终判断。

我国的违宪审查制度的设计是由全国人大及其常委会集中行使违宪审查权,地方各级人大均无权进行违宪审查;在具体的审查方式上,从制度的具体设计来看,我国采取的应当是抽象违宪审查[①]方式,可以事前审查,亦可以事后审查。

第三,制度运作中的问题不同

日本在战后新《宪法》生效后,以《日本国宪法》第81条为依据,通过具体的法律和判例[②]建立了完备的违宪审查制度,但由于政治体制以及法官人事制度等多方面原因,法院对于违宪审查一直采取消极政策,尽量避免做出宪法判断,致使原有的制度设计的功能不能充分发挥。

我国在1982年《宪法》生效以来,《宪法》确立的违宪审查制度长期没有得到具体的落实,处于虚置状态,在2000年以后才逐步得以改观,但在具体程序上仍然有许多瑕疵,至今尚未有效运作起来。

两国违宪审查制度在存在的问题上虽有上述不同,但在制度

[①] 有关抽象违宪审查与附随违宪审查的区别,一般认为附随审查指在诉讼审理中,作为具体争讼的附随,对适用法律、命令等的合宪性做出判断,排除被认定为违宪的法律条款的法律制度;抽象违宪审查则具有:①特别法院的设置和违宪审查权的独占;②对于法院的组织机构和法官的选任的特别考虑;③提诉权者的明确规定;④判决效力的明确规定,这四个特征。

[②] 昭和24年3月29日最小判,刑集三卷三号,第389页。昭和25年2月1日最大判,刑集四卷二号,第73页。

运作的过程中，无论任何制度都会涉及制度功能的有效发挥以及具体审查的标准等技术性问题，对于这一类问题的解决和改善，已具有50多年历史的日本违宪审查制度，在理论研究以及实践经验方面都有着非常多的积累。这对于理论研究肤浅，又不具备实践经验积累的中国违宪审查制度而言，笔者认为在这些方面日本违宪审查制度可以给我国提供以下几方面的借鉴。

第一节 制度运作的启示

对于一个制度的优劣的评判，不能仅仅评论该制度的设计思想的先进，更应当关注制度与国情的适合度。这个适合度，在表象上来看，就是制度运作的顺畅程度。之所以在制度运作上借鉴日本的经验，是因为我国违宪审查制度运作的基础和日本违宪审查制度的运作基础有非常相似的一面，即都依靠制定具体完备的程序和具有深厚宪法理论基础，以及对于宪法审判有着丰富经验的人。

一、审查程序的公开、公正是结果正当化的重要基础

从日本违宪审查制度的运作来看，具体完备的程序首先是制度能够运作的前提和基础，战后《日本国宪法》生效后，国会通过制定和修改《法院法》以及相关诉讼法，使得违宪审查制度完成了程序化；最高法院通过解释《日本国宪法》第76条中"司法权"的概念，确立了日本附随违宪审查的模式。在此基础上，日本违宪审查的具体路径被建立起来。

具体完备的程序不仅是日本违宪审查制度运作的前提，而且也使得审查结果的权威性得到民众普遍认可的保障。日本违宪审

查程序和普通诉讼程序结合在一起,具有普通司法程序公开、透明和公正的特征;通过诉讼程序处理宪法争议,不仅仅强调最终的结果,而且强调使审查结果获得正当性的程序。在具体的诉讼过程中,审判原则上对全社会公开;当事人处于平等地位,提出与本案相关联的国家行为违宪主张的一方需要承担举证责任,另一方可以进行抗辩;在对抗的过程中,双方当事人都可以聘请律师,大大强化当事人的诉讼能力,特别是在刑事诉讼中,基于特别理由,被告人有权获得国家的司法援助,这种对抗对于双方都是平等的。在最后的判决书中,法官不仅对争议的国家行为,是否违宪做出裁决,而且要充分说明法院判决的理由。这种当事人公开、对等的抗辩以及裁决结果和理由的公开不仅体现出程序的正义,而且也使得最终的结果的公正有了正当化的依据。

日本违宪审查程序体现出的程序公开、公正,使得最终审查结果正当化有了非常强有力依据,这种做法非常值得我国去参考和借鉴。

我国违宪审查结果的正当性和权威性,从根本上讲,是依赖于全国人大及其常委会的地位和权威,但这并不等于可以忽略审查程序的公开、公正。本书第七章已经指出,从我国目前对行政法规、地方性法规等的违宪审查程序来看,无论是否受理公民的建议、各专门委员会具体审议中的争议、最终审议的结果及理由都不是完全公开的,甚至专门委员会的审议有代替全国人大常委会审议的嫌疑,这种状况不得不使人们对审查结果的公正性产生怀疑;现实中发生的几起公民提起的审查建议,也都最终没有看到违宪审查程序的正式启动,姑且不论不审查的正确性,但是有关机构甚至没有公布是否受理,以及保持沉默的理由,这不得不让人对制度本身的程序公正性产生疑问,更不用说由此程序而产生出来的任何结果了。因此,维护程序正义有着非常重要的意义。

为了保障审查结果的公正,维护全国人大及其常委会的权威,进一步完善公开、公正的审查程序,对于行政法规、地方性法规等的审查程序,可以考虑导入类似听证的程序,使得控辩双方可以对等的进行抗辩,以保证审查的公正性;另外,对于是否受理公民的审查建议及其理由以及最终的审查结论都应当公开。对于法律的审查,从我国已有的实践来看,主要限于事前审查,基于此,向全社会公布法律草案,征求各界人士的意见,以及最终对法律草案中的相关宪法争议做出的裁决的公开都是至关重要的。如果能够真正做到这样的公开,一定有助于推进立法程序的民主协商和决策,保证对法律违宪审查的公正性。

二、有效审查需要精通宪法理念的人员

如同本书第七章所述,日本法院,尤其是最高法院在对待违宪判断问题上,长期持极端消极态度的一个重要原因就是法官的人事问题。长期以来,日本最高法院法官精于民刑事案件的实务,这种实务型的法官多数对宪法问题持消极态度,这样现实中最高法院对许多涉及宪法问题的案件都作为上诉审来处理,将违宪审查作为次要的审查;再有,最高法院掌握司法行政权,对下级法院法官升迁起决定作用,使得下级法院法官对待宪法问题不得不顾及最高法院的态度。宪法争议的判断不单单是技术判断的问题,更涉及价值判断,缺乏宪法精神和宪法理念的法官,常常对涉及宪法争议的价值判断漠不关心。基于此,在既有体制内,如何激活日本违宪审查制度,改变长期极端司法消极主义,有人提出改革最高法院的人事制度,改变法官的配置,试图以此改变日本违宪审查的现状。日本的这种状况充分说明违宪审查制度功能的有效发挥不仅

仅需要完备的制度,更需要良好的人事制度作为基础。

技术判断和价值判断,都需要精于宪法研究,拥有宪法理念和宪法价值的专业人士的参与,特别是价值判断的问题,不仅仅要求国家行为表面上合宪,更注重实质的内容是否符合宪法精神,特别是"国家尊重和保障人权"条款入宪,公民基本权利保护的精神更应当得到重视,犹如日本"全递东京中邮事件"、"都教组事件"中,法官"以宪法的精神"(公民劳动基本权利保障)解释争议的法律,个案中保障公民的劳动基本权利,这需要法官的宪法理念——对宪法内在精神的理解,而不是单单对条文的表层注释。离开拥有维护公民基本权利和国家法制统一的宪法理念的人士,价值判断问题基本不可能得到认可;缺乏价值判断,我国的违宪审查也可能像日本一样出现价值判断的极端消极主义。

因此,我们不应当仅关注违宪审查的技术判断问题,更应当侧重价值判断,这就需要在专门委员会中配备有充分理解"宪法精神"的人,甚至为了保证审查的效率、公正和权威,有必要在全国人大及其常委会下增设专门委员会,具体审议争议的宪法问题,当然最重要的还是这个专门委员会的"人",应当是具有宪法精神的专家。

第二节 违宪审查原则对我国的启示

在日本的违宪审查制度的运作过程中,产生了很多违宪审查的基本原则。这些原则是在法学研究理论积累的基础上,加上多年积累的审判经验而产生的。在前述日本违宪审查制度的理论和违宪审查的方法当中,对各原则已经有了详细论述。在本节中只对对我国的违宪审查制度有一定启示的原则进行探讨。

一、统治行为论对我国违宪审查制度的启示

作为日本法院用来排除违宪审查对象的理论,胡锦光教授称之为"统治行为不审查原则"[①]。在法律上并没有明文规定对统治行为不审查,但是在诉讼实践中确立了这一原则。即,在砂川事件[②]判决中,将国家行为从司法审查的对象中排除,为下级法院的审判表明了方针。在苫米地事件[③]判决中,沿袭了砂川事件的审判精神,明确了统治行为理论。统治行为理论是建立在日本三权分立体制上的[④],而我国的政治制度是人民代表大会制度,是以民主集中制为基本原则,全国人民代表大会是国家最高权力机关,可以对所有的国家行为进行监督和审查,并不存在司法权审查立法权和行政权这样的问题。所以,从基本制度的差别来看,似乎日本法院的统治行为不审查原则对我国的审查制度不会有任何的影响。但是,我国的立法法规定,对于行政法规、单行法规、自治条例和单行条例可以行使违宪审查要求权和违宪审查建议权,全国人大及其常委会制定的法律只能由全国人大及其常委会自身进行审查。根据立法法第 8 条的规定,1.国家主权的事项;2.各级人民代表大会、人民政府、人民法院和人民检察院的产生、组织和职权;3.民族区域自治制度、特别行政区制度、基层群众自治制度;4.犯罪和刑罚;5.对公民政治权利的剥夺、限制人身自由的强制措施和处罚;6.对非国有财产的征收;7.民事基本制度;8.基本经济制度

[①] 胡锦光:《违宪审查比较研究》,中国人民大学出版社 2006 年 5 月,第 84 页。
[②] 最高法院大法庭昭和 34 年 12 月 16 日刑事判例集十三卷一百十三号,第 3225 页。
[③] 最高法院大法庭昭和 35 年 6 月 8 日刑事判例集十四卷七号,第 1206 页。
[④] 芦部信喜:《宪法》(第三版),高桥和之增订,林来梵等译,北京大学出版社 2006 年 2 月第 1 版,第 330 页。

以及财政、税收、海关、金融和外贸的基本制度;9.诉讼和仲裁制度;10.必须由全国人民代表大会及其常务委员会制定法律的其他事项,这十类事项只能由法律规定。因此,可以说我国对于违宪审查的原则中也存在着对于涉及国家统治基本制度的法律,不可以提起违宪审查的请求或者建议这样的原则。立法法仅仅规定了不能提起违宪审查的事项,却没有说明原因。统治行为论在这点上要公开和透明了许多。因此,我国违宪审查制度,如果要做到公开、公正,首先要考虑在程序公开透明后,如何合理合法地排除有可能使政局混乱的申请。统治行为论给了我们很好的启示。

二、合宪限定解释论对我国违宪审查制度的启示

如前文所述,日本法院在违宪审查中运用的具体方法之一,合宪限定解释论,其最本质的内容是推定合宪原则。在全递东京中邮事件判决、都教组事件判决及全司法仙台事件判决中所体现出来的宪法基本权利与法律冲突时的解决原则,体现了现代社会的发展所导致的人权保障的多样性、复杂性与宪法的最高法律效力性质之间的解决方向。

虽然我国的国家制度,法律制度与日本截然不同,而且我国的违宪审查制度不是司法审查制,因此,理论上不会出现法院对具体事件做出有关宪法的判决。但是,现代社会发展的统一化导致了不同的社会制度下的法律现象仍然具有相当的可参考性。例如,我国宪法第51条规定,"中华人民共和国公民在行使自由和权利的时候,不得损害国家的、社会的、集体的利益和其他公民的合法的自由和权利。"这一规定所体现出来的原则明确无误表明了立法者保护公共利益的立场。但是,这一规定由于立法权的多元化,加之新生事物增加的速度又远远大于立法的速度,尤其是世界的国际化进程的加速,加剧了这种不对称的现象,并且导致现实当中出现了不足。例如在齐玉苓姓名权纠纷一案中就涉及到了司法诉讼当中的宪法判断问题。笔者并不支持由此案例说明我国应当引入司法审查制度这一说法,但是即使是在现有体制下的违宪审查制度,在做出宪法判断时,仍然会涉及到标准问题。

　　由于国体政体的原因,我国并没有出现全递东京中邮事件以及都教组事件中公民权与公共利益冲突的案例。但是,我国宪法第51条的规定必定会导致对于标准的要求的产生。对于这一点,莫纪宏研究员在对都教组事件的案例评析中分析得十分透彻"对于依据法律所规定的限制来实施具体限制行为的政府来说,在具体依据法律限制公民权利时,就存在一个基本的界限问题。……如果政府采取了超过法律所规定的不必要的限制措施,那么,实施的法律行为应当视为'违宪',并具有违法性。因此,从理论上说,不能假设政府所实施的依法限制公民权利的行为当然合宪,……政府在依据法律规定对宪法所规定的权利和人们的行为进行限制时,应当注意考量采取限制措施所产生的法益与被限制法益之间的价值比较和权衡,如果遭到限制的法益明显大于采取限制措施所产生的法益,那么,这种依法采取的限制措施就是超越了法律所规定的限制范围"[①],依法治国的要求,必然使我国违宪审查机关对于程度的掌握,将成为将来我国违宪审查的一个重要内容。

　　[①] 韩大元、莫纪宏:《外国宪法判例》,中国人民大学出版社2005年6月版,第24页。

第三节 具体宪法判断方法对我国的启示

我国违宪审查制度没有有效运作,相应地,我国违宪审查的具体理论研究也缺乏素材,我国具体的技术性理论研究也比较滞后。虽然日本违宪审查制度和我国差别很大,但审查的对象是相同的,具体的审查技术手段还是有可借鉴的地方。

一、以《宪法》条文精神作为实质审查标准

日本国会虽是民意的代表,但某些时候也会难免受政治势力的左右,这使得国会的立法在某些情形之下是政治利益妥协的产物,特别是政权频繁更迭,国民投票率低的时期更是如此;在这种情形下,国会通过的法律可能对公民基本权利限制过多,超出"立法裁量"的限度,侵害公民基本权利。另外,现代社会里,国家和社会生活日益复杂,国会委任立法和授权立法增多,在行政权膨胀的背景下,委任立法和授权立法有可能受局部利益或部门利益的影响,不能充分反映民意,也有可能侵害公民基本权利。

在此背景下,日本国民的基本权利可能遭到立法和行政的侵害,《日本国宪法》中"尊重和保障人权"的基本原理受到挑战。在审理涉嫌侵害公民基本权利的违宪案件时,法院如果单纯仅从形式上审查国会和行政机关的行为,自然是尊重国会的"立法裁量"和行政机关主张的正当化的理由,缺乏司法的独立判断,判决结果只能是对政治部门敬让的"合宪判决",难以达到人权保障的机能。因此,法院在审查中,不能完全采取和政治部门相同的标准,完全

尊重政治部门的主张,而应当从《宪法》的最高法律效力出发,阐释宪法规范内在的精神,并以此作为审查标准来判断国家行为是否合宪,才能达到违宪审查保障人权的功能。尽管日本最高法院长期奉行极端的司法消极主义,但仍然做出过一些对公民基本权利保障有利的判决。日本最高法院在这些判决中,不单单从《宪法》和法律的表面文意做出解释,而且从抽象的条文背后的精神对相关条款进行解释,"法院对法律条文进行解释时,应当尽可能依照宪法精神,采取与宪法精神相协调的合理解释",以此作为使得判决正当化的理由,做出保障公民基本权利的判决。如关于杀害尊亲属加重处罚的刑法条款违宪的判决、关于众议院议员定数不均衡违宪的判决都以"平等"的精神作为审查中对公民基本权利条款的解释的原则;即使在做出合宪判决的全递东京中邮事件、都教组事件等判决中,最高法院认为"法律限制劳动基本权利时,应慎重予以决定",以《日本国宪法》保障公民劳动权的精神扩张解释争议的法律条款的适用范围,特别是追究被告人刑事责任时,职工的争议行为只要不超过正当的界限,就是行使宪法保障的权利,对危害后果的考量也极其严格。这一系列不仅在个案中保障公民的劳动权,而且也形成了最高法院对待公民某些基本权利方面的政策。

我国也存在与日本相类似的问题,如授权立法的问题。在《立法法》产生之前,我国已有授权立法的实践。1980年以来,我国已先后建立深圳、珠海、汕头、厦门和海南5个经济特区。为使经济特区的建设顺利进行,使特区的经济管理充分适应工作需要,更有效地发挥经济特区的作用,全国人大常委会先后授权这些经济特区所在的省、市人大及其常委会、政府制定单行经济法规和规章,在本特区实施。[①] 2000年通过的《立法法》对经济特区的授权立法做出了专门规定[②],《立法法》第9条、第10条[③],也规定了全国人大及其常委会对国务院的授权立法,据此,我国授权立法有了专门的法律规定。

这些授权立法的事项,通常没有具体的法律规定,制定的目的主要是基于针对特定行政事项的管理需要。同一般地方立法相比,这些授权立法带有明显的破格性、先行性,有时还带有一定程

[①] 1981年11月全国人大常委会通过《关于授权广东省、福建省人大及其常委会制定所属经济特区的各项单行经济法规的决议》,授权两省人大及其常委会,根据有关法律、法令、政策规定的原则,按照各该省经济特区的具体情况和实际需要,制定经济特区的各项单行经济法规,并报全国人大常委会和国务院备案。1988年4月七届全国人大一次会议通过《关于建立海南经济特区的决议》,授权海南省人大及其常委会,根据海南省经济特区的具体情况和实际需要,遵循国家有关法律、全国人大及其常委会有关决定和国务院有关行政法规的原则制定法规,在海南省经济特区实施,并报全国人大常委会和国务院备案。1992年7月全国人大常委会通过《关于授权深圳市人大及其常委会和深圳市人民政府分别制定法规和规章在深圳经济特区实施的决定》,1994年3月八届全国人大二次会议通过《关于授权厦门市人大及其常委会和厦门市人民政府分别制定法规和规章在厦门经济特区实施的决定》,1996年3月八届全国人大四次会议通过《关于授权汕头市和珠海市人大及其常委会、人民政府分别制定法规和规章在各自的经济特区实施的决定》,分别授权深圳市、厦门市、汕头市和珠海市人大及其常委会根据具体情况和实际需要,遵循宪法的规定以及法律和行政法规的基本原则,制定法规,在深圳、厦门、汕头和珠海经济特区实施,并报全国人大常委会、国务院和各所在省人大常委会备案;授权深圳市、厦门市、汕头市和珠海市人民政府制定规章并在深圳、厦门、汕头和珠海经济特区组织实施。

[②] 《立法法》第65条:"经济特区所在地的省、市的人民代表大会及其常务委员会根据全国人民代表大会授权决定,制定法规,在经济特区范围内实施。"《立法法》第81条:"自治条例和单行条例依法对法律、行政法规、地方性法规作变通规定的,在本自治地方适用自治条例和单行条例的规定。"

[③] 《立法法》第9条:"本法第8条规定的事项尚未制定法律的,全国人民代表大会及其常务委员会有权作出决定,授权国务院可以根据实际需要,对其中的部分事项先制定行政法规,但是有关犯罪和刑罚、对公民政治权利的剥夺和限制人身自由的强制措施和处罚、司法制度等事项除外。"该法第10条:"授权决定应当明确授权的目的、范围。被授权机关应当严格按照授权目的和范围行使该项权力。被授权机关不得将该项权力转授给其他机关。"

度的试行性,制定过程中可能受部门利益、局部利益的影响,在涉及公民基本权利时,做出某些限制过多的规定。

如果对这些授权立法、行政法规或地方性法规的审查仅仅从形式的标准来看(诸如是否超出授权范围、制定是否符合法定程序等等),很难断定其有违宪嫌疑,但如果借鉴日本最高法院在上述判决中的做法,结合《宪法》公民基本权利保障精神,特别是2004年《宪法修正案》中"国家尊重和保障人权"的精神进行实质审查,就有可能发现违宪的嫌疑。

另外其他地方性法规也会存在与授权立法类似的问题,以宪法精神进行实质审查的标准也适用于其他地方性法规。

当然,笔者认为应当以《宪法》保障人权的内在精神作为违宪审查的标准,并不是单纯主张不符合《宪法》精神的规范性文件都被确认为违宪,在具体审查时也可借鉴日本最高法院做法,确认其合宪,但以《宪法》精神对争议条款做出限定解释。

二、违宪行为和违法行为的区分

1. 违宪的主体

谈及"违宪审查",必然涉及"违宪"的含义。对于违宪的含义,我国学者有不同看法,主要的差别是公民是否是违宪主体的问题。

有观点认为,"违宪是指国家的法律、法规、命令、行政措施以及国家机关或公民行为与宪法的原则或内容相抵触。"[1]此种说法中,违宪主体包括国家机关和公民。

另有观点认为,"违宪是一种特殊的违法行为,有广义和狭义

---

[1] 肖蔚云、魏定仁、宝音胡日雅克其:《宪法学概论》,北京大学出版社2002年4月第1版,第54页。

之分。广义的违宪是指一切违背和破坏宪法规范、原则的行为,它可能发生在一切国家机关、社会团体及领导人的活动或公民的言行中。因而,在广义上看,违宪主体和违宪内容极为广泛,它既包括宪法典中所规定的主体和行为,也包括体现宪法原则和精神的其它法典所规定的主体和行为。狭义的违宪,仅指国家立法机关制定的法规和颁布的决议、地方性法规以及国家官员的活动触犯了宪法有关规定或将导致破坏宪法所保护的国家某些制度、某些原则或公民基本权利的行为。"[1]此种观点中将"违宪"行为区分为广义和狭义两种。广义的违宪主体包括国家机关和公民,而狭义的违宪主体只限于国家;此外广义违宪还包括违法行为。

从日本法院处理的涉嫌违宪的案件和学术研究来看,日本宪法学理论上的违宪,尤其是违宪审查制度下的违宪,其主体应当是国家,不应包括公民。传统上,宪法通常主要是调整国家和公民以及国家机关之间的关系,而不直接调整公民之间的关系,除非具体法律缺位,才可能依照特别程序寻求宪法救济。公民以及组织,只有在特定情况下,才受宪法限制,构成宪法理论上的违宪行为(例如政党违宪和宪法的第三者效力理论[2])。此外,违宪审查制度要解决的主要问题也是国家行为的违宪问题,尤其是国家行为侵害

---

[1] 周叶中主编:《宪法学》,高等教育出版社2000年12月第1版,第410页。
[2] 宪法第三者效力理论,"是指宪法基本权利对第三者(国家对人民之关系外之第三人,亦即私人对私人之间)之效力","随着社会结构的变迁,社会上拥有优势地位的团体及个人,对于其他居于劣势之私人,是有可能以压倒的实力妨碍其基本权利。这种所谓社会实力的侵犯,使得私人的人类尊严遭到忽视时,依宪法规定有防卫及尊重的国家权力,应否予以介入?"在这样的背景下,二战以后的德国产生了"宪法第三者效力理论"的学说和相关判例,例如1950年的"路特案"。但德国的判例和学说也是有相当争议的;德国联邦宪法法院对此理论在"路特案"以后保持缄默,而且适用条件是严格的,适用也是极其有限的,当穷尽对法律的解释仍不能找到与宪法价值对接的私法规范时,给予保护当事人基本权利之目的,可以有限的适用第三者效力理论,将宪法

公民基本权利的违宪问题,从这点上说,也不宜把公民纳入违宪主体。

2. 违宪和违法的界限

同时,还应当区分违宪行为和违法行为,违宪行为仅限于是直接违反宪法规范或原则的国家行为。法律、行政法规等是对宪法规范和原则的具体贯彻实施,因此,从广义上可以认为违法也就违宪,但违宪行为和违法行为仍有很大不同,"违宪和违法的关系至少包括以下重要内容:一是违宪的标准和违法的标准有什么不同;二是违宪与违法孰轻孰重,究竟是违宪属于最大的违法还是违法属于最大的违宪;三是违宪责任是什么样的责任,应当以什么形式表现出来,它与违法责任有什么不同;四是对违宪行为的处理与违法行为的处理如何衔接等等。从目前的情况看,我们对这些问题的研究还相当薄弱,并且没有取得基本的共识。所以,实践中经常出现的情况就是,一些简单的违反法律、法规的案件被当作违宪案件的典型来宣传,一些应当属于合法性审查的案件被当作合宪性审查来讨论,'违宪'、'违宪审查'成了学术研究甚至新闻媒体中一个最时髦的用语……"①

如前所述,日本法院在行使违宪审查时,通常采取"推定合宪"原则,能认定是违法的问题,通常不会认定为违宪。这是因为违宪问题是国家法治中的重大问题,稍有不慎可能酿成重大问题,因此

规范直接运用到私法关系中去。因此所谓"宪法第三者效力"理论在德国宪法理论上并未被普遍接受。具体参见陈新民:《德国公法基础理论》(上册)之第八章《宪法基本权利及对第三者效力之理论》,山东人民出版社2001年3月第1版,第287—330页。因此,德国"宪法第三者效力"理论和判例产生有其特定的背景,适用也是非常有限和严格的;我国目前尚不具备适用该理论的学术发展背景、社会环境等条件,故应慎重对待该理论在我国的实践。

① 刘松山:《违宪审查热的冷思考》,载于《法学》2004年第1期。

违宪审查机关在做出宪法判断时往往采取慎重态度,不会轻言"违宪"。由此看来,我国违宪审查制度在运行时也应做此区分,倘若像某些学者和媒体宣传的那样,将国家机关简单的违法行为动辄上升到违宪的高度,那整个国家到处是违宪的事情,岂不是天下大乱!?《宪法》尊严何在?

但不可否认的是,违宪和违法之间的确存在一个灰色地带。一些看似下位法之间的冲突,其实最终均可能蕴涵着违宪的要素。其次,许多法律冲突的个案可能仅属于下位法之间的冲突,而没有明显与宪法规范相抵触,但亦可能与宪法原则、精神或者宪法的价值目标不相一致。当然,在法律没有规定的情况下,也会出现地方各级人大及其常务委员会和地方各级政府违宪的情形,例如,地方政府支持、参与宗教活动①,违反政教分离的宪法精神。

因此,笔者认为违宪应当是指国家行为违反宪法原则、精神,和具体规范相抵触。不过最终一个国家行为究竟是违宪还是违法,应当是由违宪审查机关最终做出裁决为准。

三、区分抽象违宪和具体违宪

我国现行《宪法》第 67 条规定:"全国人民代表大会常务委员会行使下列职权:……(六)监督国务院、中央军事委员会、最高人

---

① 郭延军:《我国处理政教关系应秉持什么原则——从三亚观音圣像的建设和开光说起》,载于《法学》2005 年第 6 期。该文作者认为:根据宪法对四项基本原则的确认和民主共和制、人民代表大会制度的一般原理,可以推定政教分离是我国宪法包含的一项原则,从世界的发展潮流看,从我国民主法制发展的要求看,政教分离原则是必须肯定的。在三亚南山海上观音圣像的立项和建设中,从地方到中央,相关的公共机关及其领导人都是倾注了心血的,不仅是被动地支持而是直接主持和参加了观音圣像的立项、建设和开光的全过程。国家机关积极参与宗教活动有悖于宪法"政教分离"基本原则。

民法院和最高人民检察院的工作……"这里的监督包括对国务院、中央军事委员会、最高人民法院和最高人民检察院制定的抽象性文件是否合宪或合法的审查,也包括对其具体行为的审查。

实际中,人们关注比较多的是国务院、中央军事委员会、最高人民法院和最高人民检察院制定的抽象性文件的合宪或合法问题,而这些机关的具体行为也可能涉嫌违宪或违法。如最高人民法院批复某些地方设立开发区法院行为①涉嫌违宪、违法。根据我国《宪法》第3条第3款规定:"国家行政机关、审判机关、检察机关都由人民代表大会产生,对它负责,受它监督。"基于此,即使开发区要设立人民法院,由本级人民代表大会产生就是合宪、合法的,也无须最高人民法院批准,最高人民法院也无权批准。那么开发区是一级行政区吗?能够设立法院呢?"人民法院是我国人民代表大会制度下国家机构的重要组成部分。而国家机构的设置是以行政区划为依托的,只有在一定的行政区划内才可以设置相应的国家机构。没有行政区划,就没有一级国家机构。那么,'开发区'是一级行政区划吗?不是。1984年,国务院批准设立14个国家级经济开发区。其后迄今,各地方纷纷设立了名目繁多的经济技术开发区或者高新技术产业开发区。但是,这类开发区仅仅是实行对外开放、引进技术、发展经济的特殊'据点'或者区域,从来就不是一级行政区划。2001年,民政部在发布的行政区划代码编制规则中明确提出,鉴于各种'开发区'(或工业园区)不是实际的行政区划,因此均不编制县及县以上的行政区划代码。根据《宪法》第30条的规定,中华人民共和国的行政区划中不包括'开发

---

① 2005年4月13日,《扬子晚报》以《省内首家开发区法院在南通组建》为题报道:"最高人民法院近日正式批复,同意组建南通经济技术开发区人民法院。"

区'。随着我国行政区域的发展变化,实践中出现了地级市和经济特区所在地的市,根据《宪法》第 89 条第 15 项的规定,地级市和经济特区所在地的市是否设区由国务院决定。但这类'市'下设的'区'也仅仅是指一级行政区划,而不是指开发区。开发区不是一级行政区划,就不能设立人民代表大会制度的政权体制。开发区不能设置政权体制,首先是不能设置人民代表大会。在人民代表大会不能设立的情况下,即设置人民法院,是典型的'皮之不存,毛将焉附'……"[①]因此,最高人民法院的批复行为、开发区法院的设立行为有直接违反宪法第 3 条第 3 款的嫌疑。

对此种中央国家机关涉嫌违宪的具体行为,公民或国家机关有权向全国人大提起审查建议吗?《宪法》和具体法律都没有规定,因此完善我国违宪审查制度不单单应考虑抽象性文件的审查问题,还应完善具体行为违宪的审查程序。

第四节　日本违宪审查学术研究对我国的启示

一、日本违宪审查学术研究

在违宪审查方面,日本学者对违宪审查的研究成果颇丰,在理论上有着深厚的积累。这些积累对于日本违宪审查制度的不断完善提供了非常有力的支持。其中比较有代表性的两个方面。

1. 芦部宪法学

在违宪审查研究中最具有代表性的是东京大学已故的知名宪法学教授芦部信喜(1923—1999)。芦部教授在宪法学方面著述颇

[①] 刘松山:《开发区法院是违宪违法设立的审判机关》,载于《法学》2005 年第 5 期。

丰,芦部的研究形成了独具特色的"芦部宪法学"。日本学界公认芦部教授最大的学术贡献,是建立了精密的与日本违宪审查相关的"宪法诉讼"理论,主要体现在《宪法诉讼的理论》、《现代人权论》和《宪法诉讼的现在之展开》,这些著述的特征是借鉴美国的违宪审查理论来解决日本违宪审查具体的技术性和程序性问题。

《宪法诉讼的理论》收录了芦部教授在1962年—1972年之间发表的有关宪法诉讼的学术论文,以违宪审查制度的性质和功能变化为核心,在研究美国违宪审查制度的确立、运行中的典型判例、美国违宪审查不同阶段:近代型和现代型的联系与区分的基础上,关注日本违宪审查制和现代宪法诉讼的问题点、当事人资格具备、宪法诉讼与第三者利益保护、宪法审判的回避等等。此外,芦部教授还整理出普通法院行使违宪审查权的技术性和程序性理论,最核心的部分是美国判例体系中,以"双重基准"(double standard)为主线的对不同类型公民基本权利限制的立法审查基准[1]。芦部教授的这些解决日本违宪审查具体问题的"宪法诉讼"理论受到理论界和实务界人士的一致好评,也很大程度上对日本法院法官的宪法判断提供了参考和借鉴,这些理论,在日本最高法院"《药事法》距离限制违宪判决"、"议员定数不均衡违宪判决"和有关限制公务员政治行为的判决产生巨大影响,"对日本社会具有重大的现实意义"[2]。

2. 具体案例的研究与比较研究

在芦部宪法学之外,还应当提到的是佐藤幸治(1937—)教授以及和田英夫(1918—)教授。

---

[1] 芦部教授曾将这些基准总结成一个表格,详见芦部信喜:《宪法判例解读》,岩波书店1987年版,第103页。

[2] 小林武:《芦部信喜著〈宪法诉讼论〉》,载于《民商法杂志》第70卷第1号。

佐藤幸治教授对违宪审查研究也有着巨大贡献。他针对日本违宪审查的具体问题，深化了对日本违宪审查的事件性要件、客观诉讼、抽象审查的可能性、违宪判决的效力、判例变更等问题的研究，提高了日本违宪审查的研究高度。

和田英夫教授则在违宪审查的比较法研究方面，做出了巨大贡献。其中具有代表性的是《大陆型违宪审查制》这一著作①。在此书中，作者以日本存在的问题意识为出发点，对西欧大陆法、德、意大利等国违宪审查制的形成、历史沿革、基本内涵、主要特征和与美国型的普通法院附随审查的异同等问题作了比较研究，以图对日本有所借鉴。

总之，日本学者无论是以本国违宪审查制度，还是以比较法为视角，研究外国法，都有强烈的本国问题意识，旨在解决本国具体问题，特别是技术性很强的"宪法诉讼"理论，以求形成理论和实务的互动，推动本国制度的有效运作。

二、日本学者的研究对我国的启示

从日本学者对违宪审查的研究的态度、方式方法以及理论高度反观我国违宪审查的理论研究，对技术性的研究很少，而且不深入。虽然有学者对我国违宪的情形做了归纳和分析②，但仅仅是从整体的类型出发，并未像日本学者一样对具体的某种类型，诸如

---

① 何勤华：《20世纪日本法学》，商务印书馆2004年7月第2次印刷，第277页。
② 如蔡定剑将与违宪情形相关的法律冲突归结为五类，即："1.法律与法律的冲突；2.地方性法规与法律的冲突；3.地方性法规与部委规章以及部委规章之间的冲突；4.法律解释中的冲突；5.政府文件与法律相悖。"参见蔡定剑：《法律冲突及其解决的途径》，载于《中国法学》1999年第3期。朱福惠将之概括为："1.各种法律法规和规章与宪法相抵触；2.下位法与上位法相冲突。"参见朱福惠：《论我国法的冲突及其解决机制》，载于《现代法学》1998年第4期。

行政法规、地方性法规违反宪法和法律的情形做进一步实际的深入研究,也没有像芦部教授等人,侧重于研究具体审查基准,着力于技术性研究,以求对违宪审查的实务有所借鉴。

另外,从比较法的角度研究国外违宪审查制度的著作虽不少,但多缺乏强烈的中国问题意识,只是从制度表层上介绍外国制度的运作,没有深入研究国外制度运作的历史、基础和弊病等。我国学者对外国违宪审查制度的研究方面,多以美国违宪审查制度为研究对象;这方面著述不少,但多是介绍美国联邦最高法院在不同时期运用《美国联邦宪法》不同条款的相关判例,并没有结合美国特定时期的问题、历史背景、文化因素等方面详尽分析,更没有将中美问题进行比较,以图对我国有所借鉴,有的只是倾向于倡导我国实施美国式的普通法院审查制。但理论研究者对我国的违宪审查制度发展并非没有作为,如"孙志刚案件"引发的三博士上书事件,以及今年争议的《物权法(草案)》的有关条款的合宪性问题都是由理论研究者发起的,这些对推动我国违宪审查制度的发展有很大积极意义。为推动我国违宪审查制度的发展及有效运作,我国对违宪审查的理论研究应当有技术性的成果,诸如分析实践中违宪的具体类型,判断违宪、合宪的具体技术性标准等等,以求对我国实践有所参考。另外,对外国违宪审查制度的研究不单单是介绍外国制度层面的东西,应当带有浓烈的中国问题意识,以求"洋为中用"。

小　　结

本章主要内容是日本违宪审查对我国的启示。在概述部分,总结出了中日违宪审查方面的不同点:一是制度的基础不同;二是审查的模式和方式不同;三是制度运作中的问题不同。第一节中阐述了日本违宪审查制度运作对中国的启示,即审查程序要公开、公正和审查人员要精通宪法理念。第二节中阐述了日本违宪审查原则对中国的启示,主要包括两方面:统治行为论和合宪限定解释论对中国的启示。第三节中阐述了日本违宪审查中具体宪法判断方法对我国的启示,包括三个方面:一是以《宪法》条文精神作为实质审查标准;二是违宪行为与违法行为的区分;三是区分抽象违宪和具体违宪。第四节中阐述了日本违宪审查学术研究对我国的启示,本节中重点介绍了芦部宪法学和具体案例的学术研究。

附录一　日本宪法审判年表

昭和二十年代(1945—1954年)

1945年8月14日	承认波茨坦公告
10月11日	麦克阿瑟之弊原会谈(宪法改革的表示)
	内阁宪法问题调查委员会成立
1946年11月3日	公布日本国宪法
1947年3月31日	修改众议院议员选举法
5月3日	日本国宪法施行。皇室典范,国会法,内阁法,法院法,地方自治法施行
10月21日	公布国家公务员法
10月26日	公布刑法改正案(不敬罪,通奸罪废止)
11月20日	公布日本最高法院法官国民审查法
12月17日	公布警察法
12月22日	公布民法改正案("家"制度废止)
1948年3月12日	尊属杀人尸体遗弃事件判决
	日本最高法院 死刑不属于宪法36条的残酷刑罚
5月26日	标语事件判决
	日本最高法院 大赦令的施行使不敬罪的实体审理无法进行,应当判决免诉
6月19日	众议院及参议院的决议决定天皇教育敕语

	无效,予以排除
7月2日	浦和充子事件判决
	由浦和地方法院的母子自杀事件判决引发的参议院与日本最高法院关于参议院法务委员会国政调查权的争论
11月30日	国家公务员法修改案(罢工禁止等)公布
1949年1月1日	家庭法院成立
9月19日	限制公务员政治活动规则制定
1950年8月10日	警察预备队成立
10月11日	日本最高法院 尊属伤害致死加罚规定合宪
10月31日	政令325号公布
1952年5月7日	政令325号废止
10月8日	警察预备队诉讼
	日本最高法院:最高法院不具有抽象违宪审查权
10月15日	警察预备队改组为保安队
1953年7月22日	政令325号事件
	日本最高法院 违反原本违宪的占领法规的行为在占领结束后不得处罚
12月23日	皇居前广场事件
	日本最高法院 公园使用不许可决定不违反宪法第21、28条
12月23日	农地改革事件
	日本最高法院 自创法规定的农地对价买收可以认为是正当补偿
1954年7月1日	防卫厅设置法,自卫队法施行

	10月20日	日本最高法院 学生在公职选举法上的住所为修学地
	11月24日	新泻县公安条例事件
		日本最高法院 公安条例所规定的集团游行合宪

昭和三十年代(1955—1964年)

1955年1月26日		公众浴池位置限制事件
		日本最高法院 公众浴场的距离限制不违反宪法第22条第1项
	3月30日	日本最高法院 选举期间中的文件图像的发布,不违反宪法第21条
1957年3月13日		《查泰莱夫人的情人》事件
		日本最高法院 对传播淫秽文书行为进行处罚的刑法第175条合宪
1959年3月30日		砂川事件伊达判决
		东京地方法院 驻日美军属于宪法第9条第2项的"兵力",违宪
	12月16日	砂川事件
		日本最高法院 对于安保条约,除非非常明显看出违宪以外,不属司法审查范围,驻日美军不属于宪法第9条第2项的"兵力"
1960年1月19日		新安保条约署名
	6月8日	苫米地事件
		日本最高法院 众议院的解散是统治行为,不能作为司法审查对象

6月19日	新安保条约自然承认
7月20日	东京都公安条例事件
	日本最高法院 规定集团行动许可制的条例合宪
10月19日	朝日诉讼浅沼判决
	东京地方法院 本案保护标准未达到维持健康文明的生活的标准,违宪
10月19日	停止出席村议会处分事件
	日本最高法院 审判机关无权干涉地方议会的决议
1962年5月30日	日本最高法院 对条例罚则规定的委任只要具有相当的具体程度,即视为合法
11月28日	第三者财产没收事件
	日本最高法院 对没有给予告知,辩解,防守机会的第三者财产予以没收,违宪
1963年3月27日	特别选区公选制废止事件
	日本最高法院 地方公共团体的意义予以明示,判决认定东京都的特别区不属于地方公共团体
5月22日	民众事件
	日本最高法院 对学生有关政治,社会的集会,学校不享有自治权
6月26日	奈良县溜池条例事件
	日本最高法院 根据条例对财产权的限制不违反宪法第29条第2项
1964年2月5日	参议员选举指定人数不均衡事件

                日本最高法院 参议院的最大选举比例差1
                对4合宪
    9月28日 "宴之后"事件
                东京地方法院 隐私权应当在实体法上予
                以保护

昭和四十年代(1965—1974年)

1966年10月26日 全递东京中邮事件
                日本最高法院 公务员的劳动基本权也应
                被保障,但应受到内在条件的制约
1967年3月29日   惠庭事件
                札幌地方法院 对具体诉讼行使违宪审查
                权也有必要的限制
    5月24日 朝日诉讼
                日本最高法院"健康文明生活的最低标
                准"的认定由厚生大臣为实现一定目的而
                做出的裁量来决定
    6月9日   东京地方法院 停止执行都公安委员会的变
                更游行路线命令的决定。由于总理大臣的
                异议而被推翻
1968年3月25日   猿拂事件一审判决
                旭川地方法院 因合宪限定的解释无法适
                用,采用了适用法令违宪的方法
    7月15日 牧野诉讼
                东京地方法院 老龄福祉年金的夫妇受领
                限制违宪

1969年4月2日	都教组事件
	日本最高法院 合宪限定解释,采用两重基准论,宣布被告人的煽动罪不成立
6月24日	《晚报和歌山时事》事件
	日本最高法院 根据宪法第21条的精神,对于误认事实,在有足够的理由的情况下,可以认定无罪
9月1日	平贺书简问题
11月26日	博多站录像带提交命令事件
	日本最高法院 承认报道取材的自由,认可为实现公正审判对报道的限制
1970年6月17日	日本最高法院 广告纸乱贴行为禁止令不违反宪法第21条
6月24日	八幡制铁政治献金事件
	日本最高法院 对于法人也涉及到人权保障
7月17日	教科书检定第二次家永诉讼杉本判决
	东京地方法院 本案检定属于第21条第2项的检阅,违宪
9月16日	服刑犯禁烟事件
	日本最高法院 服刑犯的禁烟令不违反宪法第13条
1971年3月31日	日本最高法院法官会议 拒绝宫本助理法官的再任以及7名修习生的法官任命
5月14日	津地镇祭二审判决
	名古屋高等法院 地镇祭为宗教仪式,公费

　　　　　　　　　　支出违宪
1972年9月20日　崛木诉讼一审判决
　　　　　　　　　　神户地方法院 残疾福祉年金与儿童抚养补助同时受
　　　　　　　　　　领禁止的规定违宪
　　　11月22日　零售市场事件
　　　　　　　　　　日本最高法院 零售市场的批准标准中的距离限制合宪
　　　11月22日　川崎民商事件
　　　　　　　　　　日本最高法院 在刑事手续之外，第35条的令状主义，第38条的沉默权也有效
　　　12月20日　高田事件
　　　　　　　　　　日本最高法院 认定第37条第1项的迅速受审的权利具有具体权利性
1973年4月4日　尊属杀人违宪判决
　　　　　　　　　　日本最高法院 尊属杀人重罚违反宪法第14条1项
　　　4月25日　全农林警职法事件
　　　　　　　　　　日本最高法院 限制国家公务员进行劳动争议的行为合宪
　　　9月7日　长沼事件一审判决
　　　　　　　　　　札幌地方法院 承认和平环境下的生存权，自卫队属于宪法第9条的"兵力"，违宪
　　　12月12日　三菱树脂事件
　　　　　　　　　　日本最高法院 对于基本人权对私人间关

	系的效力的解释,应站在间接适用说①的立场上
1974年11月6日	猿拂事件
	日本最高法院 对国家公务员的政治行为禁止合宪
12月9日	在家投票制废止违宪诉讼一审判决
	札幌地方法院小樽支部 在家投票制度的废止违宪

昭和五十年代(1975—1984年)

1975年4月30日	药事法违宪判决
	日本最高法院 药局开设距离限制规定违宪
9月10日	德岛市公安条例事件
	日本最高法院 本条例规定不欠缺明确性,不违反宪法第31条,修正法律与条例冲突的场合的"法律占先论"
11月27日	大阪机场诉讼二审判决
	大阪高等法院 根据人格权行使停止请求权,承认大阪机场的夜间飞行禁止
1976年4月14日	众议院指定人数违宪判决

---

① 对于私人间的关系如何适用人权规定的问题,主要有三种学说,即,不适用学说、直接适用学说和间接适用学说。间接适用学说是指,除了直接明确规定了权利义务关系的人权规定以外,笼统、概括的一般原则,特别是例如民法90条的违反公序良俗的法律行为无效等这一类私法的一般条文,在适用于私人间的关系时,应当综合宪法精神加以解释间接适用的学说。参见芦部信喜、高桥河之:《宪法》(第三版),第106、107页。

	日本最高法院 昭和四十七年的众议院指定人数分配规定（最大差5倍）违宪，但选举结果有效
5月21日	学力试验事件
	日本最高法院 小孩的学习权，教师的自由在宪法上予以保障
8月5日	长沼事件二审判决
	札幌高等法院 自卫队问题属于统治行为，除非显而易见的违宪，不属于司法审查范围。否定了和平环境下生存权的审判规范性。
1977年2月17日	百里基地诉讼一审判决
	水户地方法院 保留了显而易见违宪无效，采用统治行为论，判决自卫队不属于显而易见的"兵力"
3月15日	富山大学不认定学生学分事件
	日本最高法院 国立大学的内部问题不是从来的特别权利关系，以部分社会法理原则上否定了司法审查
5月4日	全递名古屋中邮事件
	日本最高法院 变更了全递中邮东京事件的判决，对三公社五现业[①]劳动争议行为的禁止认定合宪

---

① 三公社是指，日本国有铁道、日本专卖公社、日本电信电话公社三个公共事业体；五现业是指邮政、国有林业、印刷、造币、酒精专卖五个国有事业。目前，除国有林业以外，已经民营化或者交给了独立的行政法人经营。

7月13日	津地镇祭事件
	日本最高法院 对政教分离进行宽松解释，判决地镇祭不属于宗教活动
1978年5月31日	外务省秘密泄漏事件
	日本最高法院 报道机关以取材目的唆使公务员泄漏秘密，仅仅唆使行为不能够立即推定其违法性
10月4日	马克林事件
	日本最高法院 基本肯定了外国人享有人权的主体性，其保障范围由权利性质决定
1981年4月7日	板曼陀罗事件
	日本最高法院 宗教事务不作为司法审查对象
4月16日	《月刊文笔》事件
	日本最高法院 即使是私生活，根据相关社会生活的性质以及通过这些社会活动所造成的社会影响的程度，有时可以看作刑法第230条之2第1项的"与公共利害相关的事实[①]"
7月7日	百里基地诉讼二审判决
	东京高等法院 否定了宪法第9条对私人关系的直接适用
1982年7月7日	崛木诉讼

[①] "在侵犯名誉权的犯罪当中，如果该行为是以公众利益为目的而且所公开的事实关系到公共利害关系，并能够证明是真实的，不受惩罚"是第230条之2第1项的内容，是否关系到公共利害关系，是认定犯罪的要件。

	日本最高法院 儿童抚养补助同时受领的禁止规定是立法机关的裁量事项,除了权力的不当行使、滥用以外,其他不适用司法审查
1983年6月22日	"淀"号飞机劫持事件的新闻纪事被抹消事件
	未定性的在监犯的读报限制,合宪
7月15日	内申书审判
	日本最高法院 否定中学内侵犯信仰自由的事实
1984年12月12日	札幌海关检查事件
	日本最高法院 明确了检阅的定义,海关检查不在此限

昭和六十年代(1985—1989年)

1985年7月17日	众议院指定人数违宪判决
	日本最高法院 众议院指定人数配分规定违宪,但选举结果有效
11月21日	在家投票制废止违宪诉讼
	日本最高法院 对于立法行为,原则上不受违法的评价,否定了国赔法的适用
1986年4月9日	厚木基地噪音公害诉讼
	东京高等法院 请求自卫队飞机起飞降落停止诉讼中,认定国家统治行为
6月11日	《北方日志》事件
	日本最高法院 法院的诉前裁定发行停止

　　　　　　　　　　的行为不违反宪法第 21 条
1987 年 4 月 22 日　森林法违宪判决
　　　　　　　　　　日本最高法院 森林法第 186 条作为立法目
　　　　　　　　　　的达成的手段缺乏合理性及必要性，违宪
1988 年 6 月 1 日　　自卫官合祭事件
　　　　　　　　　　日本最高法院 否定宗教人格权的法律上
　　　　　　　　　　的权利性

平成元年以后(1989 年以后)

1989 年 3 月 8 日　　法庭便条记录事件
　　　　　　　　　　日本最高法院 法庭上记录便条属于宪法
　　　　　　　　　　保护范围
1993 年 7 月 1 日　　成田新法事件
　　　　　　　　　　日本最高法院 行政手续的不完全必要性
1994 年 3 月 16 日　 教科书检定第一次家永诉讼
　　　　　　　　　　日本最高法院 教科书检定不违反宪法第
　　　　　　　　　　21、23、26 条
1995 年 2 月 8 日　　《逆转》事件
　　　　　　　　　　日本最高法院 犯罪前科等情报，除因公益
　　　　　　　　　　需要外，不得公开
1996 年 2 月 28 日　 在留外国人地方选举权事件
　　　　　　　　　　日本最高法院 宪法并未禁止给予具有永
　　　　　　　　　　住权的在留外国人以自治体的选举权
　　　 7 月 5 日　　 非婚生子继承区别规定合宪判决
　　　　　　　　　　日本最高法院 民法第 900 条，非婚生子的
　　　　　　　　　　法定继承部分为婚生子的一半的规定不违

	反宪法第 14 条
1997 年 3 月 8 日	剑道实技拒绝事件
	日本最高法院 以宗教上的理由给予拒绝剑道实技的学生退学处分的行为违法
3 月 15 日	JR（日本铁道）总联事件
	日本最高法院 没有正当理由却拒绝他人利用公共设施,具有限制集会自由的可能性
8 月 28 日	冲绳代理署名诉讼
	日本最高法院 驻留军用地特别措置法不违反宪法

附录二　日本有关违宪审查的部分判例介绍

日本最高法院宪法判例十二则

一、1950 年 2 月 1 日 黑市米销售事件（食粮管理法违反、被告事件）

案号：最大判昭 25/2/1 刑集 4 卷 2 号 73 页

案件事实

　　大米中间商 Y 不具有食粮管理法规定的禁止销售大米的除外事由，却于 1946（昭和 21）年 2 月至 7 月销售大米，因此被以违反食粮管理法而起诉，一审（八王子区法院）二审（东京地方法院）都被判其有罪。对此，Y 以食粮管理法是旧宪法时代的战时立法，不具有实质有效性；而且对于旧宪法下制定的法令，在新宪法下应制定新法或临时性规定却没有制定，形式上也属无效为由向东京高等法院提起上诉被驳回（东京地判昭 22/12/22 刑集 4 卷 2 号 85 页）。于是 Y 以从法律的普遍性和法律解释统一观点而言，违宪审查权只应赋予最高法院，法令有违宪之嫌时，不移送最高法院而自行判决的上诉审判决误解了宪法解释等为由，再次向最高法院提起上诉。

判决结果及判决意见要点

结果:驳回

理由:下级法院的违宪审查权"宪法是国家的最高法规,违反宪法的法律命令等无效,宪法明文规定,法官受到宪法以及法律的拘束,负有尊重与拥护宪法的义务。因此,法官适用法令对具体诉讼案件做出审判时,判断该法令符合宪法与否是宪法赋予法官的职务与职权,而不问其是最高法院的法官抑或下级法院的法官。宪法第81条明文规定最高法院是具有违宪审查权的最终法院,而不是否定下级法院具有违宪审查权。"

二、1952年10月8日警察预备队违宪诉讼(违反日本国宪法行政处分取消请求事件)

案号:最大判昭 27/10/8 民集 6 卷 9 号 783 页,行集 3 卷 10 号 2061 页

案件事实

　　X(左派社会党书记长)直接向最高法院提起诉讼,请求确认国家 1951(昭和 26)年 4 月 1 日以后设置并维持警察预备队的所有行为违反宪法第 9 条无效。X 认为作为手续上的问题,宪法第 81 条赋予最高法院所谓违宪审查权,因"其兼具一般法院和宪法法院的性格",所以即使不是具体争议的诉讼,仍然可以对违宪法令处分效力提起宪法诉讼。对此日本政府主张宪法第 81 条没有赋予最高法院以宪法法院的职能,因此就一般抽象行为请求违宪判决的诉讼不合法。

判决结果及判决意见要点

结果:驳回

理由:法院的抽象法令违宪审查权"除司法法院行使为违宪审查权外,也有这种情况:不让司法法院行使此权限,而是设置特别机

构,与具体争讼事件无关而就法律命令等的合宪性做出一般的抽象宣言,使其行使废弃而使之失效的权限。但是在我国现行制度下,法院被赋予的是司法权,而为了发动司法权需要提起具体的争讼事件。没有具体争讼事件提起而预测未来,就宪法以及其他法律命令等解释存在的疑义争论做出抽象判断——我国法院没有这种权限。因为虽然最高法院具有对于法律命令等进行违宪审查的权限,但是此权限是在司法权范围内行使的,关于这一点最高法院与下级法院没有区别。""总之,在现行制度下,对于特定人的具体法律关系,只有存在纷争时才可以请求法院做出判断,法院脱离具体事件而对法律命令等的合宪性做出抽象判断——这种权限在宪法以及法令上没有任何根据。"

三、1960年6月8日 苫米地诉讼三审(众议院议员则歌确认及津贴请求事件)

案号:最大判昭35/6/8民集14卷7号1206页,判时225号6页

案件事实

X的请求得到了一审的支持但在二审被驳回,因此X提起了上诉。

判决结果及判决意见要点

1. 结果:驳回

2. 理由:众议院解散与统治行为论"现实中发生的众议院解散,是否因其对作为根据的宪法规定适用错误因此法律上无效,是否因解散时所需的内阁意见与承认有瑕疵而无效,这不属于法院的审查权范围。""即使在我国宪法规定的三权分立制度下,司法权行使也不能免于一定的限制,不应简单认为所有国家行为都无限制的成为司法审查的对象。直接关系到国家统治根本的高度政治性

国家行为即使成为法律上的争讼，可以从法律上对其做出有效与否的判断，但应认为：这种国家行为不在法院审查权范围之内，其须由具有国家主权的国民负有政治责任的政府以及国会等政治部门来判断，最终由国民做出判断。这种对于司法权的限制出自三权分立原理，鉴于该国家行为的高度政治性，法院作为国家司法机关的性质、审判必然伴随的手续上的限制等，虽然没有明文规定，但应理解为是司法权的宪法本质的内在限制。""众议院的解散违背议员的意志，使其丧失议员资格，暂时中止作为国家最高机关的国会主要部分的众议院的功能，进而通过其后的总选举组成新的众议院，并带来成立新内阁的机遇。解散不仅具有国家法律上的重大意义，而且多数是在内阁就其重要政策、自身存续等问题来了解民意时进行的，政治意义也极其重大。即众议院解散是具有极其高度的政治性的关乎国家统治根本的行为，如上所述，对这种行为的法律效力进行审查不属于司法法院的权限。""政府的见解显然是根据宪法第7条，即，即使不属于宪法第69条的情况，在宪法上，可以有效解散众议院，本案解散以上述第7条为根据，并得到内阁的意见与批准，合法进行。作为法院不能否认政府的这一见解，认定本案解散在宪法上无效。"

判决意见要点

小谷胜重、奥野建一法官"如果因为违反宪法且当然无效的众议院解散而被剥夺议员身份，丧失津贴请求权，当然允许向法院提起诉讼，请求救济。此时，法院当然首先应判断众议院解散在宪法上合宪与否，即有效与否，……由于众议院解散属于高度政治性事件，法院对此没有审查权，既然政府已经将众议院解散行为认定合宪，法院却盲目从事，仍然将宪法上无效的解散也判为有效的话，根据宪法第81条规定这样的做法违反法院的职责……应认为

第69条……以可以解散为当然的前提,重点在于不解散则内阁必须全体辞职,不应解释为该条规定了可以解散。""宪法第7条……没有对解散作出任何限制……包括第69条的情形,根据第7条规定,天皇在得到内阁意见和批准后作为国事行为,解散众议院。天皇的解散决定是根据内阁意见及批准后,作为一种形式上的礼仪进行的,因此众议院解散的决定权在内阁。""内阁意见和批准是众议院有效解散的必要条件,没有具备此要件的内阁的意见和批准的解散在宪法上无效,所以决定众议院解散有效与否,这一点的认定是非不可或缺的……不应同宪法第7条所谓的内阁的意见和批准……两者割裂开来考虑,总之,应当认为内阁对天皇的国事行为具有实质的决定权,天皇根据内阁决定,作为形式上的礼仪的国事行为来解散众议院的。"河村大助法官"宪法第81条……法院法第3条……除宪法有特别规定外,赋予法院审判一切法律上争讼的权限……不论何种具有高度政治性的国家行为,只要形式上具备成为司法审查对象要件,就必须服从司法权……即便是具有高度政治性的问题,如果其同时包含法律上的争讼时,应认为该法律问题"决定符合宪法与否"是就超越三权分立均衡势力部分赋予了违宪审查权。"(关于司法审查权,此外还有石阪修一法官相同内容的意见,在此不赘)

四、1966年10月26日 全递东京中邮事件(邮政法违反教唆被告事件)

案号:最大判昭41 10/26 刑集20卷8号901页,判时460号10页

案件事实

曾任全递信工会的领导的Y等8人在1958(昭和33)年1月

以后实施的春季斗争中,说服东京中央邮局的职工同年 3 月 10 日以后参加上班时间召开的职工大会,并于该月 20 日清晨让 3 名职工离开单位几个小时,因此以该行为属于邮政法第 79 条 1 项规定的不处理邮件罪为由被起诉。一审(东京地判昭 37/5/30 判时 303 号 14 页)认为正当的劳资争议行为适用工会法第 1 条 2 项,本案不处理邮件属于正当的劳资争议行为,免予刑事追究,因此对于 Y 等人教唆罪也不成立,判定 Y 等 8 人无罪。对此二审(东京高判昭 38/11/27 判时 363 号 48 页)认为既然公劳法(现行《国营企业,特定独立行政法人劳动关系法》)第 17 条禁止劳资争议行为,就没有考虑该争议行为正当与否的余地,不适用免予追究刑事责任,驳回改判。于是 Y 等人以公劳法第 17 条第 1 项违反宪法第 28 条以及违反公劳法第 17 条 1 项的争议行为适用工会法第 1 条第 2 项等为由提起上诉。

判决结果及判决意见要点

结果:撤销原判,依法改判

理由:

(1) 公务员劳动基本权的界限"劳动基本权不仅对私营企业的劳动者保障,而且对公共企业的职工的适用自不待言,国家公务员以及地方公务员既然是宪法第 28 条规定的勤劳者,原则上也应保障其劳动基本权。根据'公务员是为全体而不是为部分人服务的'宪法第 15 条的这一规定,不允许否定公务员的劳动基本权。但如下所述,只应做出这种限定解释:根据担任职务的内容,公务员或准公务员会受到与私营企业劳动者不同的限制。"

"① 决定劳动基本权的限制,应对尊重确保劳动基本权的必要性和维持促进全体国民生活利益的必要性进行比较衡量,再在保证二者的平衡基础上做出。但是,鉴于劳动基本权直接关系到勤劳者的生存权,是保障生存权的重要手段,这种限制必须控制在合理的必要的最低限度内。

② 勤劳者提供的职务或业务性质具有很强的公共性,因此其职务或业务的停止、废止可能损害全体国民生活的利益,给国民生活造成重大损害时,为避免这种情况,在不得已时,才应考虑劳动基本权的限制。

③ 关于伴随劳动基本权限制违反的法律效果,即对违反者课以的不利,应充分留意不超过应有的限度。特别是对勤劳者争议行为进行刑事制裁应限制在必须以及不得已的范围内,将同盟罢工和怠工这种单纯不作为作为刑罚对象必须特别慎重。因为在现行法上,单纯的合同债务的不履行作为债务不履行问题,仅发生合同解除以及损害赔偿责任等民事法律效果,原则上不作为刑事上的问题进行刑罚。这不论从近代的人权尊重思想而言还是从刑事制裁只应以反社会性很强的行为为对象这一刑事政策的理念而言都理所当然。而该债务属于雇佣合同以及劳动合同时也不例外,劳动者即使仅仅不提供劳务(罢工)或不完全提供(怠工),一般不应只是因为这一理由就进行刑事制裁。

④ 从职务或业务性质而言不得已需要对劳动基本权进行限制时,必须采取与之相应的补偿措施。"

"以上所述不仅应在制订限制劳动基本权的法律时留意,对于已经制订的法律进行解释适用时也应充分注意。""关于本案邮政业务,由于此项业务是独占的,而且与全体国民生活密切相关,此业务的停止、废止会给国民生活带来重大损害,其对社会公共的影响极其重大。因此,对于从事该业务的邮政职员的争议行为做出禁止规定,对违反者课以不利益,只要根据上述标准没有超过必要限度,是合理的,就不能认为其违宪无效。"

(2) 公劳法第 17 条第 1 项 (禁止争议行为) 违反与刑罚的界限 "对于违反公劳法第 17 条第 1 项者,禁止伴随上述民事责任的争议行为显然不违反宪法第 28 条与第 18 条。""在考虑对违反公劳法第 17 条第 1 项做出争议行为者课以刑事制裁时,如上面谈到的法制沿革,对于违反争议行为禁止规定的制裁逐渐放松,现行公劳法中没有规定特别的罚则。可以认为这说明作为公劳法本身,对违反禁止争议行为进行刑事制裁并非其宗旨。公劳法第 3 条不排除关于刑事免责的工会法第 1 条 2 项的适用,也将其适用于争议行为可以说证明了这一宗旨。可以认为,这是遵循宪法第 28 条尊重劳动基本权保障的基本精神,从应当把对违反禁止争议行为的效果或制裁降低到最低限度的立场出发,采取了对于违法争议行为只需承担民事责任即可,无必要进行刑事制裁的基本态度。""公劳法第 3 条规定适用工会法第 1 条 2 项是由于争议行为是为了达到工会法第 1 条 1 项目的规定,应当解释为而且停留于存在罢工或怠工等不作为行为,没有暴力行使等其它不正当行为时,争议行为不是刑事制裁的对象。同时,争议行为不成为刑事制裁的对象是在上述限度之内,如果争议行为不是为了工会法第 1 条第 1 项规定的目的,而是为了政治目的或伴随暴力等,从一般社会认识而言会造成长期延续那种给国民生活带来重大影响的情况时,就超越了宪法第 28 条保障的正当争议行为的界限,从而不能免于刑事制裁。""如同一审判决认定的,Y 等人的行为是争议行为,对于此行为应当根据上述宪法第 28 条以及公劳法第 17 条第 1 项的合理解释,适用工会法第 1 条第 2 项,参照具体事实认定判断是否属于该条款规定的正当行为,有无邮政法第 79 条第 1 项规定的罪责。因此,原判是法令适用错误,这显然影响了判决,如不撤销就会对正义产生重大违反……"

反对意见:

奥野健一、草鹿浅之介、石田和外、五鬼上坚磐法官 其要旨既然认为因公劳法第17条第1项禁止公共企业职员的争议行为,属于违法,就不能适用工会法第1条第2项规定。

五、1970年5月25日 朝日诉讼第三审(对关于生活保护法保护的不服申请的裁决取消请求事件)

案号:最大判昭42/5/25 民集21卷5号1043页,判时481号94页

案件事实

一审判决后,上诉审(东京高判昭38/11/4 行集14卷11号1963页)虽然承认有根据生活保护法第3条和第8条进行司法审查的余地,但又认为厚生大臣几乎完全可以根据自由裁量制定标准,在计算出月日用品费为670元的基础上,以"一成左右的附则"虽然可以说不当,但不能认为本案保护标准违反宪法,撤销一审判决,驳回了X的主张。X上诉后没有等到最高法院的判决便于1964(昭和39)年2月14日去世了,其继承人(养子夫妇)继承X的当事人地位,继续诉讼。

判决结果及判决意见要点

结果:诉讼终结

理由:

(1)领取补助权利的人身性"应当认为应受保护者或被保护者根据生活保护法规定接受国家生活补助,不是单纯的国家恩惠以及社会政策实施而带来的利益,而是依法具有的权利,应该称为接受补助权。但是,这项权利是为了维持被保护人最低限度生活而给与其个人的人身专属权利,不能转让给他人(参看第59条),

也不能成为继承的对象。此外,作为被保护人生存时的补助,包括医疗补助,以及金钱补助为内容的生活补助,尽管此类补助的支付发生了迟延,但是由于其目的在于满足被保护人最低限度的生活需要,此类补助以及请求给付的权利不允许流用于法律预定目的以外的用途,而且应当认为此权利随着该被保护人死亡自然消灭,而不能成为继承的对象。此外,所提到的不当得利返还请求权是以补助接受权为前提成立的,而此类补助接受权如上所述既然是人身专属的权利,就应当认为不能成为继承的对象。""如此这般,应该说本案诉讼与 X 的死亡应当同时终结,两名继承人没有继承的余地。"

(2)宪法第 25 条的权利性 "此外,为谨慎起见附加本法院关于本案生活补助标准适当性的意见。宪法第 25 条第 1 项的规定限于宣告国家运营国政应能令所有国民过上健康的,具有最低文化限度的生活,而没有赋予每个国民具体的权利……。作为具体的权利,应当通过为实现宪法规定宗旨制定的生活保护法加以赋予。生活保护法规定:满足"本法律规定的要件"者可以享受"根据本法律的保护"(参看第 2 条)。此保护是根据厚生大臣设定的标准进行的(参看第 8 条第 1 项),所以上述权利应解释为接受厚生大臣认为足以维持最低限度生活水准而制定的保护标准给予的补助。……"

(3)生活保护标准制定的裁量性 "健康而最低限度文化生活"是一个抽象的相对的概念,其具体内容当然是随着文化发展与国民经济成长而提高的,而且只有在综合考虑许多不确定因素后才能决定。因此,判断认定什么是"健康而最低限度文化生活"基本要依靠厚生大臣基于法规目的的裁量,其判断作为恰当与否的问题即使可以追究政府的责任,但也不会直接产生违法问题。但是如果无视现实的生活条件,制定极其低的标准,违反宪法以及生活保护法的宗旨与目的,超越了法律赋予的裁量权的界限或滥用裁量权时,就会作为违法行为而成为司法审查的对象。""原判决在判断本案生活保护标准的适当性时考虑到的所谓生活外要素是指:当时国民所得以及作为其反映的国家财政状况、一般国民的生活水准、城市与农村的生活水平差距、低收入者的生活程度以及此阶层在全部人口中所占的比例、部分国民认为受生活保护者的生活比未受保护的多数贫困者生活更为富裕的不公平的感情、预算分配等。考虑上述种种要素,属于制定保护标准时厚生大臣的裁量,其判断只要不违背法律的宗旨与目的,发生的问题不过是适当与否的问题,而不是违法问题。""在原判确定的事实关系中,根本不能断定厚生大臣认定本案生活扶助标准足以支付住院患者最低限度的日常品费用的判断是超出了被赋予的裁量权的界限或是滥用了裁量权的违法行为。"

反对意见

田中二郎、松田二郎、岩田诚、草鹿浅之介法官(概要)如果取消本案裁决,由于国家便不再支付本来为其义务的医疗补助,因此让X承担了没有必要的负担,为此国家无法律上的原因而不当得利。即X对国家具有以取消本案裁决为条件的不当得利返还请求权。这一附条件的权利与接受补助的权利不同,可以继承。

六、1973年4月4日尊属杀人事件

案号:最大判昭48/4/4刑集27卷3号265页,判时697号3页

案件事实

Y14岁时被自己的亲生父亲M强奸,其后被强迫与亲生父亲度过了十多年间如同夫妻的生活,还生育了5个孩子。1968年

(昭和43年)8月,Y与在单位相识的青年相爱并准备结婚。Y被得知此事狂怒的M虐待十多天,苦恼至极的Y为了逃脱出这种可悲的状况,同年10月5日将M勒死。一审(宇都宫地判44/5/29判时237号262页)认定刑法第200条违宪,根据第199条的杀人罪,以防卫过当为由免除了刑罚。上诉审(东京高判昭和45/5/12 619号93页)驳回第一审,认定刑法第200条合宪,否定了防卫过当,以心神脆弱和酌情判断为由减轻责任,宣告了最低的3年6个月的徒刑。对此Y以刑法第200条违反平等原则为由上诉。

判决结果及判决意见要点

结果:撤销原判,依法改判

理由:

(1)平等原则的宗旨"宪法第14条第1项是保障国民在法律下平等的规定,该项后段列举的事项是例示性的,加之这一平等要求,……只要不是依据合理的根据做出的,其宗旨就在于禁止差别对待。"

(2)加重处罚规定的目的与差别的合理性"刑法第200条违反宪法与否就成为问题……,不过这取决于差别对待有无合理根据。""刑法第200条的目的在于认定卑属或其配偶杀害尊属……是值得社会高度非难的行为,为此要给予特别严重的压制。""应当说对于尊属的尊重与报恩是社会生活的基本道义,……值得给予刑法上的保护。""与通常的杀人比较,杀害尊属一般应受到高度的社会的与道义的非难,将此反映在其处罚中也不能说不合理。""……即使法律上做出了加重刑罚的要件规定,……也不能断定缺乏合理的根据,……也不能说违反宪法第14条第1项规定。"

(3)加重的程度与极端的严格性"但是,……如果加重程度过于极端,……作为达成立法目的的手段明显不均衡,无法找到将其正当化的根据时,就必须说该差别显著不合理,该规定违反宪法第14条1项规定无效……""从刑法第200条看,……刑罚种类选择的范围限于重刑……处断刑的下限不低于3年6个月的徒刑,……法律上不允许刑罚执行的缓刑。""从量刑的实际情况看,几乎没有仅因尊属杀之罪课以法定刑的事例,……不但有不少减刑两次的情况,而且仅仅宣告判处处断刑下限的3年6个月的徒刑的也不在少数。这说明不能说卑属的反伦理性并非总是非常严重,而且也说明杀害尊属法定刑有失极端严重。""杀害尊属法定刑只限于死刑或是无期徒刑(在现行刑法上,这是除外患招引罪外最重的刑罚),应当说过于严厉,……不能作为基于合理根据的差别性待遇而将之正当化。"

(4)通过判例变更作出的违宪性认定"刑法第200条,……远远超过了必要限度,与普通杀人的刑法第199条的法定刑比较,可以认为属于显著不合理的差别对待,必须认定为违反宪法第14条1项而无效。因此,尊属杀人也只有适用刑法第199条。对于反对此见解的本法院审理的以往判例要进行变更。"

意见要点

田中二郎、小川信雄、坂本吉胜法官"对尊属杀人作出规定,……承认差别待遇的本身,……就违反宪法第14条1项。"下村三郎法官"做出尊属杀人的处罚规定,加重其刑法缺乏合理根据。"色川幸太郎法官"必须用宪法来否定保护古老家族制度道德的法律。"大隅健一郎法官"就夫妻间以及父母子女等直系亲属间的杀害行为……设置可以说是近亲杀人的特别罪,……加重刑罚,……只要不超越合理范围,……并不违反宪法规定……这是法律政策的问题。"

合议庭反对意见

下田武三法官"如何规定法定刑……是立法政策适当与否的问题……而不是宪法上的问题。……应当重视对尊属的敬爱之情,……规定刑法第 200 条这种法定刑不能认为属于不合理。……目前以法制审议会为中心正在制作刑法修案,……先于立法……作出判断……违反司法谦抑的原则。"

注:以刑法第 200 条为首的对尊属犯罪(尊属伤害致死,尊属遗弃,尊属逮捕监禁)的刑法加重规定于 1995 年(平成 7 年)改正时被全部废除。

七、1973 年 4 月 25 日 全农林警职法事件(国家公务员法违反被告事件)

案号:最大判昭 48/4/25 刑集 27 卷 2 号 547 页,判时 699 号 22 页

案件事实

作为反对 1958(昭和 33)年警察官职务执行法改正的统一行动之一环,Y 等 5 人担任干部的全农林工会于同年 10 月 30 日至 11 月 2 日向该工会各县总部发出在中午上班的指令,怂恿参加上午召开的职工大会。同日在农林省大门前安排了纠察队,大约 3000 名工会会员参加了工作时间内召开的集会。为此 Y 等人被以该行为属于国公法第 98 条 5 项(昭和 40 年改正前)禁止的怂恿违法争议行为,违反了该法第 110 条 1 项 17 号为由被起诉。Y 等人在一审中被判无罪,但上诉审中(东京高判昭 43/9/30 判时 547 号 12 页)被判有罪,因此提起上诉。

判决结果及判决意见和理由

结果:驳回

理由:

(1)公务员劳动基本权限制的合理性"公务员与私营企业的

劳动者不同,是由担当国政的政府根据国民的信托任命的,如宪法第15条规定所示,其实质性的使用者是全体国民,公务员是向全体国民负有劳务提供义务的。原本不允许仅以此而否定公务员的团结权等一切劳动基本权,但鉴于公务员的特殊地位与职务的公共性,为此而对公务员的劳动基本权做出不得已的限制应当说有充分合理的理由。""公务员的工资来源也同国家财政相关,主要依靠税收,完全不同于私营企业中劳动者的利润分配要求。其勤务条件都应根据政治、财政、社会以及其他各种合理因素适当决定,而且决定应依据民主国家的规则,在立法府经过充分的议论,完全不应允许来自同盟罢工等争议行为的强制。……关于公务员勤务条件,对于政府没有接受国会适法委任的事项,公务员向政府进行争议行为很不正常。如果虽然存在这种制度上的限制,但仍然发生公务员争议行为,就使作为使用者的政府不得不面对无法解决的难题,乃至歪曲决定公务员勤务条件的民主性手续过程,这与宪法基本原则的议会制民主主义(宪法第41、83条等),可能侵犯国会的决议权。""对于为保障全体国民共同利益而其争议行为等受到限制的公务员,作为补偿措施,法律从保障其生存权的角度出发,对其身份、任免、服务、工资以及其它勤务条件做出了详细规定,作为中央人事行政机关,还设置了具有准司法机关性质的人事院。"

(2)煽动违法争议行为及其罚则"禁止公务员的争议行为不违反宪法,因此有任何煽动违反禁止规定的争议行为等行为者,作为给违法争议行为予以推动者,与单纯的争议参加人比较,其社会责任更重大,而且其造成了争议行为的开始以及进行的原因,因此为了追究煽动者等行为人的责任,并防止违法争议行为产生,应当说承认特别是对这些人的处罚并规定罚则具有充分的合理性。"

"公然做出法律禁止的煽动公务员违法争议行为等行动的,即使其本身具有思想表现的一面,但也是怠慢为公共利益服务的公务员对重大义务的懈怠,结果可能给全体国民的共同利益造成重大损害,应当说超越了宪法保障的言论自由的界限。因此不能认为国公法第110条1项17号的煽动等行为的处罚规定违反宪法第21条。"

（3）公务员争议行为及其罚则 "利用该法,将公务员争议行为区别为违法行为和不违法行为,并进一步将违法行为划分为违法性强的和弱的,把因煽动等罪而应受刑事制裁的行为限于违法性强的争议行为,或者对煽动等行为,将同谋、说服、怂恿、指挥等作为争议行为通常伴随的行为而视同国公法规定的不处罚的争议行为,谈论这些煽动等行为本身违法性强弱或社会容忍性的有无都是不能允许的。假如将国公法第110条1项17号的宗旨解释为把违法性强的争议行为限于因违法性强或没有社会容忍性的行为而煽动等,从而对此进行刑事制裁,则由于违法性强弱的区别本来就十分暧昧,可否做出刑事制裁的界限就变得很不明确,而且如果认为该条款的宗旨是不将'通常伴随'争议行为的,可以将其视为一体的煽动等行为作为处罚对象,就不仅无视了争议行为一般开始而且终结于争议领导人的指令这一现实,而且结果还会将并不受劳动基本权保障的第三人实施的这种煽动等行为排除出处罚对象之外。而且如果把这种第三人实施的煽动等行为作为不是理解为'通常伴随'争议行为的行为、不问其形态而作为处罚对象的话,就承认了同是煽动等行为,但对公务员的该行为和第三人的该行为做出不同处罚,这不仅违反了法条的'不论何人'规定,而且有失平衡。不论如何,这种不明确的限定解释反而使犯罪构成要件的保障功能丧失,有违反要求明确性的宪法第31条之嫌。"（略）

判决意见

岩田诚法官"不应当根据公务员争议行为违法性的强弱以及煽动等行为违法性的强弱决定是否适用国公法第110条1项17号",但"不能赞同该规定即使不作任何限定解释也不违反宪法第28条的意见。"田中二郎、大隅健一郎、小川信雄、板本吉胜法官"某法律的行为限制与禁止规定表述过于宽泛,其本身包含了不当侵害宪法保证的个人基本人权时,上述基本人权保障应在宪法上处理,而不应采用刑法的违法性阻却理论处理。而且上述侵害基本人权的宽泛限制与禁止法律,并非总作为全面违反该规定宪法而无效,如公务员争议行为禁止,属于侵害上述基本人权的情况毋宁是例外,原则上如果其大部分属于合宪的限制与禁止范围,则不全面将规定本身认定为无效,而采用尽量通过解释使规定内容归于合宪范围内的方法(合宪限定解释),或者如果难于采用这种方法时,采用将具体情况下适用该法规为违反宪法而拒绝的方法(适用违宪)处理为当,这种情况下,只要不进行立法改正,该规定适用所排除的范围就有待于判例的积累,特别是采用后者方法时,可以认为不得不期待这种方式的不在少数。"

反对意见

色川幸太郎法官"不是仅仅因为不受宪法第28条保障,……(政治罢工)就违法。……工会不过是没有从事政治活动的特别保障,一般没有理由认为工会的政治活动受到禁止。"

注:与本判决同一天,对于全农林长崎事件和国铁久留米站事件,最高法院都做出了撤销无罪的原判决,发回福冈高级法院重审的判断(刑集27卷3号418号)。关于地方公务员,岩手县教学组学力试验事件判决最大判昭51/5/21(Ⅲ-7-25)引用了本判决,未对地公法第37条1项与第61条4号规定做出限定解释便认定

为合宪。

八、1981年4月7日"板曼陀罗"诉讼(捐款返还请求事件)
案号:最三判昭56/4/7民集35卷3号443页,判时1001号9页
案件事实

1965(昭和40)年10月,创价学会(Y)原会员X等17人为响应Y为建设安置主佛"板曼陀罗"的正本堂募集资金的要求,分别捐款。其后以该赠与属于要素错误为由,提起诉讼,请求返还捐款。其所谓要素错误是指,不了解"板曼陀罗"是假的,而且Y募捐时称正本堂是在广为宣传传播佛法的达成时建设,但其建成时却说广为宣传传播佛法尚未达成。一审(东京地判昭50/10/6判时802号92页)支持Y的主张,认为X们主张的错误内容由于关乎日莲正宗信仰的本质,不属于法院能够适用法令解决的"法律上的争讼",驳回了其请求,但上诉审(东京高判昭51/3/30判时809号27页)撤销了该判决并发回重审,于是Y提起上诉。

判决结果及判决意见要点

结果:撤销原判,依法改判

理由:关于宗教教义的纷争与司法判断"在因错误赠与无效的本案不当得利返还请求诉讼中,X等主张的错误内容为:①Y声称为了建设安置戒坛佛像的正本堂募集资金,然而捐款后才得知Y安置在正本堂的佛像"板曼陀罗"不是日莲正宗规定的"日莲于弘安2年10月12日建造的佛像",②Y募集资金时声称正本堂建成时就是广为宣传传播佛法之时,正本堂将成为戒坛。然而正本堂建成后又称正本堂尚非三大秘法抄与一期弘法抄戒坛的完结,佛法的广为宣传传播尚未达成"。在判断有无要素错误时,①需要关于信仰对象的宗教价值的判断,而②需要关于"戒坛的完结"和"广为

宣传传播的达成"等宗教教义上的判断,从其性质而言,都属于无法适用法令解决的问题。本案诉讼形式上是关于具体权利义务以及法律关系的纷争,虽然其结果,关于信仰对象的价值或宗教教义判断停留于决定请求适当与否的前提问题,但又是决定本案诉讼结果必不可少的,而且从记录中本案诉讼经过看,该判断内容是本案诉讼论点以及当事人的主张举证的核心,由此,本案诉讼实质上不能通过适用法令获得最终解决,必须说其不属于法院法第3条规定的法律上的争讼。"

判决意见

寺田治郎法官"本诉讼请求……是不当得利返还请求,由于上述宗教问题不过是前提问题,宗教争论本身并非诉讼目的,所以不能说本案诉讼……不属于法律争讼。……由于决定请求适当与否的前提问题需要宗教判断,而法院审判权不能作出判断时,法院不能认可X等关于该宗教问题的错误主张,判断本案金钱给付无效,……所以应以本诉讼请求无理由为由判决驳回。"

九、1982年7月15日邮政储蓄存款减少诉讼(居民储蓄减少损害赔偿请求事件)

案号:最一判昭57/7/15,判时1053号93页

案件事实

大阪市或其周边居民X等根据以下理由提起诉讼:1972(昭和47)年6月至1974(昭和49)年1月末,大阪市消费物价上升26%,其邮政储蓄的实质价值(购买力)相应减少,并且受到与储蓄额减少部分相等的损害。损害发生原因在于国家(田中内阁及其阁僚,公正交易委员会等)的经济政策(财政金融政策、土地价格政策、石油供需预测、不景气卡特尔对策)以及经济预测的失误,根

据国家赔偿法第 1 条 1 项请求损害赔偿。一审（大阪地判昭 50/10/1 判时 790 号 17 页）驳回了 X 等的请求,上诉审也做出相同判决,为此 X 等向最高法院提起上诉。

判决结果及判决意见要点
结果：驳回

理由：经济政策与违宪审查"X 等在本案中主张：政府在计划并施行经济政策时,担当人应当以稳定物价、维持雇用、国际收支平衡以及经济的适度成长为政策目标,然而内阁以及公平交易委员会在达成上述标准特别是稳定物价这一政策目标时发生失误,造成通货膨胀,是这些机关的违法行为。但是,为了和谐实现上述 X 等主张的各项目标,政府在当时国内外形势下应采取何种措施,从其事件的性质而言,应当由政府做出裁量性政策判断。假如政府判断失误或是采取措施不妥而未能达成上述目标,或是带来了相反结果,可以对此追究政府政治责任的是违反法律规定义务或违法行为,而不能发生国家赔偿法上的损害赔偿责任问题。"

十、福冈县青少年保护培育条例事件（福冈县青少年保护培育条例违反被告事件）

案号：最大判昭 60/10/23 刑集 39 卷 6 号 413 页,判时 1170 号 3 页

案件事实
　　福冈县青少年保护培育条例将开始上小学到满 18 岁者定义为青少年（第 3 条 1 项）,规定"任何人都不得对青少年实施淫秽行为或猥亵行为。"（第 10 条 1 项）,并规定了罚则（第 16 条 1 项）。被告 Y 从 1981（昭和 56）年 3 月下旬后与高中一年级的 16 岁女生在旅馆以及车内进行了十几次性交,在一审（小仓简判昭 56/12/

14 刑集 39 卷 6 号 463 页)被罚款 5 万元,二审(福冈高判昭 56/12/14 刑集 39 卷 6 号 463 页)支持了一审判决,以本条例违反宪法第 11、13、19、21、31 条为由上诉。

判决结果及判决意见要点

结果:驳回

理由:"淫乱行为"的含义 "本条例第 10 条第 1 项、16 条第 1 项规定(以下合称本案各规定)的宗旨明显在于:一般而言,青少年因为身心未成熟以及发育程度不均衡,精神不够安定,因此易于因性行为等遭受精神打击,而且不容易从打击中得到恢复。所以,为了青少年的健康成长,对于以青少年为对象的性行为中阻碍其成长,应受到社会舆论非难的行为应予以禁止。从上述本案各规定的宗旨及其规定内容看,本条例第 10 条第 1 项规定的'淫乱行为'不应广泛指对于青少年的一般的性行为,而应理解为引诱、威胁、欺骗或令青少年困惑,乘其身心不成熟,采取不正当手段进行的性交或与此类似的行为外,将青少年单纯作为满足自己性欲的对象的性交或与此类似的行为。总之,如果将'淫乱行为'广泛解释为对青少年的一般性行为,则不仅不符合'淫乱行为'这一词汇本身的含义,比如将订有婚约的青少年或进行与此相同的真挚交往的青少年间的性行为等一般社会难以认为应处罚对象在内的话,这种解释显然有失宽泛,而且把'淫乱行为'单纯解释为违反道德或不纯的性行为的话,不难受到犯罪构成要件不明确的批判,应从上述规定的内容可以合理得出的解释的范围内做出上述限定。这种解释也与具有通常判断能力的一般人的理解一致,在对'淫乱行为'的含义做出上述解释时,既不能说该规定处罚范围过于宽泛,也不能说不明确,所以不能说本案各规定违反宪法第 31 条规定,也缺乏违反宪法第 11、13、19、21 条的前提,全部不能采用。"

反对意见

伊藤正己法官"根据我的见解,当前我国多数国民认为青少年性行为应受到社会的指责,应予以处罚的是利用青少年的无知、不成熟与情绪的不稳定,采用不正当手段进行的性交或与性交类似的行为。""具体而言正是多数意见所说的采用引诱、威胁、欺骗或令青少年困惑等……不正当手段进行的性交或与此类似的行为。""而且多数意见还追加了属于'淫乱行为'的'仅将青少年单纯作为满足自己性欲的对象的性交或与此类似的行为',这……作为处罚范围规定并不确切。""按照一般人的理解能否从'淫乱行为'这个词中读出多数意见的这种限定解释很令人怀疑,其已经超越了解释的界限。"

谷口正裁法官"我认为如果把缺乏爱情以及其他人格的结合作为要件,或是将特定动机与目的作为现实'淫乱行为'违法性所需的要件的话,就应在条例规定本身明确规定,否则把这些要件……放入'淫乱行为'的概念之中来理解,则超越了一般人的认识。""如果用罚则禁止身体发育程度提高,性知识也比较充分的现代大龄青少年之间所有根据自由意思所做的性行为的话,正是公权力对他们的性自由不正当干涉,完全不能说是适当的处罚规定。"

岛谷六郎法官"采用这种及其模糊且不明确的表现规定犯罪,将其作为处罚对象,不能不说作为刑罚法规缺乏犯罪构成要件的明确性,违反罪刑法定主义的要求。"

十一、1988年6月1日自卫官合祀诉讼

案号:最大判昭63/6/1民集42卷5号277页,判时1277号34页

案件事实

基督教徒 X 的丈夫 A 是自卫队员,在 1968(昭和 43)年 1 月 12 日执行公务时发生的事故中死亡。X 分别参加了自卫队和 A 的父亲安排的佛教葬礼后将 A 的骨灰放到教会的骨灰堂中,其后一直坚守基督教信仰生活。然而队友会山口县支部联合会 Y1 希望申请包括 A 在内的殉职自卫队员的合祀,得到与 Y1 有关的自卫队山口地方联络部职员(以下称地联职员)帮助于 1973(昭和 47)年向山口县护国神社提出了申请。X 得知后要求拒绝合祀,但该申请未撤回便进行了祭祀。为此,X 以违反政教分离原则,侵害了 A 的人格权等为由,提起了诉讼,要求 Y1 赔偿精神损失,要求 Y1 取消合祀申请手续。

一审(山口地判昭 54.3.22 判时 921 号 44 页)驳回了对 Y1 的请求,但支持了对 Y1 的损害赔偿请求,因此 Y1 提起上诉。二审(广岛高判昭 57.6.1 判时 1046 号 3 页)也基本支持了一审判决,因此政府提起了上诉。

判决结果及判决意见要点

结果:撤销原判,依法改判

理由:

(1) 本案合祀申请的共同行为性"根据(本法庭认定的)事实,县护国神社对包括 A 在内的 27 名殉职自卫队员的合祀,基本上是县队友会接受遗属请求并为实现这一请求同该神社多次交涉后,该神社决定了合祀殉职自卫队员方针的结果。如此看来,虽然县队友会得到了地连职员的事务性帮助,但合祀申请是以县队友会独自的名义做出的,应当说实质上也是县队友会的单独行为,必须说不能将此作为地连职员与县队友会的共同行为而认为地连职员也做出了本案的合祀申请。"

(2) 地连职员的行为与宪法第 20 条 3 项"上述条款所称的宗

教活动不是指与宗教相关的所有行为,而是指该行为目的具有宗教意义,其效果构成了对宗教的援助、助长、促进或干涉、压迫等的行为,考虑某行为是否属于宗教性行为时,要考虑该行为的场所、一般人对该行为的宗教性评价、该行为人做出该行为的意图、目的以及宗教意识的有无、程度、该行为对一般人的效果、影响等各种因素,根据社会的一般认识做出客观判断(最大判昭52/7/13民集31卷4号533页)。""本案的合祀申请行为向护国神社明确传达殉职自卫队员的姓名及其殉职事实,希望进行合祀,是与宗教有关的行为,但不是具有作为合祀前提的法律意味的行为。而且前面提及在直至合祀为止的过程中地连职员对县队友会提供的帮助这一具体行为与宗教的关联是间接的,可以推测,其意图与目的也在于通过合祀提高自卫队员的社会地位,振奋士气,应当说其宗教意识也十分单薄,而且从行为的形态而言,也难以认定其为一般人认为是具有以下效果的行为:国家或国家机关唤起对特定宗教的关心,或对该宗教实施援助、助长、促进或对其他宗教进行干涉、压迫等的行为。因此,虽然不能否定地连职员的行为与宗教关联,但应当说不能以此认为其属于宗教性活动。""而且,宪法第2条3项的政教分离规定是所谓制度性保障规定,而不是对私人信教自由的直接保障,是通过规定国家及其机关不可为行为的范围保障作为制度的国家与宗教的分离来间接确保信教自由(前述最高法院大法庭判决)。因此违反此规定的国家及其机关的宗教活动只要不是违反该条1项前段,限制私人的信教自由,或违反该条2项强制私人参加宗教性行为等这种直接侵害宪法保障的信教自由,就不能认为在与私人的关系上当然违法。"

(3)对X的法律利益侵害的有无"如上所述,合祀是神社根据自主判断决定的,本案合祀申请不具有作为合祀前提的法律意味,因此如果没有神社对于合祀的可以视为事实上的强制的某种影响力这种特殊情况,关于法的利益的侵害有无,就不应将合祀申请的事实与合祀混为一谈。这样,本案中,合祀申请没有应认为具有上述影响力的特别情况的主张与举证,应当说有无法的利益的侵害只需探讨合祀本身是否侵害了法的利益便可,而且,合祀本身是县护国神社所为,因此,有无法的利益的侵害就应当从该神社与上诉人的私法上的关系来探讨。""私人间发生了宪法第20条1项前段和同条2项保障的信教自由的侵害,其形态与程度超出了社会能容忍的限度时,根据不同情况,应适当适用私人自治一般限制性条款的民法第1、90条以及关于侵权行为的各种规定给予法的保护(参看最大判昭48/12/12民集27卷11号1536页)。但是,认为自己安宁的信仰生活他人的宗教性行为遭到破坏而不快,希望不会发生这种事情也是人之常情,但是,显而易见,如果认可以这种宗教上的感情为被侵害,而直接请求损害赔偿或请求停止等法律救济,反而会造成妨害对方信教自由的结果。应当说,信教自由的保障是要求任何人对与自己信仰不相容的信仰者的基于信仰的行为,只要其不伴随强制与不利而妨害了自己的信教自由,就应当保持宽容。这在对于亡故配偶的追悼与灵魂慰藉方面也是一样。因为任何人都被赋予将谁作为信仰的对象或是因信仰的宗教而追悼谁,追求灵魂安宁等宗教行为的自由。一审认定的作为宗教上的人格权的在安宁的宗教环境中度过信仰生活的利益不能直接认为是法律保障的利益。"

合议庭补充意见

长岛敦法官(1)信教的自由与宗教的宽容"关于本案的合祀行为,完全不能说该神社强迫被上诉人参加该神社的宗教性行为、仪式或是活动,或是对于被上诉人的信仰以及以此信仰为基础的行为进行限制、禁止、压迫或是干涉,应当说被上诉讼人的法的利益根本没有因本案的合祀行为而受到任何侵害。""我也很想理解被上诉人的这种心情,即本案的合祀行为违背了被上诉人的意愿,侵害了其在安宁的宗教环境中按照自己的信仰追悼亡夫,祈求其灵魂的安宁,度过信仰生活的利益。但是,如上诉所述,考虑到为了真正保障信仰自由,所有的人无论其信仰如何,都应当忍受他人的宗教上的行为,就无法支持被上诉人的保护心灵安宁的法的利益了。"

(2) 地联职员的行为与宗教性活动 "本案中地联职员有无可以称为宪法第 20 条 3 项规定的宗教性活动,只能对其具体行为进行探讨。通过观察可以看到,其具体行为并非像宗教典礼、仪式、活动或是传教、教化宣传活动那样,其自身是独立的以宗教意义为目的的行为,而与本案中县护国神社的合祀行为的关联也不过是间接而次要的,其目的也是世俗的,即提高自卫队员的社会地位与振奋士气,宗教意味十分淡薄。从其行为的形态来看,难以看作是一般人认为的那种作为国家或者其机关唤起对特定宗教的关心,或是对特定宗教进行援助、助长、促进或是具有压迫、干涉其他宗教的效果,如同多数意见所说,不属于宪法第 20 条 3 项规定的宗教性活动。""……但是鉴于宪法第 20 条 3 项规定政教分离的宗旨,本案合祀申请中地联职员的行为应更为慎重,特别是本案合祀后某地联职员的言行不无过分之嫌,如同高岛益郎、四谷严与奥野久之三位法官的补充意见所述,作为公务员需要克制。"高岛益郎、四谷严与奥野久之三位法官"本案合祀申请中地联职员对县队友会的协助行为是作为其援助遗属职务之进行的,其意图并非无不可谅解之处,但虽然是间接的,其与宗教关联,而且难以认为是专为世俗目的的习俗性活动的行为以及社会礼仪行为,所以必须说应当更为慎重。……地联某职员（的言行）……都是合祀后两三个月后的言行，虽然不与本诉请求原因的侵害行为直接相关，但却有缺乏宗教中立性之嫌，不免过分，必须说作为公务员应当克制。"

意见要点

岛谷六郎、佐藤哲郎法官"整体看来，至本案合祀申请的一系列行为，即要求县护国神社对殉职自卫队员进行合祀的行为，应当认为是地联职员与县队友会的共同行为，承认此行为的一审判断是正确的，地联职员不过是对县队友会的合祀申请做出了事务性的协助，因此认为本案合祀是以县队友会单独的名义申请的，所以不属于共同行为的多数意见未免过分拘泥于形式。……虽然合祀本身是县护国神社的行为，但从原判决显示的至合祀为止的经过来看，可以认为地联职员和县队友会也与县护国神社想法一致，共同实现了此合祀，必须说这种与县护国神社和县队友会共同实现合祀的地联职员的行为正是宗教活动。""但是违反宪法第20条3项规定的国家及其机关的宗教性活动，只要没有直接侵害个人的权利或法律规定的权利，如多数意见所说，不能认为对于私人关系而言是当然违法，我们同意多数意见，认为本诉中被上诉人主张的宗教上的人格权或是宗教上的隐私权不能认定为法律利益。"坂上寿夫法官"应当说，人因为他人采用违背自己的遗愿的宗教方法追悼并抚慰自己去世的近亲亡灵，心灵的安宁被破坏时，可以就其宗教上的人格权请求法律救济。……就本案观之，如多数意见所述，从信教自由的保障而言，县护国神社可以自由地对A进行合祀。但是，这违反了A配偶的遗愿，给被上诉人带来了不快，侵害了其心灵的安宁，因而必须说被上诉人的法的利益受到了侵害。""当然，……由某一近亲所为或符合其遗愿进行的追慕以及亡灵慰安等方法即使违背了其他近亲属的意愿，也应对此宽容。如果没有需要特别对其心灵安宁优先做出保护的情况,其人格权的侵害就应作为应容忍范围之内的行为而否定其违法性。""而且,被上诉人主张侵害行为的本案合祀申请是县队友会的行为,不能认为其是地联职员与县队友会的共同行为,应认为地联职员对县队友会的上述申请进行了协助,至本案合祀申请过程中地联职员对县队友会的协助行为,如多数意见所述,谈不上是宪法第20条3项规定的宗教性活动。""再者,如高岛益郎、四谷严与奥野久之三位法官的补充意见所指出的,A合祀后地联职员的言行不免过分,作为公务员应克制……"

合议庭反对意见

伊藤正己法官:(1) 本案的问题"本案是被上诉人主张因国家行为遭受精神痛苦而提起的侵权损害赔偿请求诉讼,如下所述,包含着信教的自由以及政教分离原则等宪法上的论点,必须说其焦点在于有无侵权行为的存在,结果有必要对被侵害利益和侵害行为形态的相互关系进行考察。""本案中,被上诉人所信仰的宗教活动没有受到阻碍,也没有被强制参拜县护国神社,因此不能认为侵害了其信教的自由。所以,虽然问题与信教的自由相关,但并非信教的自由本身,原判的'在安宁环境下度过信仰生活的利益'受到侵害与否成为问题。""被上诉人根据基督教的信仰这种宗教方式对待亡夫,而亡夫被合祀,结果违反其意愿被作为神社神道的祭神被祭祀,被上诉人被请求参拜镇座祭,违背事实,被上诉人以其笃志却被通知奉纳神乐费,永久地进行命日祭活动,必须说这显然破坏了其宗教上的心灵的安宁,侵害了其利益。认为县护国神社的合祀至多不过是给被上诉人带来了不快,没有侵害其利益是不当的。"

(2) 本案侵害行为的把握方法"姑且不论本案中宗教性心灵

的安宁作为人格权是否成熟,应当与其它人格权一样,将一系列的行为作为侵害行为来对其形态进行考察。"

(3)加害行为与损害发生的因果关系"应当说本案合祀申请与本案合祀有着密不可分的关系,在观察至合祀为止的整体经过时,我认为是有了一系列的活动才使合祀得以实现,可以认为本案合祀申请与本案合祀存在因果关系。"

(4)本案合祀申请行为的共同行为性"本案合祀申请行为如原判所述,应当认为是县队友会与地联职员共同策划完成的。虽然县队友会在地联职员参与之前就开始考虑殉职自卫队员的合祀,地联职员是后来加入的,但这并不影响本案合祀申请行为是二者共同所为。"

(5)地联职员的行为与宪法第20条3项"应当说地联职员的行为相当于宪法第20条3项规定的宗教性活动。如果是这样,虽然可以说即使被上诉人的被侵害利益作为值得法律保护的利益还不够坚实,但地联职员侵害此利益的行为是不能容许的,而且被上诉人无理由应容忍该行为,所以必须说地联职员的行为在同被上诉人的关系上也是违法的。"

十二、1988年6月1日法院法施行法等违宪诉讼(盗窃被告事件)
案号:最大判昭63/6/1民集42卷5号277页,判时1277号34页
案件事实

Y因盗窃,根据刑法第235条规定的盗窃罪经二审(广岛地裁昭21/12/24)被判处1年有期徒刑,向大审院提起上诉。由于现行宪法施行大审院被废止,根据法院法施行令(昭和22年政令24号)第1条,由东京高等法院审理此案。东京高等法院驳回了上诉。对此,Y以原审没有遵守刑事诉讼法规定的正常手续,违反宪

法第 31 条为由再次提起上诉。

判决结果及判决意见要点

结果：驳回

理由：原审没有遵守刑事诉讼法规定的正常手续，违反宪法第 31 条，"论点作为再次上告的理由合法与否"。……这里的核心问题是：刑诉应急措施法第 17 条规定，"高级法院对于上诉审判决，只有在其对法律、命令、规则或处分符合宪法与否判断不当为由时，才可再向最高法院提起上诉。"这一规定的"处分"包含审判与否。……根据宪法第 81 条，最高法院有对于所有法律、所有命令、所有规则或所有处分的违宪审查权。审判不负责制定一般性抽象规范，而是对个别事件进行具体处理，因此其本质是一种处分。……不论是法律、命令抑或规则，一切抽象的规范作为终审都服从最高法院的违宪审查权，同时不论行政处分抑或审判，所有处分作为终审都服从最高法院的违宪审查权。"

地方法院宪法判例九则

一、1953 年 10 月 29 日 苫米地诉讼一审（众议院议员资格确认与津贴请求事件）

案号：东京地判昭 28/10/29 行集 4 卷 10 号 2540 页

案件事实

　　吉田内阁于 1952（昭和 27）年 8 月 28 日"突然解散"，当时的众议院议员 X（苫米地义三）因此失去了议员地位而不能作为议员领取津贴了。于是 X 以国家为被告，在东京地方法院提起诉讼。其主张如下：众议院虽然是根据宪法第 7 条做出上述解散的，但是只有宪法本身有根据时，众议院方可解散。根据宪法第 69 条，内阁决定解散后,应当在其意见和批准下由天皇解散。在没有发生宪法第69条规定的情况下根据第7条解散内阁是违宪。而且,要合法解散内阁需要内阁的意见和批准这两个行为,此意见和批准需要内阁全体一致决定。而在本案解散中,没有做出内阁决定,因此本案解散没有内阁的意见与批准,解散属于违宪。因此X没有失去众议院议员的资格,必须向X支付至其任期结束的津贴(昭和27年9月至28年1月总计28万5千日元)。对此被告方(代表法务大臣犬养健)提出统治行为论,认为关于众议院解散以及其他具有高度政治性的一系列行为的诉讼不在法院审理对象之列,法院没有判断的权限。此外关于根据宪法第7条的解散,内阁做出了对解散提出意见的决定,而且即使意见不被认可,内阁的意见与批准的宗旨在于天皇的行为应当根据内阁的意思做出,如果有内阁的批准,就满足了该要求,不违宪。

判决结果及判决意见要点

结果:支持

理由:

(1)不承认统治行为"司法权适用法律即做出的何为法律的判断,是没有裁量余地的受拘束的判断,因此原本不允许以为防止判断结果造成的混乱为由少许适用法律。即使判断众议院解散无效而造成Y主张的那种混乱,也不能以此为由认为法院不能做出众议院解散无效的判断。""当今宪法中的司法权是指……在所有法律争讼中,只要宪法没有特别规定,赋予判断一切行为合法与否的权限(根据宪法第81条,包括判断国会立法是否符合宪法的权限在内)。因此,该行为是可以做出法律判断的,由此只要是解决有关个人权利义务的具体纷争的,法院有权利也有义务对一切行为是否合法做出判断。……所谓众议院解散是在任期结束前剥夺全体众议院议员资格(各议员作为议员的权利义务的整体)的处分,根据对该解散是否履行了宪法规定手续的判断,即可判明 X 作为议员的权利义务是否存在。如上所述,关于众议院解散行为,既然其法律判断是可能的,应当说就没有合理的理由将其有效与否之争排除于司法审查对象之外。……在我国法治主义制度下,既没有认可从审判对象排除出外的统治行为的法理上的根据,也没有关于统治行为这一概念的积极的具体的内容规定,……不能仅仅说政治性强便将众议院解散的合宪性从法院判断对象中排除出去。"

(2) 解散权所在及其行使要件"X 主张众议院只有在符合宪法第 69 条要件时才可解散,而不能仅根据宪法第 7 条解散。这包括两个问题。……第一个问题是解散权的所在。国会是国权的最高机关。考虑到在国会中众议院的地位高于参议院,理论上能解散众议院的只有作为有主权全体的国民。宪法第 7 条在天皇根据内阁意见与承认而'为了国民'所为的行为中列举了'解散众议院'。但是,其宗旨应理解为:据宪法第 1 条规定,根据国民全体意思,作为日本国的象征与日本国民统合象征的天皇,从上述理论而言,将只有全体国民具有的众议院解散权限形式上赋予天皇,使天皇在负有以下政治责任的内阁的意见与承认的条件下行使。……第二个问题是解散权行使要件(何种场合可以解散)。X 主张可以解散的唯一根据是宪法第 69 条,该条不过是规定做出该条决议时,如 10 日内不解散内阁必须全体辞职,既不是与规定解散权所在及其行使方法的宪法第 7 条的对立规定,也不是规定只有第 69 条的场合方可解散。……因此解散应当对情况变迁作出政治判断后进行……其行使不适于用法规进行唯一的限制……因而,现行宪法没有对解散要件作出规定是将其判断完全交给了政治的裁量……

其解散妥当与否本非法院判断的对象。所以,不能说众议院没有通过内阁不信任案,也没有否决信任案,因此本案解散违反宪法。"

(3) 天皇的国事行为与内阁意见和批准"宪法第4条1项规定天皇没有参与国政的功能,宪法第3条明文规定对天皇的国事行为负责的是内阁而不是天皇。……天皇不对自己的行为负责是天皇不能就其自身的行为做出任何自由意思的决定,其应为的具体行为的决定是为其他国家机关的意思所拘束的。……认为天皇即使无内阁意见而提议,只要得到内阁的批准即可,这会造成承认天皇提议权的结果,还可能给人一种天皇也可以做出与内阁意见相异的提议,拒绝内阁意见的认识,或是即使内阁事后批准天皇也无免责根据,动摇现行宪法的基础……从这一点而言,天皇显然不具有就其国事行为根据自己的意思决定提议的权限。综上,天皇只有在内阁提出议事,才能为符合该提议的行为,而且天皇根据内阁意见的具体行为必须被承认是符合内阁意见宗旨的。应当认为,宪法第7条关于天皇根据内阁意见与承认而为过失行为的规定目的就在于明确这一内容。"

(4) 内阁会议的要件"根据内阁法第4条规定,内阁行使其职权是依据内阁会议,由于对其决定方法没有任何规定,所以内阁会议决定需要全体阁僚的一致通过……有内阁意见是指必须全体阁僚一致决定向天皇提议该行为,并据此向天皇做出提议行为。……只有部分阁僚的同意不能说是合法的内阁决定,……本案解散不能说有内阁的意见,因此本案解散不必判断有无内阁承认即违反宪法第7条。"

二、1960年10月19日 朝日诉讼一审(对关于生活保护法保护的不服申请的裁决取消请求事件)

案号：东京地判昭 35/10/19 行集 11 卷 10 号 2921 页，讼月 6 卷 10 号 1940 页

案件事实

X 十几年前因肺结核入住国立冈山疗养所。由于单身且无收入，每个月享受厚生大臣根据生活保护法规定的生活补助最高标准的日常用品费补助 600 元和通过物品支付的全部医疗补助。1956（昭和 31）年 8 月后，与 X 分离 35 年的亲哥哥开始每个月给他寄 1500 元钱。于是津山市社会福祉事务所长于 7 月 18 日做出变更补助决定，从 8 月起停止每个月 600 元的生活补助，并从 X 哥哥给的 1500 元中扣除 600 元后的 900 元作为部分医疗费用，由 X 自己负担。X 对此决定不服，同年 8 月向冈山县知事提出申诉，要求作为日用品费用至少应从汇款中扣除 1000 元，但被驳回。因此 X 又于同年 12 月向厚生大臣提起了不服申诉，与 1967（昭和 32）年 2 月 15 日被裁决驳回。于是 X 以厚生大臣为对象，提起了请求撤销其上述裁决的诉讼，主张 600 元的生活补助标准不足以维持基于生活保护法宪法第 25 条理念规定的维持健康与最低限度生活水准，属于违法。

判决结果及判决意见要点

结果：支持

理由：

(1) 生存权的权利性"宪法第 25 条第 1 项要求国家积极采取措施保障国民得以享受健康的、最低限度文化的生活。该条第 2 项列举了为达成此任务国家应采取的措施。……如果国家不按照这些规定采取应有的措施自不待言，当作为国家政策的规定或应施行的法律命令、处分没有正确体现该宪法法条内容时，不仅都不能免于受到没有实现该要求的批判，而且如果国家违反了应当致

力于实现生存权的义务,实施了妨害生存权实现的行为时,则必须将其行为认定为无效。""生活保护法……目的正在于国家根据宪法第25条明文规定的生存权保障的理念,以国家直接的责任,作为该条第2项规定的社会保障的一环而实现贫困者生活保护的制度,不外乎是上述宪法规定的现实化与具体化(参看该法第1条)。该法第2条规定'所有国民只要满足了本法律规定的要件,就可以根据本法律不受歧视地接受保护。'这应当解释为只要具有该法规定的接受保护的资格,对任何人都赋予如下权利:不但是享受国家事实上保护行为的反射的利益,还有积极要求国家保障能够维持宪法3条规定的'健康的文化的生活水准'的最低限度生活的保障实施之权利,即赋予了保护请求权。……因而,保护实施机构对于现在正在接受保护者或申请保护者的保护请求权作出不正当处分时,该处分当然是违法的。"

(2)"健康的最低文化水准的生活"水准的客观性 生活保护法第8条第2项所称的"最低限度的生活"必须能够维持该法第3条规定的"健康的文化的生活水准。……这当然来自于宪法第25条第1项的概念,'健康的文化的'绝对不仅仅是单纯的修饰语,必须具有与此相适应的内涵。从上述生活保护法是宪法第25条规定的具体化这一沿革来看,也必须说这不是指国民勉强可以维持作为生物的生存的这种程度,必须是让国民过上能说是'值得作为人的生活'或'作为人的生活'……可以认为其具体内容不是固定的,而是不断发展提高的,既然其有着作为人的生活的最低限度这一最低标准,理论上就是应当而且可以根据特定的国家的特定时间来客观决定的……"

(3)生活保护标准设定与拘束行为 "当然,具体而言何种生活水准相当于'健康的文化的生活水准'不单是数额计算的问题,还包含微妙的价值判断……不过无论如何是不能脱离来自宪法的该法第3条以及第8条第2项的规定,从这个意义上而言,应当说是一种拘束行为。……判定最低生活水准时注意事项之一是不能直接把国内现实的最低收入者,比如低收入的日工,小农与小渔户等位于所谓底线的人们现实维持生计的水准解释为生活保护法保护'健康的文化的生活水准'。因为以健全的社会认识而言,这种生活究竟是否达到了最低限度的健康的文化的生活水准,还是问题。其次应注意的是不应为当时国家预算分配左右。作为立法政策,可以通过增加预算保障最低限度以上的水准,但是最低限度的水准绝不取决于预算的有无,反之应当指导并支配预算。其意义绝对不是相对的。""假如被告设定的一般标准对于其适用对象的大多数应保护者而言,是符合生活保护法第8条第2项所规定的满足最低限度生活需要十分充分,即缺乏能够维持'健康的文化的生活水准'之程度保障的话,必须说上述基准违反该法第2条以及第3条等的规定乃至不符合宪法第25条的理念,因此无效。""不能不认为本案就应保护者设定的保护标准难以说是能够维持上述宗旨的'健康的文化的生活水准'的。这里没有必要也不应当决定具体数额。但是在不足以维持上述生活标准的限度内,必须说其违反了生活保护法第8条第2项以及第3项。"

如此看来,根据这种保护标准,可以说仅同意将属于X所得的金钱中每个月留600元给X,而命令将扣除此金额的其长兄的汇款余额(每个月900元)用作负担部分医疗费,这一保护变更决定就是违法的。"

三、1967年3月39日 惠庭事件(自卫队法违反被告事件)
案号:札幌地判昭42/3/39 下刑9卷3号359页,判时467号25

案件事实

在北海道千岁郡惠庭町（现惠庭市）的陆地自卫队岛松演习场附近的农民Y兄弟等人饲养的奶牛因爆炸声音受害，为此Y兄弟等人请求自卫队给与补偿，却因无法律上的根据遭到拒绝。其后，双方间虽然缔结了君子协定，约定在牧场边界附近举行射击训练时事先通知，但1962(昭和37)年12月11日12日没有事先通知便开始了两门加农炮的炮击，Y兄弟等人到现场提出抗议，然而没有被接受，炮击继续进行，Y兄弟等人便使用钳子切断了几处与着弹地点等进行联络铺设的电话线。检察官并未以刑法犯（器物损害）而是以违反自卫队法第121条为由起诉。

判决结果及判决意见要点

结果：无罪判决

理由：

(1) 构成要件该当性 "要判断Y二人切断通信线是否属于自卫队法第121条规定的'其它供防卫用物'，如上所述，列举物件的一系列特色间有无类似，需要严格判断。本案通信线路对于自卫队对外武力行动可否说具有直接而且高度必要性与重要意义，能否认为是构成自卫队物质组织一环不可或缺的核心性，或者从其规模与构造而言，损害行为是否发生深刻影响并非常危险，或者可否理解为不易把握用同种物件替代，从这些因素考虑，存在许多问题。而且对与上述物件类似与否有理由存在实质性疑问时，根据罪刑法定主义的原则，应当做出消极理解，认为不属于'其它供防卫用物件'。此外如检察官指出的，考虑到本案通信线路与野外电话，音源标定机等处于共同使用的关系，也不认为与上述判断关联。"

(2) 宪法判断回避原则 "辩护人从本案审理之初便强烈主张包括自卫队法第 121 条在内的全部自卫队法乃至自卫队等的违宪性。自不待言,法院只能在具体的法律争讼审判中对一定的立法以及其它国家行为行使违宪审查权,而且不能超越具体争讼审判所需的限度。而对于本案者众刑事案件,则意味着只有该事件审判主文判断直接且必须时,才应对立法以及其它国家行为的合宪性做出审查决定。""因此,如上所述,既然已经得出 Y 二人的行为不符合自卫队法第 121 条的构成要件,那么就不必而且不应对辩护人提出的宪法问题作任何判断。"

四、1968 年 7 月 15 日 牧野诉讼(国民年金支付停止处分取消请求事件)

案号:东京地判昭 43/7/15 行集 19 卷 7 号 1196 页,判时 523 号 21 页

案件事实

1965(昭和 40)年 1 月,X 满 70 岁,取得了根据国民年金法第 80 条 2 项规定获得老龄福祉年金的权利。X 的配偶 A 自 1963 (昭和 38)年 3 月后已经开始领取老龄福祉年金。于是北海道知事在裁定 X 的年金领取权的同时,根据该法第 79 条 2 之 5 项(后废止)的夫妇年金领取限制规定,决定停止支付支付额 15600 元 (1969 年后 18000 元)中的 3000 元部分,并根据同一规定也对 A 的支付额做出了部分停止支付决定。X 以该夫妇年金领取限制规定是相对于单身老人的对有配偶老人的歧视,而且不尊重其个人,违反了宪法第 13 条与第 14 条为由,提起了夫妇年金领取限制规定以及知事据此做出的停止支付决定处分无效的诉讼。

判决结果及判决意见要点

结果：支持

理由：

　　夫妇年金领取限制规定的违宪性"现行老龄福祉年金……从法律第1条主张的宪法第25条第2项的理念来看可以说非常不充分，考虑到我国在促进社会福祉、公共卫生、生活环境改善等国民生活必需的基本面需要采取的措施很多，而我国财政状况与先进国家比较又不够充足，这一情况本身实属不得已。但是，不应当因为国家预算而对老龄福祉年金领取人是否有配偶而在支付额上分别对待。如上所述，宪法第14条对于老龄福祉年金这种无支出而由国家支付的经济利益的平等性是作为国民的基本人权保障的，应认为如没有应不同对待的合理理由，就禁止差别对待。""从老年人的实际生活看，有配偶的老年人因生活共同部分可以节省部分费用，但……从以上老龄福祉年金制度的理想而言，在老龄福祉年金非常低的现状下，因有无配偶而对老年人给与不同待遇，从支付给有配偶老年人的老龄福祉年金中再停止支付3000元（月额250元）应当说从国家财政而言是无视老年人的实际生活状况，不能认为具有应差别对待的合理理由。"

五、1971年5月14日 津地镇祭事件二审及上告审（三审）（行政处分取消等请求事件）

案号：名古屋高判昭46/5/14 行集22卷5号680页，判时630号73页

案件事实

　　津市在1965（昭和40）年1月14日开工建设市体育馆时，举行了神道教固有仪式的开工典礼（地镇祭），由市里用公费支付了所需费用7663日元。当时的市议会议员X认为市行为违反宪法

第20条以及第89条,根据地方自治法第242条2(居民诉讼)向市长提起诉讼,请求损害赔偿。一审(津地判昭42/3/16,判时483号28页)认为从本案开工仪式的实际情况看,"当然不是以神道的布道宣传为目的的宗教活动,而且与其说是宗教性活动不如说是习俗性活动更贴切",否定了本案开工仪式以及相关支出的违宪性。对此X不服并提起上诉。

判决结果及判决意见要点

结果:部分支持部分驳回

理由:

(1)宗教与神道教 "宪法所称的宪法是指'确信超自然的、超人的本质(即绝对者、造物主、至高的存在,特别是神、佛、灵等)的存在,敬畏崇拜的心情与行为',不论是个人宗教、集团宗教、偶然自然发生的宗教、创设性的宗教,都包括在内。""即使神社神道是以祭祀为中心的宗教,具有自然宗教的和民族宗教的特色,只要神社祭祀神(神灵)成为个人宗教信仰的对象,不必说在宗教学上,在我国的法律上显然也是宗教。"

(2)习俗性行为与地镇祭 所谓"习俗是指具有纵向传承性,具有强制性规范以及约束性的协同体的传统的意思表示即生活方式以及支持该生活方式的思想方式,指一般具有普遍性的民间的日常生活。""本案地镇祭是宗教行为还是习俗行为,作为区分的客观标准,可以举出以下三点。第一是该行为主宰者是否为宗教人士,第二是该行为的顺序方法(仪式顺序)是否为宗教界的规定,第三是该行为有无一般人自然可以接受的普遍性……以此观察本案,第一,主宰者是……专业的宗教人士,神职人员,……第二,仪式顺序大致遵照明志40(1907)年内务省告示规定的神社神道固有的祭祀仪式……,第三,因仅有数十年的传统,不论所有国民各自持有的宗教信仰,其尚不能称为具有为所有人自然接受的普遍性……综上,……应当说本案地镇祭是宗教行为,还不能说是习俗行为。"

(3) 政教分离原则 "……在判断本案地镇祭合宪抑或违宪时,……应重归政教分离原则……进行考察。是否侵害了政教分离原则与宪法第20条第2项的宗教自由的侵害不同,不需要对个人的'强制'因素。即如果国家或地方公共团体为主体进行了特定的宗教活动,那么即使没有强制一般市民参加,其本身已经侵害了政教分离原则。……再者,国家或地方公共团体为主体进行的特定宗教活动符合多数人的宗教意识,即使为此伴随的公费支出极其有限,其仍不应被允许。"

(4) 地镇祭与宗教活动 "宪法第20条第3项……的'宗教行为'之范围极其宽泛,应理解为除以特定宗教的布道、教化、宣传为目的的行为外,包括祈祷、礼拜、仪式、庆贺典礼、活动等以及作为宗教信仰表现的一切行为。……本案地镇祭是特定宗教的宗教仪式,当然属于宪法第20条第3项禁止的宗教行为。"

1977年3月13日 津地镇祭事件上告审(三审)
(行政处分取消等请求事件)

案件事实: 参照前述二审

判决结果及判决意见要点

结果:撤销原判,依法改判。

理由:

(1) 政教分离原则的含义 "政教分离规定原本是所谓制度性保障的规定,并非直接保障信教自由的规定,而是根据从制度上保障国家与宗教分离,间接确保信教的自由。不过,宗教不单具有信仰这一个人内心内容之侧面,还经常具有范围及其广泛的外部社会的内容之侧面,这一侧面,会在教育、福利、文化、民俗风习等各个方面与社会生活相接触,由此国家在对社会生活进行限制或实施与教育、福利、文化关联的协助与援助等各项政策时会不可避免的同宗教发生关系。因此,作为现实的国家制度,要完全实现国家与宗教的分离实际上几乎是不可能的。而且,如果彻底贯彻政教分离的原则,反而可能在社会生活的各个方面发生不合理的问题,比如对于与特定宗教有关的私立学校给与一般私立学校相同的帮助,国家为文化财团的神社以及寺院建筑物、佛像保护而向宗教团体支付补助产生疑问,认为这种行为不应被允许,那么就可能发生对待宗教的不公正即宗教歧视。又比如,在监狱的教育活动如果也一律不允许带有任何宗教色彩,反而会造成大大限制受刑者信教自由的结果。以此观之,作为政教分离规定保障对象的国家与宗教的分离也不免有一定的局限,在实现作为现实的国家制度的政教分离时,参考各国的社会的与文化的各种条件,在国家实际必须与宗教保持某种程度关联前提之下,必须考虑为达到保障信教的自由这一制度的根本目的,此关联在何种场合被允许,被允许的程度如何的问题。这样考虑时,应当认为,作为我国宪法的上述政教分离规定基础及其解释的指导原理,政教分离原则虽然国家对宗教保持中立,但是并非完全不允许国家与宗教发生关系,鉴于发生与宗教关联的行为的目的与效果,参照上述条件,如果此关联超过了一定限度,就是不允许的。"

(2)宪法第20条第3项与目的效果标准"宪法第20条3项虽然规定'国家及其机关不可从事宗教教育以及其他任何宗教活动',但从上述政教分离原则的含义看,这里的宗教活动不是指国家及其机关活动中所有与宗教有关的行为,而应当解释为限于超过上述限度的行为，该行为具有宗教含义，其效果对宗教具有援助、助长、促进或是干涉、压迫等作用的行为。其典型为该项列举的类似宗教教育的宗教布道、教化、宣传等活动，除此以外宗教庆典、仪式、活动等如目的、效果如上所述，则当然包括在内。由此而言，判断某行为是否属于上述宗教活动，不仅要从表面上的因素即该行为的主宰者是否为宗教人士，其顺序方法（仪式顺序）是否合乎宗教规定等，而且还要考虑到该行为的场所、一般人对该行为的宗教评价，该行为人行为时的意图、目的以及宗教意识的有无、程度，该行为给与一般人的效果与影响等各种因素，根据社会通常的认识，客观做出。"

（3）地镇祭的宗教活动性"在我国，许多国民作为社区成员信仰神道，作为个人则信仰佛教，在婚礼葬礼等活动时使用不同宗教也不感觉矛盾，具有混合型的宗教意识，因此难说其对宗教很关心。另一方面，神道神社自身具有专注于祭祀礼仪，几乎不进行其他宗教的那种积极的布道传道等对外活动的特色。由于这种情况，从一般人对上述开工仪式的认识而言，即使在建筑工地现场由专门的宗教人士的神职人员按照神社神道固有的祭祀礼仪进行了开工典礼，也不能认为因此提高了参加人和一般人对宗教的关心，由此带来了对神道产生援助、助长、促进的效果。在国家与私人同样主持本案这种仪式的开工典礼时也没有不同，不能认为国家因此而与神社神道间产生了特别的密切关系，乃至神道再次获得了国教的地位，或是信教的自由受到威胁这种结果。""根据以上情况综合判断，虽然不能否认本案开工典礼与宗教有一定的联系，但应当认为，其目的在于开始施工时祈求土地平安坚固与施工安全，属于根据一般社会习俗进行的典礼，完全是世俗性的，其效果并非对神道产生援助、助长、促进或是压迫，干涉其他宗教的，因此不属于宪法第20条3项禁止的宗教活动。"

反对意见

藤林益三、吉田丰、团藤重光、服部高显、环昌一法官"必须认为本案开工典礼显然属于宪法第20条3项规定的宗教活动,不应允许。"

六、1975年11月10日崛木诉讼二审(行政处分取消请求事件)

案号:大阪高判昭50/11/10行集26卷10-11号1268页,判时795号3页

案件事实

　　X是国民年金法附表上的1级1号的视力残疾者,领取该法规定的残疾福祉年金。在与(未办理结婚手续同居的丈夫)离别后抚养二人生的孩子A,所以1970(昭和45)年向兵库县知事请求儿童抚养补助法(根据昭和48年法93号修改前)规定的领取资格认定,知事以X领取残疾福祉年金,所以没有领取儿童抚养补助的资格(儿童抚养补助法第4条3项3号的同时支付禁止条款)为由驳回了其请求,X提出异议后被以同一理由驳回。于是X提起诉讼,认为该条款违反了宪法第13条、14条1项、25条2项,请求取消驳回处分并认定领取补助资格。对于上述领取补助资格认定义务,一审判决认为侵害了行政厅的首次判断,违反三权分立原则不合法而驳回,但对于本案的驳回处分,认为是对领取残疾福祉年金的母子家庭和父亲领取残疾福祉年金而母亲抚养孩子的3人家庭做出的歧视性待遇,禁止同时支付规定违反了平等原则,因此无效,支持了取消驳回处分的请求(神户地判昭47/9/20判时678号19页)。一审判决后,1973(昭和48)年上述法律修改,禁止同时支付规定被删除。但该知事提起上诉,主张禁止同时支付属于立法

裁量,除非其非常不合理,否则法院不能认定其为违宪。

判决结果及判决意见要点

结果:撤销原判

理由:

(1) 宪法第 25 条的法律含义"国家根据该条 2 项采取的措施分别来看时,如果能对国民生活水平的相对提高做出贡献就足以了,而特定措施则无必要其足以确保健康的,最低文化的绝对生活水准。总之,将所有措施作为一个整体来看时,如果是保障健康的,最低文化限度的生活水准的计划,则应当说满足了宪法第 25 条的要求。""如果认为本条 2 项宗旨如上所述则国家根据该规定采取的个别社会保障措施,其目的如何,分担何种任务与功能则是立法政策的问题,由立法府裁量。""可以认为,该条 2 项规定了国家有义务积极致力于事前防贫措施,该条 1 项则规定尽管采取了防贫措施,对仍处于贫困中的人,国家采取事后补充性的个别扶贫措施的义务。"

(2) 禁止同时支付属于立法府裁量"如果领取补助后,被保障者的生活依旧贫困,则可以通过生活保障法规定的生活保障来提供救济,必须说本案禁止同时支付条款与宪法第 25 条 1 项不相关。""(禁止同时支付是否适当的)判断虽然属于立法政策,但做出判断时,应综合考虑到国家财政、社会保障制度、各个制度的目的、任务、国民感情等,必须说这样考虑并得出结论属于立法府裁量的范围。……由于难以认为立法府没有考虑上述因素,恣意并极其错误地行使了裁量权,或是其滥用的结果,所以不能说禁止同时支付条款违反了宪法第 25 条 2 项。"

1982 年 7 月 7 日 崛木诉讼三审

案号:最大判昭 57/7/7 民集 36 卷 7 号 1235 页,判时 1051 号 29 页

案件事实:同二审

判决结果及判决意见要点

结果:驳回

理由:

立法府的广泛裁量与宪法判断"宪法第 25 条规定的性质在于设定一定的目的,期待国权为实现该目的而积极作用。而且上述'健康的,最低限度的文化的生活'是一个极其抽象而且相对的概念,其具体内容应当根据文化发展程度、经济与社会条件、一般国民的生活状况判断决定,同时在将上述规定作为现实立法具体化时,不能无视国家财政状况,而且需要进行多方面的复杂多样的而且高度技术性考察,并以此为基础做出政策性判断。因此,必须说采取何种符合宪法第 25 条宗旨的立法措施取决于立法府的广泛裁量,除非立法府裁量显然缺乏合理性、不能不认为脱离并滥用了裁量权益外,不适于法院审查判断。因此,考虑到本案同时支付调整条款设定问题,X 已经领取的是国民年金法规定的残疾福祉年金,而 X 请求认定领取资格的是儿童抚养补贴,两方面都属于为实现宪法第 25 条宗旨而创立的社会保障法的制度,分别对于符合条件者以年金或补贴形式支付一定的金钱为内容。然而,从立法经过看来,儿童抚养补贴是以儿童补贴制度为理念,为其将来的实现作为其萌芽而创设。但纵览国民年金法第 1、2、56、61,儿童抚养法第 1、2、4 条各项规定中提示的关于残疾年金、母子福祉年金以及儿童抚养各项制度的宗旨、目的以及支付要件,并比较对照国民年金法第 62、63、66 条 3 项、该法施行令第 5 条 4 之 3 项以及儿童抚养法第 5、9 条、该法施行令第 2 条 2 规定的支付金额以及

支付方法进行判断,应认为儿童抚养补贴原本是作为补充国民年金法第61条规定的母子福祉年金的制度而设立的,而儿童抚养法规定的儿童补贴则是对于养育儿童者因养育的支出的保障,二者性质显然不同,在给与领取人的所得保障这一点上,毋宁将其视为与上述母子福祉年金乃至一般国民年金法规定的国民年金(公年金),因而与其一种的残疾福祉年金具有基本相同的性质。而且,一般在社会保障法制上,同一人领取性质相同的两个以上的公共年金即所谓附属情况中,各种情况本身即使会造成支付原因的收入能力丧失或降低,获得收入能力丧失或降低的程度也不会因两种情况重合而与情况按比例增加。这时,是否为保障社会保障支付的整体公平而对公共年金间的重复支付进行调整,应属于立法府的裁量范围。此外,这种立法中支付额的决定也属于立法政策上的裁量事项,不能因为其少便认为当然违反宪法。"

七、1975年4月24日 年金诉讼(老龄福祉年金领取资格确认等请求事件)

案号:东京地判昭49/4/24 行集25卷4号274页,判时740号25页

案件事实

X于1964(昭和39)年1月根据国民年金法第80条2项规定,取得该法第79条2项的老龄福祉年金领取资格后,1969(昭和44)年4月向岗山县知事请求年金领取权的裁定。知事同年5月对X裁定了昭和39年2月以后的领取权,同时以X领取恩给法规定的普通恩给为由,做出了自该月以后老龄福祉年金的支付停止处分。对此,X认为处分超越了必要限度,限制了生存权,而且是因领取公共年金社会身份所作的不当歧视,以违反宪法第25条

与14条为由,提起诉讼。

判决结果及判决意见要点:

结果:驳回

理由:

(1) 宪法第25条与并行领取限制"立法府认为除少数例外,根据宪法第25条采取的措施之一的老龄福祉年金支付仅应支付给可以领取公共年金者以外的人,在此限度内,这一判断是对宪法第25条规定的具体化,……就福祉年金支付做出上述限制有相当的理由。而且如考虑到老龄福祉年金……的直接目的不是保障老年人健康与最低限度文化生活,不能说这种限制恣意将公共年金领取人排除出了老龄福祉年金制度对象。因此,且不谈该立法政策上正确与否,不能直接做出上述限制违反宪法第25条无效的判断。"

(2) 宪法第14条与并行支付限制的歧视"有权领取老龄福祉年金权利的人,即使其公共年金额不足老龄福祉年金的金额,但两项相加至少可以领取老龄福祉年金的金额。在年金领取金额方面,与不领取公共年金者比较显然并无不利。""因战争公务给与的公共年金支付具有不同于一般公共年金支付的性质,在一定程度上将此反映到福祉年金的并行支付限度额上也具有合理性。所以,完全不能认为无须立法府的裁量判断,即可认为对于一般公共年金领取人的并行领取限制规定,其超出因战争公务领取公共年金者并行支付限制的部分无效……何况鉴于上述因战争公务的公共年金支付之特殊性,根本不能不经立法府的裁量判断便确定在比上述并行支付限制更严格的上述规定中什么范围是合理的。如果是这样,假如法律就福祉年金并行支付限制,即使在公共年金中对于战争公务的公共年金做出特别安排没有合理性,也不能以此为由认为对一般公共年金领取人的并行支付进行限制的法律规定无效。""因公共年金支付而对福祉年金的限制与因一般所得的支付限制,其宗旨以及功能完全不同。因此不能因为其各自规定的限额有差异就认为有不合理的歧视。"

注:本案上诉审判决(东京高判昭56/4/22 行集32卷4号593页)驳回了上诉。冈田诉讼事件上诉审(札幌高判昭54/4/27 行集30卷4号800页,原审札幌地判昭50/4/22 行集26卷4号530页)认为增加非因公死亡补助与老龄福祉年金并行支付的限制属于立法裁量,具有其合理性,不违反宪法第25条。关于战争公务补助领取人与并行支付限额,有一般收入与其支付限额,并没有对增加非因公死亡补助领取人的不合理歧视,因此不违反宪法第14条1项。

八、1996年7月26日 第二盐见诉讼二审(行政处分取消请求上诉事件)

案号:大阪高判平8/7/26,判自176号69页

案件事实

韩国国籍的X于1970(昭和45)年12月16日归化。X自幼双目失明,在认定残疾时的1959(昭和34)年11月1日完全失明,相当于国民年金法(昭和56年法86修改前的旧法)的别表规定的1级程度的残疾,因此请求旧法第81条1项规定的残疾福祉年金特别支付。但是,由于根据旧法要件,残疾被确定时必须有日本国籍,所以被驳回(1972年8月)。于是X以旧法违反宪法第25条与14条1项为由提起了第一次诉讼,要求取消驳回处分。最高法院认为对于本国国民的优先待遇和在一定阶段规定以具有日本国籍为支付要件属于立法府的裁量范围,没有支持其违宪主张(最一

平判元 3/2 判时 1363 号 68 页)。后来日本在加入难民条约议定书时,撤销了该条约第 24 条规定的社会保障的国籍要件(昭和 56 年法 86 号难民条约整备法第 2 条),但根据该法附则(以下称本案附则)5 项,对于根据整备法的旧法福祉年金不支付事由,根据修改法(以下称新法)施行日前发生的不支付等,按以往方法处理。X 在该法修订后向大阪府知事请求残疾福祉年金的裁定被驳回,因此提请取消,即本案诉讼。一审(大阪地判平 6/3/24 判夕 855 号 181 页)其请求被驳回,因此提起上诉,主张根据本案附则 5 项的不支付违反宪法第 25 条与第 14 条。

判决结果及判决意见要点

结果:驳回

理由:

(1)残疾福祉年金领取资格认定的标准时点"关于本案 X 的残疾福祉年金……支付也当然适用旧法第 56 条 1 项的但书规定(国籍条款),因此不应向残疾认定日的昭和 34 年 11 月 1 日时非'日本国民'者支付该残疾福祉年金,……这在第一次盐见诉讼最高法院判决中已经言明。""X 在残疾认定日的昭和 34 年 11 月 1 日时没有日本国籍,当日不属于旧法第 56 条 1 项的但书规定的'日本国民',根本没有满足根据难民条约整备法修改前旧法第 81 条 1 项的残疾福祉年金的领取要件,没有领取此年金的权利……""本附则只不过是为谨慎起见,确认上述撤销国籍要件的法律修改不具有溯及效力的注意规定,而不能认为是如 X 主张的具有侵害既得权利与利益效力的特殊规定,不能认为 X 的领取权利因本附则而消灭或受到侵害。""难民条约整备法是我国加入难民条约时为整备国内法而制定的法律,其目的是出于人道主义加入难民条约,而不是因国籍要件不合理而将其取消,所以不能说本附则违反了难民条约整备法的立法宗旨。"

（2）改正法的溯及效力"既然没有作为例外承认溯及效力的特别规定,根据法律不溯及的原则,消除了国籍要件的改正法当然不能溯及其施行前的法律关系而适用。""关于X因改正法而得到了该法施行后残疾福祉年金领取权利,不能做出X的那种解释。因为改正法不过是就其施行日的昭和57年1月1日以后发生保险事故的人撤销了国籍要件,该法不是对残疾认定日的昭和34年11月1日时没有日本国籍,因此没有领取权利者因国籍要件而在该施行日后获得了残疾福祉年金的领取权利。"

（3）宪法第25条与立法裁量"通过堀木诉讼最高法院判决和第一次盐见诉讼最高法院判决……可以得知,司法审查的对象限于'不能不认为明显缺乏合理性,超越并滥用了裁量权'的场合,上述两个最高法院判决也是从这种立场进行考量,认为该立法措施并不属于明显缺乏合理性,超越并滥用了裁量权,因此属于立法府裁量范围事项,不违反宪法第25条。"

（4）本案不支付与宪法第14条1项"并非所有的外国人都因国籍要件取消而可以领取残疾福祉年金,残疾福祉年金是支付给X那样在根据难民条约整备法的法律修改前已经有残疾的外国人的,所以不是对外国人的优惠待遇。不仅如此,……既然理解为对待本国国民可以比在日本的外国人更加优待,承认支付残疾福祉年金以日本国籍为要件的合理性,那么在采用以支出制为基本社会保险方式的国民年金制度中,对于阶段性残疾福祉年金,在该保险事项发生时,以国民年金制度开始的昭和34年11月1日为残疾认定日,以该日有日本国籍为要件显然是合理的。而且,既然根据难民条约整备法的法律修订中也肯定了此国籍要件的合理性,X主张的违宪状态就没有发生,法律修改后也不过是持续着修改前的状态而已。……因此不能说不向 X 支付本案残疾福祉年金违反了宪法第 14 条,是没有合理理由的歧视。"

(5)结论"X 不能领取残疾福祉年金是因为在残疾认定日时其没有日本国籍,根据国民年金制度框架、法律不溯及的原则、年金法改正的宗旨等,应当说上述处理具有合理性,其没有违反宪法 14 条 1 项。这不因 X 其后归化并取得日本国籍而变化。"

九、2005 年 9 月 30 日小泉首相靖国神社参拜事件二审(损害赔偿请求控诉事件)

案号:大阪高等法院 2004(平成 16)年(ネ)第 1888 号

案件事实

旧日本殖民地台湾的许多土著居民被强迫参加日本的侵略战争,很多人因此战死。在战后宗教法人靖国神社,专门祭祀战争中的死亡者。日本厚生省(现在的厚生劳动省)将在战争中死亡的陆军海军士兵的名册交给靖国神社,进行祭祀,其中有台湾的战死者。被上诉人日本国总理大臣小泉纯一郎于 2001 年 8 月 13 日(以下简称"第一次参拜"),2002 年 4 月 21 日(以下简称"第二次参拜")以及 2003 年 1 月 14 日(以下简称"第三次参拜"),参拜了由被上诉人靖国神社设立的靖国神社(以下简称"靖国神社"),上诉人认为,三次参拜,都没有考虑战死者是否接受靖国神社的祭奠,侵犯了上诉人不应受到公权力干涉的自行决定的权利以及利益。为此,针对被上诉人,根据国家赔偿法第 1 条 1 项,要求被上诉人小泉(具有故意或者重大过失的动机)以及靖国神社作为连带责任人,向上诉人分别赔偿日元 1 万元以及从最后的侵权行为日(第三次参拜日)的 2003 年 1 月 14 日开始至支付之日为之的滞纳金。

判决结果及判决意见要点

结果：驳回

意见要点：参拜行为的违宪性（1）宪法第20条3项中的宗教活动的含义：一般意义上的政教分离原则，是指国家不得干涉宗教，在宗教事务中保持中立。在我国的历史上，大日本帝国宪法曾经赋予了神道教国教的地位，某种意义上产生了强迫他人信仰以及对其他宗教团体进行迫害的现象。有鉴于此，日本国宪法无条件地保证信教的自由，为了更好的完成这一保证，制定了政教分离的原则……应当理解为，宪法制定政教分离原则的目的在于将国家和宗教完全分开，确保国家处于中立地位。政教分离原则本来并不是直接保证宗教信仰自由的制度，而且国家实行对有关社会生活的政策，以及教育、福利、文化等各方面的促进、补助政策时，不免与宗教产生关联。因此，政教分离原则所保证的对象，即国家与宗教的分离本身具有一定的极限，所以我们不得不根据现实的社会文化条件来衡量国家与宗教的管理程度，而这种程度达到了什么样的地步是不允许的就是一个不得不面对的问题。对照这一含义，对于宪法第20条3项的宗教活动应当理解为，不是指国家及国家机关与宗教相关的所有的行为，而是指关联的程度超过了前面所述的程度，具有宗教意义，行为的效果对宗教具有帮助、助长、促进或者压迫、干涉等行为。典型的有，宗教教育式的布教、教化、宣传等活动，一些宗教上的庆祝仪式、礼仪，如果具有同样的效果的话，也应当包括在内。因此，在认定一个行为是否是宗教活动时，不仅仅看该行为的外部现象，举行此行为的地点，一般人对该行为的评价，行为人的意图目的以及宗教意识的程度，该行为给与一般人的影响的各种因素全盘考虑，并参照社会观念，进行客观判断。

（2）本案行为性质的认定　①靖国神社的性质：……宗教法人法第 2 条"推广宗教教义，举行宗教仪式，以及具备以教育信徒为目的的礼拜设施的神社"的规定相符合的宗教团体，是根据该法设立的宗教法人。②参拜目的：本案中的参拜，是在靖国神社的礼拜设施内，而且是在祭祀神灵的大殿中，以畏敬崇拜的心情来礼拜的方式来进行，被控诉人小泉当然会认识到这种参拜的性质。另外，这种参拜与参加亲戚、朋友的婚丧嫁娶仪式有着本质的不同，而且也无法认定该参拜是不具有宗教意识的一种习惯或者习俗。……被控诉人小泉认为参拜是自己作为政治家参加自民党总裁选举时表示的以内阁总理大臣的身份参拜靖国神社，吸取历史教训并向战死者表示哀悼的参拜……但是，哀悼战死者本身并不能保证没有宗教目的，……参拜的核心部分是在神殿直面神灵双手合十行礼的非常具有宗教意义的行为，……而且小泉在 8 月 15 日的全国战死者哀悼大会上已经致辞，没有不参拜靖国神社就无法完成哀悼战死者的理由。因此，小泉的参拜对于神灵是否有敬畏崇拜的感情，无法证明，此参拜的宗教上的深刻含义无法否定。……③综上理由，加之被控诉人小泉不能证明参拜过除靖国神社以外的宗教团体，神社，佛寺等，因此可以认为，本案参拜，是国家以及国家机关特别重视靖国神社，使社会产生了靖国神社与其他宗教团体相比地位优越的印象，引起了非常强烈的对靖国神社的社会关心……本案参拜使被控诉人完成了助长、促进靖国神社的宗教的任务。

（3）总结　本案参拜，是具有非常深的宗教含义的行为，仅作为一般人的社会礼仪来进行评价显然是不可能。被控诉人小泉充分认识到了参拜的宗教含义……其效果是对特定的宗教的助长、促进，被控诉人小泉与靖国神社之间的相关程度已经远远超过了与我国社会文化的各个条件相适应的程度，因此，本案参拜属于宪法第20条3项所禁止的宗教活动。

被控诉人的行为所造成的利益侵害

……略……

附录三 日本法院审判体系简表

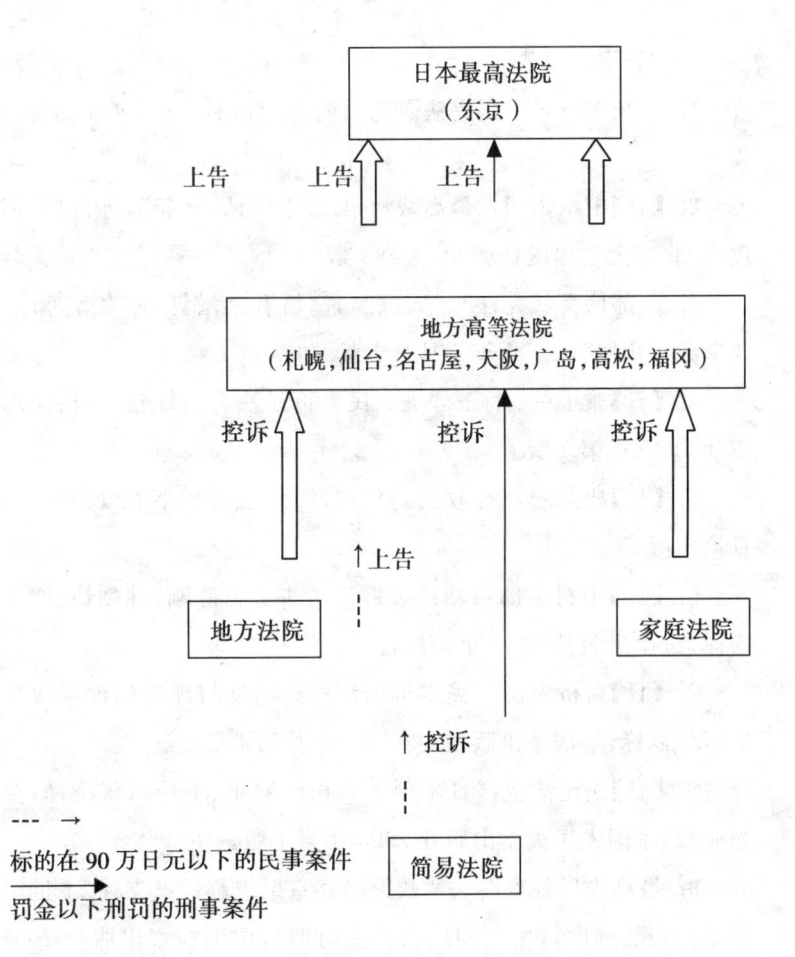

```
                    ┌─────────────────┐
                    │   日本最高法院    │
                    │    （东京）      │
                    └─────────────────┘
              ↑          ↑        ↑         ↑
             上告       上告      上告

          ┌──────────────────────────────────────┐
          │            地方高等法院                │
          │（札幌,仙台,名古屋,大阪,广岛,高松,福冈）│
          └──────────────────────────────────────┘
              ↑           ↑                 ↑
             控诉        控诉               控诉

       ┌────────┐    ↑上告              ┌────────┐
       │ 地方法院 │                      │ 家庭法院 │
       └────────┘                       └────────┘

                     ↑控诉

                  ┌────────┐
                  │ 简易法院 │
                  └────────┘
```

--- → 标的在 90 万日元以下的民事案件
⟶ 罚金以下刑罚的刑事案件

参 考 文 献

一、著作及译著类

1. 宋长军:《日本国宪法研究》,时事出版社1997年7月第1版。

2.【日】山本佑司:《最高裁物语 日本司法50年》,孙占坤、祁玫译,北京大学出版社2005年第1版。

3. 芦部信喜:《宪法》(第三版),高桥和之增订,林来梵等译,北京大学出版社2006年2月第1版。

4.【日】兼子一、竹下守夫:《民事诉讼法》,白绿铉译,法律出版社1995年第1版。

5.【日】盐野宏:《行政法》,杨建顺译,法律出版社1999年4月第1版。

6.【日】中村英郎:《新民事诉讼法讲义》,陈刚、林剑锋、郭美松译,法律出版社2001年4月版。

7.【日】高桥宏志:《民事诉讼法——制度与理论的深层次分析》,林剑锋译,法律出版社2003年12月第1版。

8.【日】松尾浩也:《日本刑事诉讼法》(上、下册),张凌译,金光旭校,中国人民大学出版社2005年第1版。

9. 最高人民检察院法律政策研究室组织翻译:《支撑21世纪日本的司法制度》(中文、日文、英文对照),中国检察出版社2004年1月第1版。

10. 郭道晖:《当代中国立法》(上、下),中国民主法制出版社1998年第1版。

11. 林来梵:《从宪法规范到规范宪法 规范宪法学的一种前言》,法律出版社2001年5月第1版。

12. 蔡定剑:《国家监督制度》,中国法制出版社1991年版。

13. 李忠:《宪法监督论》,社会科学文献出版社1999年版。

14. 陈云生:《民主宪政新潮》,人民出版社1988年版。

15. 童之伟:《法权与宪政》,山东人民出版社2001年3月第1版。

16. 肖蔚云:《论宪法》,北京大学出版社2004年1月第1版。

17. 王磊:《选择宪法》,北京大学出版社2003年12月第1版。

18. 陈新民:《德国公法基础理论》(上、下),山东人民出版社2001年3月第1版。

19. 胡锦光:《违宪审查比较研究》,中国人民大学出版社2006年5月第1版。

20. 华夏、赵立新、真田芳宪:《日本的法律继受法律文化变迁》,中国政法大学出版社2005年版。

二、编著类

1. 李步云编:《宪法比较研究》,法律出版社1998年版。

2. 许崇德主编:《宪法》,中国人民大学出版社1999年版。

3. 董和平、韩大元、李树忠:《宪法学》,法律出版社2000年版。

4. 许崇德主编:《中国宪法参考资料选编》,中国人民大学出版社1990年4月第1版。

5. 全国人大常委会办公厅研究室政治组编:《中国宪法精

释》,中国民主法制出版社1996年版。

6. 肖蔚云、魏定仁、宝音胡日雅克其:《宪法学概论》,北京大学出版社2002年4月第1版。

7. 周叶中主编:《宪法学》,高等教育出版社2000年12月第1版。

三、杂志类

1. 蔡定剑:《法律冲突及其解决的途径》,载于《中国法学》1999年第3期。

2. 胡锦光:《立法法对我国违宪审查制度的发展及不足》,载于《河南省政法管理干部学院学报》2000年第5期。

3. 童之伟:《〈物权法(草案)〉该如何通过宪法之门——评一封公开信引起的违宪与合宪之争》,载于《法学》2006年第3期。

4. 吴家麟:《论设立宪法监督机构的必要性和可行性——为现行宪法颁布8周年而作》,载于《法学评论》1991年第2期。

5. 苗连营:《中国的违宪审查:是否可能,如何可能?》,载于《郑州大学学报(哲学社会科学版)》,2004年第4期。

6. 程湘清:《关于宪法监督的几个有争议的问题》,载于《法学研究》1992年第4期。

7. 王叔文:《论宪法实施的保障》,载于《中国法学》1992年第6期。

8. 侯淑雯:《论我国宪法监督机制的完善》,载于《法学》1995年第12期。

9. 苗连营:《关于设立宪法监督专责机构的设想》,载于《法商研究》1998年第4期。

10. 姚登魁、郑全咸:《试论健全保障宪法实施的机制》,载于《当代法学》1988年第3期。

11. 正文:《完善我国的违宪审查制度》,载于《探索》1998年第1期。

12. 王学栋:《我国宪法司法适用性的理论误区》,载于《现代法学》2000年第6期。

13. 童之伟:《宪法司法适用研究中的凡个问题》,载于《法学》2001年第11期。

14. 汪进元:《司法审查模式论》,载于《社会科学》1994年第4期。

15. 包万超:《设立宪法委员会和日本最高法院违宪审查庭并行的复合审查制——完善我国违宪审查制度的另一种思路》,载于《法学》1998年第4期。

16. 刘松山:《违宪审查热的冷思考》,载于《法学》2004年第1期。

17. 郭延军:《我国处理政教关系应秉持什么原则——从三亚观音圣像的建设和开光说起》,载于《法学》2005年第6期。

18. 刘松山:《开发区法院是违宪违法设立的审判机关》,载于《法学》2005年第5期。

19. 朱福惠:《论我国法的冲突及其解决机制》,载于《现代法学》1998年第4期。

四、报纸类

1. 崔丽:《三位中国公民依法上书全国人大常委会建议对〈收容遣送办法〉进行违宪审查》,载于《中国青年报》,2003年5月16日。

2. 盛学友:《杭州百人上书全国人大对拆迁条例提起违宪审查》,载于《法律服务时报》,2003年8月1日。

3. 唐度:《审议表决计划延期 物权法草案继续修改》,载于

《21世纪经济报道》,2006年3月2日。

4. 长平:《限制媒体报道应对突发事件是一种退步》,载于《南方都市报》,2006年6月28日。

5. 杨景宇:《宪法的稳定和与时俱进》,载于《人民日报》,2003年12月17日。

6.《胡锦涛在首都各界纪念中华人民共和国宪法公布施行二十周年大会上的讲话》(2002年12月4日),载于《人民日报》,2002年12月5日。

五、中文网站类

1. 北京大学法学院妇女法律研究与服务中心:《北大法学院妇女法律研究与服务中心就男女退休不同龄规定向全国人大常委会提起违宪审查建议书》。

http://www.woman-legalaid.org.cn/read.php?kind=zxkx&file=20060308161734。

2. 季卫东:《违宪审查的不同制度设计在日本》。

http://www.law-thinker.com/show.asp?id=2810,(法律思想网,本文由该网站首发)。

3. 江平:《突发事件新闻管制严重违宪》。

http://www.e-cpcs.org/yhyj_readnews.aspx?id=3970&cols=14。

4.《吴邦国委员长在十届全国人大常委会第六次会议上的讲话》。

http://www.npc.gov.cn/zgrdw/common/group_photo_zw.jsp?label=WXZLK&id=327813&pdmc=011302&dm=01130202。

六、中译论文类

【日】户波江二:《司法权与违宪审查制的50年》,莫纪宏译,于敏校,载于张福庆主编:《宪政论丛》(第1卷),法律出版社1998年版。

七、日文案例类

1. 芦部信喜、高桥和之:《宪法判例百选之二》(第3版),有斐阁1994年版。

2. 芦部信喜:《宪法判例解读》,岩波书店1987年版。

3. 户松秀典、初宿正典:《宪法判例》(第4版),有斐阁2002年版

八、日文论著类

1. 户松秀典:《宪法诉讼》,有斐阁2000年版。

2. 户松秀典:《司法审查制》,劲草书房1989年版。

3. 奥平康弘:《宪法审判的可能性》,岩波书店1995年版。

4. 佐佐木葱一:《修订日本国宪法论》,有斐阁1949年版。

5. 兼子一:《审判法》(法律学全集34),有斐阁1959年版。

6. 兼子一:《民事诉讼法体系》,酒井书店1954年版。

7. 高桥和之:《宪法判断の方法》,有斐阁1995年版。

8. 横田喜三郎:《违宪审查》,有斐阁1968年版。

9. 伊藤正己:《法官与学者之间》,有斐阁1993年版。

10. 畑尻刚:《宪法审判研究序说》,尚学社1988年版。

九、日文编著类

1. 阿部、佐藤、宫田编:《宪法资料集》,有信堂1966年版。

2. 田中英夫:《宪法制定过程备忘录》,有斐阁1979年版。

3. 有田八郎:《宪法修改是非》,每日新闻社1962年版。

4. 宪法调查会:《日本国宪法的由来》(《宪法调查委员会小委

员会报告》),实事通讯社1961年版。

5. 联合国最高司令部民政局:《日本的宪法》,载于《国家学会杂志》第65卷第1号、第2号。

6. 高柳贤三、大友一郎、田中英夫:《日本国宪法制定的过程Ⅱ》,有斐阁1972年版。

7. 清水伸:《逐条日本国宪法审议录(3)》,有斐阁1962年版。

8. 阿部齐、大久保皓生、寄本胜美:《地方自治法的现代用语》(新版),学阳书房1990年版。

9. 芦部信喜:《宪法学1 宪法总论》,有斐阁1992年版。

10. 清宫四郎:《宪法1》(第三版),有斐阁1979年版。

11. 小林直树:《宪法讲义》(上、下),东京大学出版社1980年版。

12. 松井茂记:《日本国宪法》(第二版),有斐阁2000年出版。

13. 芦部信喜:《宪法》,岩波书店1993年版。

14. 蹈田正次:《宪法提要》,有斐阁1964年版。

15. 桥本公亘:《宪法》(现代法学全集2),青林书院新社1974年版。

16. 宫泽俊义:《全订日本国宪法》(解释1),日本评论社1955年版。

17. 新堂幸司:《新民事诉讼法》,弘文堂1998年版。

18. 浅井清:《日本国宪法讲义》,岩松堂1947年版。

19. 佐藤功:《日本国宪法概说》(全订),学阳书房1992年版。

十、日文论文类

1. 沼田贤太郎:《日本国宪法第九条 意义 自卫权》,载于《公法研究》,1995年第22号。

2. 江桥崇:《司法权理论的日本特质——战争前期的违宪审

查制理论为线索》,载于《公法研究》46号。

3. 深濑忠一:《宪法の和平主义、第九条の解释と自卫队》,载于《判例时报》第712期。

4. 佐藤功:《判决への感想と總評》,载于《判例时报》712期。

5. 小林武:《最高法院的判决与议会的关系》,载于《法学家》,第1037号。

6. 小林武:《我国违宪审查的50年——总论的概观》,载于宪法理论研究汇编:《宪法50年的人权与宪法审判》,敬文堂,1997年版。

7. 户波江二:《司法权与违宪审查制的50年》,载于《法律时报》66卷6号。

8. 清水睦:《国会之最高机关性》,载于《法时》41卷5号。

9. 中村睦男:《宪法审判的现状与课题》,载于《法曹时报》第47卷第2号。

10. 新井章:《宪法审判50年的轨迹和展望》,载于ジュリスト(《法学家》)1067号。

11. 畑博行:《违宪立法审查制》,载于ジュリスト(《法学家》)1073号。

12. 户松秀典:《司法审查与民主制》,载于《法律时报》第68卷第6期。

后　　记

有道是人过四十不学艺,而我戴上博士帽却已年有不惑,因为在我心灵深处有一个夙愿:要圆一个博士梦。十多年前,囿于日本国原则上不授予留学生法学博士学位的教育体制,故在获得早稻田大学法学硕士学位后,便在东京的律师事务所从事律师业务。中国加入WTO的前后,我的律师业务也由东京渐移上海,2002年考入华政攻读法学博士课程,随之东京和上海的两栖状况也不断地向我的故乡上海倾斜。

中国迈向民主与法治不是一个生与死的瞬间概念,而是一个渐进的过程。作为一位人民代表、一名律师,有一种责任感甚至是使命感要成为这一进程的有力推手。笔者数年来始终思考的一个问题就是在中国现行的法律体制下,如何吸收日本违宪审查制度中的有益之处。为此,笔者耗费了大量的时间和精力,阅读并翻译了大量的日文资料。因此,如何结合中国的实际情况引介日本国的违宪审查制度并吸取其精华,是本书的一个难点,也是本书的一个亮点,更是本书的价值所在。他山之石可以攻玉,期盼本书的出版,使日本国的违宪审查制度对中国司法体制有所启示。

本书是在我的博士论文的基础上综合了其他研究成果后完成的,从构思形成到交付出版历时春秋五载。对笔者来说,在繁杂的律师业务中去完成这样一个笔耕,可谓是一种艰难而愉悦的苦乐跋涉。因为本书的题材是个复杂且敏感的题材,恰到好处地拿捏绝非易事,需要抛掷大量的时间阅读相关资料并要对其中的一些疑难问题进行分析思考,且以妥贴的文句表达,这对笔者而言是一个苦恼的过程。然而,这个过程又是笔者感受师生情谊、同窗互助、同仁理解、家属关爱的一个享受过程,面对此间的种种困难,笔者得到了恩师、学友、助手和家属的鼎力相援。因此,对于笔者来说,写作的过程也是体察人间真善美的一个过程。在此,我向他(她)们致礼、致敬!

首先,博导童之伟老师从题目的选取、结构的框定以及内容的取舍等等诸多方面的耳提面命,是我最终得以完稿的充要条件;而博士课程中校长何勤华老师的悉心指导,是成就本书不可或缺的要因。而今虽结束学业,挥别华政,然两位恩师深厚的学术功底、严谨的治学风格、睿智的思维方式始终感染并熏陶着我,并进一步奠定了我立足并融入社会的人格基础。对两位学术重镇的恩师,我敬重永存。

其次,是商务印书馆的总经理杨德炎先生和法律编辑王兰萍博士。特别是王博士,一年多来,逐字逐行地审阅书稿,无数次长途电话沟通探讨,并为之提出了诸多中肯而又宝贵的建议。

再者,是锦天城律师事务所我团队的助手们。因为有了他(她)们的勤勉尽职,才使我在获得博士学位、出版本书的同时,律师业务非但没有受到影响,还得以良性循环。对此,我心怀感激。

最后,不得不提的是关爱我的家人。我心存感恩,然从不言谢,唯恐辞不达意,深怕太浅容不下。大恩不言谢,而怎又一个谢字了得。

裘 索

2008 年 4 月

于东京青山寓所